L'IMITATION DU PRINCIPE

Plotin et la participation

HISTOIRE DES DOCTRINES DE L'ANTIQUITÉ CLASSIQUE
Directeurs : Jean Pépin et Luc Brisson

XXX

L'IMITATION DU PRINCIPE

Plotin et la participation

par

Jean-François PRADEAU

PARIS
LIBRAIRIE PHILOSOPHIQUE J. VRIN
6, Place de la Sorbonne, V^e^

—

2003

Imprimé en France

ISSN 0153-0828

ISBN 2-7116-1615-0

Pour Jean-Sylvain et Léon Pradeau,

« Les pères élèvent jusqu'à la perfection de la maturité ceux qu'ils ont engendrés imparfaits au début ».

5 (V, 9) 4, 9-10.

AVANT-PROPOS

LE TEXTE ET LA TRADUCTION DE L'ŒUVRE PLOTINIENNE

Le texte de Plotin cité et traduit dans cette étude est celui qu'ont établi P. Henry et H.-R. Schwyzer dans les trois volumes des *Plotini Opera* parus à Oxford, Clarendon Press, de 1964 à 1982.

Sauf mention du traducteur, le texte plotinien, comme les autres textes anciens cités, est traduit par mes soins. Lorsqu'elles sont disponibles, je m'en remets aux traductions déjà parues ou à paraître des traités plotiniens dans la collection GF des Éditions Flammarion, sous la direction de L. Brisson et de J.-F. Pradeau (parus à ce jour: *Traités 1-6*, en 2002, puis *Traités 7-21*, en 2003). Lorsque je mentionne le nom d'un traducteur, sans autre forme de précision éditoriale, il s'agit de l'un des collaborateurs de cette édition. Dans l'Introduction au premier volume de cette collection (*Traités 1-6*, p. 21-40), j'ai repris en les modifiant une partie des pages qui figurent ici dans le premier chapitre (sous le titre « Les processions »).

REMERCIEMENTS

Richard Dufour, Francesco Fronterotta, Jérôme Laurent, Laurent Lavaud et Pierre-Marie Morel m'ont fait l'amitié de relire différentes versions des pages qui suivent. Je leur en suis particulièrement reconnaissant.

J'ai une dette considérable à l'égard de Luc Brisson et de Denis O'Brien, qui ont accepté de mettre leur savoir et leur patience à l'épreuve d'une relecture minutieuse de mon manuscrit.

INTRODUCTION

LA PARTICIPATION COMME IMITATION

La notion de μίμησις entre dans la formule de l'un des premiers axiomes de la doctrine plotinienne : « toutes les choses, autant qu'elles le peuvent, imitent le principe » (τὰ πάντα τὴν ἀρχὴν κατὰ δύναμιν ἀπομιμούμενα, 7 (V, 4), 1, 32-33[1]). Il s'agit d'une thèse qui commande tant d'arguments des traités de Plotin, et qui y fait l'objet de tant de développements, qu'on peut la tenir pour constitutive de sa doctrine. La pertinence de ce qu'elle pose, on le verra, est entière : elle est en effet ontologique, dans la mesure où elle détermine l'existence de chacune des réalités dont Plotin dit qu'elles sont « véritables » ; elle est cosmologique, puisqu'elle rend raison de l'ordonnancement du monde sensible comme de sa participation au monde intelligible[2]; elle est encore psychologique et éthique, puisque la vertu consiste précisément, pour une âme quelconque, à imiter son

1. Ou encore, aux lignes 25-26 du même chapitre : « Si le Premier est parfait (...), les autres puissances doivent l'imiter autant qu'elles le peuvent » (καθ' ὅσον δύνανται μιμεῖσθαι ἐκεῖνο). Les références des citations plotiniennes sont ainsi données : numéro du traité dans l'ordre chronologique, puis (entre parenthèses) numéro dans l'ordre de publication adopté par Porphyre (le numéro de l'*Ennéade* en romain majuscule, puis du traité en minuscule arabe), suivi éventuellement du chapitre, puis des lignes. Ici, la première référence renvoie donc au septième traité (qui est le quatrième traité de la cinquième *Ennéade* dans l'ordre « porphyrien »), chapitre 1, lignes 32 à 33. En fin de volume, une Annexe donne le titre et la double numérotation de tous les traités.

2. Le traité 12 (II, 4), 4, 8, dit ainsi que le monde sensible est une imitation (μίμημα) du monde intelligible (κόσμος νοητός). Cette formule est récurrente dans les traités (on la retrouve ainsi presque à l'identique en 22 (VI, 4), 2, 1-2), en 33 (II, 9), 8, 16-29, ou encore en 43 (VI, 2), 22, 37-38).

principe; et elle est enfin épistémologique, en ce sens qu'un sujet de connaissance qui cherche à connaître son principe doit en imiter « l'activité ». Sans préjuger encore de ce que cet hellénisme signifie exactement, on pourrait dire qu'aux yeux de l'auteur des traités, toute réalité est « mimétique ». Être, pour une chose quelconque et à l'exception du modèle ultime de toutes choses, c'est imiter.

Dans le second chapitre du même traité 7, qui se propose d'expliquer *Comment vient du Premier ce qui est après le Premier, et sur l'Un*, Plotin soutient encore que la première réalité engendrée, l'Intellect, « est une imitation et une image (μίμημα καὶ εἴδωλον) » de son principe, l'Un[1]. Cette remarque, parce qu'elle présente l'aspect d'un rappel de la thèse introduite dans le premier chapitre du traité, ne paraît guère être qu'une précision : ce qui est engendré par l'Un en est une imitation, c'est-à-dire une image. Mais s'agit-il bien d'une précision ? Le statut d'image, ici accordé à l'Intellect, recouvre-t-il exactement celui d'imitation, ou bien faut-il comprendre l'expression qu'emploie Plotin à la manière, plutôt, d'une nuance ? Cette question n'est pas propre au traité 7, et l'étude qui suit montre qu'elle offre un biais d'accès fécond à la compréhension de la doctrine que forgent l'ensemble des traités. Plotin affirme en effet, à de très nombreuses reprises, que chacune des choses causées ou engendrées par un principe est l'image de son principe. Il dit encore et tout aussi souvent que la chose engendrée est une imitation de son géniteur. Parfois, comme c'est le cas dans la citation qui précède, les deux propositions sont conjointes. Ont-elles donc pour autant la même signification ? Si chaque réalité, à l'exception de la cause première de toutes choses, est bien l'effet ou le produit d'un principe, la qualifie-t-on de la même manière selon qu'on la désigne comme « image » ou comme « imitation » de son principe ? On répondra ici par la négative, en expliquant ce que peuvent être les enjeux et la portée d'une telle question.

S'il existe bien une nuance entre l'image et l'imitation, elle doit pouvoir contribuer à l'examen de la fonction et des conséquences de cet axiome selon lequel « toutes les choses, autant qu'elles le peuvent, imitent le principe ». Mais elle doit encore permettre d'expliquer comment Plotin se heurte, en son temps et dans le contexte philosophique qui est le sien, au legs retors dont hérite toute la tradition platonicienne. Car cet axiome plotinien est aussi, à son tour, une réponse donnée à une question vieille de

1. 7 (V, 4), 2, 25-26. On retrouve une variante de cette même remarque en 49 (V, 3), 16, 40.

plus de six siècles, celle de la participation (μέθεξις). Comme on le rappellera pour commencer, les platoniciens ont cherché des siècles durant à rester fidèles à ce qu'ils tenaient pour le dogme majeur de la philosophie de leur maître : la distinction du « sensible » et de l'« intelligible », elle même fondée sur l'hypothèse redoutable de l'existence des réalités « intelligibles »[1]. Toutes les choses perceptibles par les sens, les « sensibles », n'ont d'existence que parce qu'elles « participent » aux réalités intelligibles qui, perceptibles par l'intellect, sont les seules réalités véritables, toujours identiques à elles-mêmes. Cette hypothèse, si elle fut bien le dogme commun des platoniciens, ne reçut pas d'eux tous le même traitement; il s'agissait d'un problème persistant, dont chaque platonicien devait nécessairement donner sa version. Considéré de ce point de vue, l'œuvre de Plotin semble bien inaugurer une nouvelle compréhension de l'hypothèse traditionnelle de la participation. S'il y a bien à partir de Plotin, un *néo*platonisme, c'est parce que les traités contestent aux lectures précédentes de Platon l'aptitude à rendre compte de ce qu'est l'intelligible et, partant, le sensible qui en participe. De sorte qu'ils entreprennent alors de corriger l'ensemble de la représentation de la réalité que proposaient les précédents exégètes platoniciens ; de cette réorientation du platonisme, au IIIe siècle de notre ère, l'usage plotinien de la notion d'imitation (μίμησις) permet de prendre la mesure.

Plotin est toutefois un héritier qui ne s'ignore pas, et il n'aurait sans doute pas admis qu'on lui attribue ainsi la paternité d'une innovation doctrinale ou même exégétique. C'est sous la forme d'un commentaire qu'il présente son enseignement, en ne cessant de reconduire son propre lecteur à la lettre du texte platonicien, à la vérité qui s'y trouve déjà et qui n'exige pour y être lue qu'une attention bienveillante. Cette fidélité parfaitement assumée à la vérité prononcée par le « divin Platon »[2] détermine la manière dont Plotin entend se rapporter à ses prédécesseurs comme à ses contemporains. Chacun de ses traités répète à sa façon, selon son objet, la nécessaire convergence des trois durées, sinon des trois « histoires », dans lesquelles un discours philosophique est susceptible d'être prononcé et entendu. La première est celle, éternelle ou simplement répétitive, du texte platonicien, qu'il revient à tout commentaire de conserver en le citant.

1. Que le commentaire contemporain désigne le plus souvent comme les « Formes intelligibles ». L'expression rend le terme εἴδη, le pluriel d'εἶδος, qui désigne la forme ou la figure visible d'une chose. Lorsqu'il s'agit d'une forme qui ne peut être perçue que par l'intellect, la Forme « intelligible », on la distingue par une majuscule.

2. 6 (IV, 8), 1, 23 ; 50 (III, 5), 1, 6.

Puisqu'il s'agit du discours vrai qui, par définition, est soustrait à toute modification, ce qu'a dit Platon l'a été une fois pour toutes et ne peut qu'être répété. S'il existe toutefois une histoire du platonisme, c'est-à-dire à la fois une diversité et une succession de discours, c'est parce que tous les « platoniciens » n'ont pas compris et n'ont pas commenté leur source commune d'une seule et même manière, mais aussi bien parce que, parmi ceux qui ont prétendu ou prétendent commenter Platon, certains se trompent[1]. À quoi il faut encore ajouter une autre histoire des idées et des textes, bien plus vaste, qui accueille pour sa part l'ensemble des discours philosophiques prononcés en dehors des écoles platoniciennes, l'ensemble des doctrines ou des représentations du monde qui ont pu être élaborées puis diffusées sans se soumettre à l'autorité des *Dialogues*. Les traités de Plotin sont inscrits dans chacune de ces trois durées : ils contribuent à la perpétuation de la *philosophia perennis* platonicienne, en citant à leur tour le texte des dialogues, mais aussi en le résumant, en le paraphrasant ou tout simplement en y faisant allusion; ils s'inscrivent à la suite de la tradition exégétique platonicienne, dont ils reprennent les questions principales ou corrigent les leçons; ils se mesurent enfin à celles des doctrines adverses ou tout simplement étrangères qui exercent leur influence sur le contexte culturel et philosophique où l'œuvre de Platon doit être lue. Ce sont là des vocations différentes, mais c'est le propre du commentaire que de pouvoir les réunir. Lorsque Plotin cite et explique Platon, il retient un choix de textes qui a été pour partie effectué par ses prédécesseurs immédiats, les « médioplatoniciens », auxquels il emprunte encore des soucis, des thèses, des objectifs et des moyens, et il tire profit des diverses formes qu'a pu prendre avant lui la confrontation de la tradition platonicienne à l'enseignement des autres écoles[2]. Aussi la lecture et l'explication du texte platonicien peuvent-elles tenir lieu d'intervention dans le débat philosophique contemporain : le commentaire rapporte les termes du débat à la leçon du texte platonicien, en s'efforçant de montrer comment ce dernier l'avait déjà rencontré, sinon éclairé par avance. Deux sortes de gestes exégétiques sont ainsi accomplis, le plus souvent simultanément, lorsqu'on donne la réponse platonicienne d'une question disputée au sein de différentes écoles

1. En la matière, parce qu'ils sont ceux qui citent Platon en lui attribuant pourtant des thèses qui sont on ne peut plus éloignées des siennes, les gnostiques comptent parmi les plus incompétents et les plus dangereux des interprètes; voir, par exemple, 33 (II, 9), 6, 6-12.

2. Et plus particulièrement de l'école stoïcienne, qui exerce sur la philosophie et la culture grecques une domination sans égale, déjà vieille de plus de six siècles lorsque Plotin s'installe à Rome.

philosophiques, et que l'on éclaire encore pour lui-même, plus convenablement que cela n'avait été fait auparavant, l'enseignement de Platon. Le simple fait que la réponse platonicienne aux questions philosophiques de ses contemporains mérite des éclaircissements dit assez que la répétition de la vérité n'implique aucunement celle de son commentaire. Ce dernier a une histoire, il a des exigences pédagogiques propres, des conditions scientifiques particulières, et il a encore une vocation proprement *psychagogique*, puisqu'il lui revient de faire parcourir à l'âme de celui à qui l'enseignement est dispensé le chemin de sa perfection. Les circonstances et les fins du commentaire ne lui interdisent donc en rien d'innover, il y est au contraire presque sommé par l'obligation qui lui est faite d'indiquer à son destina-taire le chemin, c'est-à-dire la méthode et les moyens d'un accès au principe de toutes choses et de toute perfection. Aussi, et plutôt que par la conception de ses « principes », la doctrine plotinienne de la réalité se distingue par la manière dont elle explique leur engendrement successif, les modalités de leur production successive et la manière très particulière dont chacun d'eux se détermine, acquiert une existence, en se retournant vers ce dont il est issu. Le commentaire plotinien propose alors, à tous égards, une méthode : une méthode de lecture, puisqu'il faut expliquer Platon avec davantage d'acribie que ne l'ont fait les prédécesseurs [1], mais aussi une méthode de conduite, puisqu'il s'agit de définir le mode de vie adéquat à l'enseignement platonicien, c'est-à-dire aussi bien à l'ordre de la réalité et au chemin qui est celui de l'engendrement de toutes choses par le Premier, un chemin que toute âme doit parcourir en le remontant afin d'atteindre le Bien qu'est le Premier.

On dit souvent de Plotin qu'il innove en modifiant le nombre et surtout l'aspect des principes à partir desquels ses prédécesseurs platoniciens ordonnaient l'univers et l'ensemble des réalités. Et plus encore, qu'il innove en faisant apercevoir, « au-delà » de tout ce qui avait nommé la réalité et la connaissance qui en était possible, un principe ineffable et absolument simple, cause de toutes choses mais distinct d'elles, supérieur à elles toutes mais pourtant éternellement accessible à chacune d'elle : l'« Un » [2]. Si l'Un ineffable est nommé par Plotin, c'est avant tout à la

1. Voir sur ce point le témoignage de Longin, rapporté par Porphyre, *Vie de Plotin*, 20, 68-76. La *Vie de Plotin* est toujours citée dans l'édition, traduite et commentée, réalisée sous la dir. de J. Pépin, Paris, Vrin, 2 volumes, 1982 et 1992.

2. Au risque d'en exagérer la portée, et de ne pas rappeler combien Plotin est tributaire en la matière de ses prédécesseurs immédiats, c'est bien là l'innovation qui fascine le plus les commentateurs, fussent-ils avisés ; on songe ici à l'étude de P. Aubenque, « Plotin et le

manière d'un horizon ou d'une exigence qui affecterait et déterminerait chaque chose. Une réalité quelconque n'existe que dans la mesure où elle atteint une certaine unité; plus encore, elle ne peut prétendre perdurer ou se parfaire qu'à la condition de concevoir et d'accentuer cette unité, de s'unifier. Et c'est pour défendre l'hypothèse d'une unité comme d'une unification de toutes choses que les traités plotiniens forgent cet étrange étagement des trois réalités véritables et intelligibles que sont, de là-haut vers ici-bas, l'Un, l'Intellect et l'Âme. De cette topique philosophique et de cette topologie *vraisemblable* de la réalité, l'Un est sans doute le sommet et le centre, puisqu'il est à la fois ce dont tout procède et ce qui est en chaque chose[1]. À ce titre, et parce que Plotin veut défendre la proposition équivoque selon laquelle l'Un est toutes choses sans être aucune d'entre elles, la question du rapport qu'entretiennent entre elles, comme à l'égard de leur cause première, les diverses réalités est bien la question majeure des traités plotiniens. Mais cette question n'est pas posée depuis l'Un ou à propos de l'Un, dont on ne peut jamais rien dire qui ne soit par définition de trop, elle l'est depuis l'âme. Si les pages qui suivent lui accordent un statut privilégié, alors même qu'elles ne se proposent que d'introduire, par le biais de la μίμησις, à la doctrine de la procession, c'est parce que Plotin a choisi d'inscrire l'âme au cœur de sa doctrine philosophique comme de sa représentation de la réalité[2]. C'est là un choix qui ne pouvait contrarier la

dépassement de l'ontologie grecque classique », dans *Le Néoplatonisme*, Paris, éd. du CNRS, 1971, p. 101-109, ou, par exemple et plus récemment, à la manière dont J.-M. Narbonne écrit que « La tradition néoplatonicienne a mis au jour et développé une forme de pensée hautement originale, une représentation exacerbée et inouïe de la transcendance », *Hénologie, ontologie et* Ereignis *(Plotin – Proclus – Heidegger)*, Paris, Belles Lettres, 2001, p. 21.

1. La topologie est « vraisemblable » dans la mesure où les principes ne sont pas plus réellement localisés qu'ils ne sont étendus ou même séparés (comme Plotin le répète souvent; voir, entre autres, les remarques de 9 (VI, 9), 6, puis de 11 (V, 2), 2). La catégorie du « discours vraisemblable » (εἰκὼς λόγος) doit sa légitimité philosophique à Platon, qui suggérait dans le *Timée* qu'une représentation narrative de la naissance comme de la mise en ordre du monde pouvait, fût-elle fictive, rendre vraisemblablement compte des opérations cosmologiques et des causes qui président effectivement à l'ordre du monde (28c-29d, où l'εἰκὼς λόγος est qualifié d'εἰκὼς μῦθος; les deux expressions sont synonymes dans le *Timée*). La comparaison permet d'apercevoir qu'il n'importe pas à Plotin que l'Un soit réellement « au-dessus » de toutes choses. En revanche, qu'il soit ce qu'il y a de plus éminent et, surtout, qu'il soit bien la cause de toutes choses, trouve dans la représentation topique une description vraisemblable.

2. La succession chronologique des cinquante-quatre traités n'affecte en rien la priorité de cet intérêt pour l'âme. Pas plus, nous semble-t-il, qu'elle n'affecte en général la cohérence de la doctrine plotinienne. Aussi n'accorderons-nous aucun crédit à l'hypothèse d'une

doctrine platonicienne, puisque cette dernière avait réservé à l'âme un statut intermédiaire d'exception, en la distinguant par nature de tous les objets avec lesquels elle pouvait être en rapport, qu'il s'agît des choses sensibles qu'il lui revenait d'ordonner, ou des Formes intelligibles qu'il lui était donné de connaître. L'âme se retrouvait avec Platon dans la position enviable d'un observateur, distincte du sensible et susceptible de contempler l'intelligible, mais dans celle encore plus délicate d'un agent qui devait ordonner le premier et partir à la recherche du second, dans la mesure du possible. L'ambiguïté de cette situation de l'âme, d'autant plus déconcertante qu'elle devait réserver à un agent incorporel le soin de conduire, d'informer ou même de produire les corps, n'eut pas les faveurs des traditions aristotélicienne et stoïcienne qui allaient imposer leur facture à l'histoire de la spéculation philosophique. L'une et l'autre s'entendirent en effet pour rompre sur ce point avec Platon, afin de défendre l'existence d'une rationalité et d'une animation immanentes à la nature et aux organismes vivants, et mieux se défaire de ce qu'elles estimaient être la « séparation » erronée et inutile que Platon avait voulu défendre. Mais c'est pourtant là, au point le plus contesté de la doctrine de son maître, que Plotin choisit de lui être fidèle pour répondre en son nom à ses contempteurs.

Plotin soutient à son tour que l'âme est cette réalité intermédiaire ou centrale dont la particularité est à la fois d'être en rapport avec tout ce qui existe ou participe à l'existence, tout en étant distincte de tout ce qu'elle peut ainsi rencontrer, connaître ou effectuer : qu'il s'agisse des réalités intelligibles qu'elle conçoit et dont, ajoute Plotin, elle fait partie, ou bien des choses sensibles dont elle est elle-même la cause. Elle n'est pas la réalité la plus élevée, elle est au contraire la dernière ou la plus « basse » des réalités intelligibles, mais, à la différence de ce qu'affirment les stoïciens, elle n'est pas pour autant homogène au monde du devenir qu'elle produit et s'efforce d'ordonner. Plus encore qu'un intermédiaire, l'âme plotinienne est une vie hybride et polymorphe, dont le statut singulier inaugure à nos yeux, plus que toute autre nouveauté doctrinale, la tradition néoplatonicienne. Car il s'agit bien, si l'on songe à la doctrine archétype, d'un autre platonisme. Dans les dialogues platoniciens, l'âme jouait le rôle d'un témoin curieux, tout au désir de comprendre comment les choses sensibles participaient aux réalités intelligibles, ou bien encore d'un administrateur de second rang, attaché à parfaire l'ordre que sa connaissance des intelligibles pouvait lui faire

« évolution » de la pensée de Plotin, pour admettre au contraire la cohérence doctrinale qu'avait si simplement décrite A. H. Armstrong en préfaçant sa traduction des *Ennéades*, t. I, p. XIV-XV.

concevoir. Dans les traités plotiniens, en revanche, l'âme quitte son poste d'observateur pour s'impliquer elle-même dans le processus de la participation, dont elle n'est rien moins que la cause et l'agent : l'âme est cet intelligible qui engendre les choses sensibles, elle est la cause de ce monde sensible qui est beau et bon parce qu'il ressemble à son géniteur. Ainsi Plotin choisit de faire porter sur l'âme la charge de l'hypothèse philosophique platonicienne la plus contestée, celle de la participation, en la situant au point de convergence de toutes les relations et de tous les processus constitutifs de la réalité. Ce destin désormais conjoint de l'âme et de l'intelligible, tous deux distingués de leurs produits sensibles, allait être celui du néoplatonisme.

Lorsque l'âme devient avec Plotin le principal agent de la participation, elle prend aussi bien la figure d'une croisée des chemins ; elle est ce passage où se rejoignent la descente de l'intelligible vers le sensible ou la remontée de toutes choses vers leur premier et commun principe. Car la procession de toutes choses depuis le Premier, loin que de s'achever en l'âme, trouve en elle l'une de ses conditions : pour déconcertant que cela puisse paraître, mais c'est bien ce dont il faut rendre compte, l'engendrement de l'âme et son aptitude à se retourner vers ce dont elle est issue sont bien la condition de l'unification de toutes choses. Non seulement d'elle-même, qui atteint sa propre perfection en s'unissant à son principe, mais encore pour ce principe lui-même, qui ne perçoit à son tour ce dont il est issu qu'en produisant des réalités intelligibles au nombre desquelles l'âme figure. Et c'est enfin, parce qu'elle est toutes les vies possibles, tous les vivants issus d'une première et unique vie intelligible, tous les devenirs et toutes les aspirations, que l'âme vérifie au mieux l'axiome plotinien selon lequel chaque chose, dans la mesure du possible, imite son principe.

La demeure propre de l'âme, écrit Plotin, est un lieu « intermédiaire »[1] ; elle se tient entre l'intelligible et le sensible, entre le monde dont elle fait partie et celui qu'elle engendre, ne cessant de quitter le premier alors même qu'elle s'aventure dans le second. Il en va d'elle comme de toutes choses, engendrées par l'Un : chaque réalité tente de se saisir elle-même, de prendre par la pensée la mesure de ce qu'elle est, sans jamais y parvenir. À l'auditeur auquel Plotin fait demander : « Du fait qu'une chose se possède elle-même, doit-on dire qu'elle possède l'intellection ? », il faut répondre : « Mais non, on ne peut dire qu'elle possède l'intellection parce qu'elle serait en possession d'elle-même, car l'intellection consiste à regarder vers

1. Ainsi et parmi d'autres, en 13 (III, 9), 3, 14-15.

le Premier. » 13 (III, 9), 9, 6-7. Chaque existence aspire ainsi à se saisir de soi et à s'unifier dans l'exercice de l'acte qui la définit en propre ; mais cela ne peut signifier autre chose pour elle que de se reconnaître comme l'acte de son principe et entreprendre de l'imiter, c'est-à-dire de se déposséder. Si l'imitation du principe accompagne la diversité des existences, c'est parce qu'elle la fonde.

CHAPITRE PREMIER

LES PROCESSIONS

DEUX PRÉDÉCESSEURS « MÉDIOPLATONICIENS » : ALCINOOS ET NUMÉNIUS

À la fin du Ier siècle de notre ère, dans les principales écoles philosophiques de culture hellénique, le platonisme connaît une renaissance au développement de laquelle on réserve le nom de « médioplatonisme » [1]. Les médioplatoniciens ont élaboré une doctrine platonicienne qui frappe aujourd'hui par son éclectisme volontaire, son aptitude à adopter, à s'associer ou à phagocyter les traditions stoïciennes et aristotéliciennes au profit d'un platonisme dont la vocation religieuse était désormais particulièrement soutenue. Le texte de Platon, que l'on commentait dans le cadre

1. Cette expression est de simple convenance historique; elle a été conçue afin de distinguer entre eux trois « platonismes » successifs : celui de l'Ancienne et de la Nouvelle Académie (dont on trouve une présentation dans l'étude de C. Lévy, *Les philosophies hellénistiques*, Paris, Livre de Poche, 1997), celui du « médioplatonisme » et celui enfin du « néoplatonisme », qu'inaugure Plotin et qui s'achève en 529 sous le coup du funeste édit de Justinien. Les deux introductions de référence, s'agissant du médioplatonisme, sont celles de J. Dillon, *The middle platonists*, Londres, Duckworth, 1996², puis de P. Donini, *Le scuole, l'anima, l'impero : la filosofia antica da Antioco a Plotino*, Turin, Rosenberg & Sellier, 1982. Les textes médioplatoniciens sont regroupés thématiquement par M. Baltes (avec puis à la suite de H. Dörrie), dans son immense anthologie thématique : *Der Platonismus in der Antike*, Stuttgart, Bad Cannstatt, Frommann-Holzboog, 6 vol. parus à ce jour, 1987-2002 (les volumes donnent le texte, une traduction et un commentaire). Enfin, on dispose désormais, en langue française, d'une très complète présentation des principales figures du médioplatonisme dans l'ouvrage de M. Zambon, *Porphyre et le moyen-platonisme*, Paris, Vrin, 2002.

d'une communauté scolaire et à la faveur d'un enseignement dogmatique, était le seul accès philosophique possible au divin. La cohérence doctrinale du médioplatonisme tient ainsi pour beaucoup au projet d'opposer la philosophie de Platon aux leçons de l'école stoïcienne alors et depuis longtemps dominante, au motif que cette dernière, du fait notamment de son matérialisme, s'était avérée incapable de fonder une éthique en se maintenant dans une ignorance inacceptable de ce qu'est le divin. Le souci religieux des platoniciens est d'autant plus accru qu'il ne doit pas simplement suppléer, en la matière, l'incapacité des doctrines philosophiques stoïciennes ou aristotéliciennes à promouvoir une véritable piété, mais qu'il se donne encore pour mission, au moment où se développent d'autres idéologies religieuses et d'autres théologies, de défendre le polythéisme hellénique. Cette recherche spirituelle et philosophique prend une forme scolaire et collective; c'est au sein d'une communauté dirigée par un maître que l'individu soucieux de son mode de vie découvre les principes de la connaissance de la réalité et les conditions de l'amélioration de soi. Chez les médioplatoniciens, la connaissance de toutes choses s'accomplit dans une cosmo-théologie[1], qui confirme l'hypothèse religieuse de l'origine comme de la nature divines du monde, mais aussi dans une éthique, qui défend la nécessité et la possibilité d'un accomplissement de soi adéquat à la nature divine de toutes choses : le mot d'ordre de la réforme médioplatonicienne est celui d'une « assimilation au dieu »[2]. Parmi les œuvres médioplatoniciennes dont on sait qu'elles contribuèrent à la formation philosophique de Plotin, mais aussi à son enseignement[3], celle de Numénius occupe une place déterminante. Aussi doit-on rappeler quelques unes des leçons de sa doctrine, telle du moins que les quelques fragments conservés nous la font connaître; elles seront ici précédées d'un aperçu sommaire de

1. À laquelle A.-J. Festugière a consacré une partie de *La Révélation d'Hermès Trismégiste*, II : Le Dieu cosmique (1950²), Paris, Belles Lettres, 1981 pour la réimpression.

2. L'histoire ancienne de l' ὁμοίωσις θεῷ, qui s'est imposée en guise de formule du τέλος médioplatonicien, est retracée à grands traits par H. Merki, Ὁμοίωσις θεῷ· *Von der Platonischen Angleichung an Gott zur Gottähnlichkeit bei Gregor von Nyssa*, Fribourg, Schweiz, 1952. On y revient *infra*, p. 115-118. On fait remonter l'usage médioplatonicien du terme à Eudore d'Alexandrie (c. 64 av.-19 apr. J.-C) et à son compatriote Philon (c. 15 av.-50 apr. J.-C. ; par exemple, *De fuga et inventione* 63, lignes 6-7). Dans les ouvrage introductifs cités, *supra*, n. 1, p. 19, voir les précisions de J. Dillon (p. 114-183) et de P. Donini (p. 100-113).

3. Porphyre énumère dans sa *Vie de Plotin* quelques uns des auteurs, platoniciens ou non, qui étaient consultés et commentés par Plotin (§ 14). Et Porphyre de préciser que c'étaient là ceux qu'il « faisait lire » à ses élèves, sans toutefois lui-même rien leur emprunter pour son propre enseignement. On peut en douter; c'est du reste Porphyre qui nous apprend lui-même que Plotin fut accusé de plagier Numénius (*Id.*, § 17).

la forme scolaire qu'avait prise le médioplatonisme et qui nous a été transmise, cette fois, par le manuel d'Alcinoos.

ALCINOOS

Si l'on ignore tout de la personne d'Alcinoos, les historiens s'accordent toutefois pour estimer qu'il rédigea ses œuvres aux alentours des années 150 après J.-C., et pour lui attribuer cet « Enseignement des doctrines de Platon » qu'est le Διδασκαλικὸς τῶν Πλάτωνος δογμάτων[1]. Il s'agit d'un ouvrage scolaire, produit caractéristique de la double influence stoïcienne et platonicienne[2], qui montre à sa façon comment les médioplatoniciens pouvaient s'estimer fidèles à une doctrine platonicienne qu'ils comprenaient et qu'ils exposaient au moyen de catégories stoïciennes ou aristotéliciennes[3]. Mais le manuel d'Alcinoos reste toutefois une introduction à Platon. C'est dire que les dialogues platoniciens incarnaient à ses yeux, comme à ceux des autres médioplatoniciens, non pas seulement l'œuvre de

1. Alcinoos, *Enseignement des doctrines de Platon*, édition par J. Whittaker et traduction par P. Louis, Paris, Belles Lettres, 1990; désigné « *Didaskalikós* » par la suite. On rappellera que la rareté et parfois l'incohérence des témoignages ont donné lieu à une controverse sur l'identité même de l'auteur du *Didaskalikós*, qui fut longtemps désigné sous le nom d'Albinus (voir les explications de J. Whittaker, p. VII-XIII); puis encore qu'Alcinoos n'est pas cité par Porphyre parmi ceux des auteurs qui étaient lus dans l'école de Plotin. Rien n'interdit en revanche, comme le suggère J. Whittaker (p. XV), que son manuel ait pu circuler, à Rome, parmi les platoniciens. La question est de peu d'importance ici, et les pages qui suivent se contentent de demander à Alcinoos un bref état des lieux de la lecture médioplatonicienne dans la seconde moitié du IIe siècle apr. J.-C. C'est à cette même fin que l'on convoquera quelques pages d'Atticus et de Plutarque.

2. Le médioplatonisme et le stoïcisme se mêlent durant l'Empire, à tel point qu'il serait périlleux de vouloir séparer, lisant les traités philosophiques de l'époque, ce qui appartient à telle ou telle école. Le statut même des « écoles philosophiques » a complètement changé; elles ne sont plus les institutions distinctes qu'elles étaient au moment de leur fondation, mais plutôt et désormais des tendances doctrinales dont les outils spéculatifs et terminologiques sont souvent communs, en dépit de leur rivalité. Comme on le note ci-dessous à propos de Plotin, les médio- et les néoplatoniciens sont aussi bien tributaires de la tradition aristotélicienne, où ils puisent bon nombre de leurs arguments et de leurs concepts.

3. Ce qui est vérifié tout autant chez Plotin, qui peut très bien et par exemple critiquer Aristote au nom de Platon, *dans des termes aristotéliciens*. C'est du reste ce qui complique la tâche du lecteur de Plotin, confronté à une œuvre passablement hybride dont la vocation est platonicienne, le contexte stoïcien et les outils très souvent aristotéliciens. Voir les remarques de Porphyre, *Vie de Plotin*, 14, 5-7, qui insiste notamment sur l'importance de l'usage que Plotin faisait de la *Métaphysique* aristotélicienne.

référence d'une tradition exégétique scolaire, mais le texte même de la philosophie, l'ensemble des vérités à partir desquelles une vie philosophique pouvait être adoptée et conduite. Si l'on se tourne vers Platon, c'est pour y trouver une vérité philosophique ancienne et déjà révélée, une vérité qui est aussi bien celle de la nature de toutes choses que celle du mode de vie le plus éligible, celui que les médioplatoniciens nomment le « mode de vie contemplatif »[1]. À la faveur d'un travail particulier d'analyse et d'exégèse, les platoniciens, regroupés en communautés savantes, consacraient sans doute l'essentiel de leur temps d'étude au commentaire des dialogues qui, suivant un ordre de lecture précis, donnait lieu à la découverte des δόγματα fondamentaux. Les écoles platoniciennes successives (du IIe au VIe siècles apr. J.-C.) ne traiteront certes pas également les dialogues platoniciens[2]. Le médioplatonisme, comme en témoigne bien le *Didaskalikós* d'Alcinoos, réserve ainsi une attention privilégiée au *Timée* de Platon, qui s'était imposé assez tôt comme le dialogue de référence des études platoniciennes. Les médioplatoniciens trouvent réunies dans ce dialogue les trois grandes divisions désormais classiques de la philosophie, en l'espèce d'une logique, d'une physique et d'une éthique[3] : le *Timée* contient en effet une théorie de la connaissance (fondée sur la démonstration de l'existence des réalités intelligibles), une physique (une cosmologie) et les principes d'une éthique (ou, aussi bien,

1. Le mode de vie « théorétique », qu'on distingue du mode de vie « pratique »; *Didaskalikós*, II.

2. Il existe bon nombre d'études consacrées à l'ordre dans lequel les platoniciens lisaient et commentaient les dialogues du maître; L. Brisson propose une synthèse très informée : « Diogène Laërce, « Vies et doctrines des philosophes illustres », Livre III : structure et contenu », *Aufstieg und Niedergang der Römischen Welt*, II, 36, 5, Berlin-New York, de Gruyter, 1992, p. 3619-3760, avec un index paginé 1*-25*. En bref, cet ordre de lecture connaît un certain nombre de variantes jusqu'à Jamblique. À partir de ce dernier, les néoplatoniciens n'en changeront plus. On peut se reporter à M. Dunn, « Iamblichus, Thrasyllus and the reading order of the platonic dialogues », dans R. B. Harris (éd.), *The significance of neoplatonism*, Norfolk, Old Dominion University Press, 1976, p. 59-95, ou encore à A.-J. Festugière, « L'ordre de lecture des dialogues de Platon aux Ve-VIe siècles » (1969), repris dans ses *Études de philosophie grecque*, Paris, Vrin, 1971, p. 535-550.

3. Le *Didaskalikós* d'Alcinoos, à l'exception de considérations préalables et générales sur la philosophie comme aspiration à la sagesse, s'attache pour l'essentiel à retrouver dans le *Timée* ces trois grandes divisions scolaires de la philosophie. Celles-ci sont la « théorétique », c'est-à-dire la connaissance des êtres et la contemplation des causes premières et divines, qui embrasse la mathématique, la physique et la théologie; la « pratique », qui embrasse pour sa part tout ce qui relève des affaires humaines (l'éthique, l'économie, la politique); et enfin la « dialectique », qui désigne l'étude du raisonnement dans son ensemble (aussi bien la théorie de la connaissance que l'étude spécifique des moyens du raisonnement ou de l'expression).

d'une psychologie). Qui plus est, et c'est la raison de sa fortune aussi bien païenne que chrétienne, le dialogue subordonne ces trois enquêtes à l'hypothèse selon laquelle le monde est le produit de l'activité d'un dieu artisan, le « Démiurge », et désigne ainsi l'univers dans son ensemble comme un vivant divinement ordonné, comme un dieu, puis l'homme qui en est une partie comme un rejeton de dieu. La parenté de l'humain et du divin est ainsi établie de telle sorte que la philosophie trouve dans le *Timée* l'ensemble de ses conditions de possibilité : la connaissance rationnelle de l'ensemble de la réalité comme ordre divin, et la maîtrise de soi dont le terme final consistera en une vie ressemblant à celle, parfaite, du dieu.

Dans le « récit vraisemblable » que propose le *Timée*, le Démiurge s'inspire d'un modèle intelligible et parfait pour informer un matériau et produire à partir de lui le monde sensible dans sa totalité. Le caractère fictif de cette représentation de la fabrication divine du monde a suscité une considérable littérature exégétique, à la mesure des difficultés cosmologiques, physiques ou théologiques que Platon avait introduites dans son dialogue ; parmi ces difficultés, dont certaines étaient un motif d'embarras, sinon de réserve, à l'égard des arguments du maître, les médioplatoniciens s'inquiétaient notamment du statut dévolu au premier dieu : si le divin démiurge est réellement un artisan, il faut lui accorder la possession d'un savoir technique. Comment ce savoir lui a-t-il été enseigné ? L'a-t-il acquis, reçu ou inventé ? Doit-on supposer encore que le dieu fut ignorant avant que d'être savant ? Comment admettre, enfin, qu'un matériau inintelligible et indéterminé préexiste à l'intervention du dieu, sans lui contester sa primauté et son éminence causale ? Ou enfin et très simplement, le récit de Timée devait-il être lu au pied de la lettre, comme la description d'une fabrication qui avait effectivement eu lieu jadis [1] ?

L'examen de ces questions est commun à tous les représentants de la tradition médioplatonicienne, dont l'intérêt se consacre presque exclusivement à ces quelques pages du *Timée*. Parmi elles, les plus couramment commentées sont celles où Timée explique comment le monde, son âme et son corps, ont été fabriqués d'après le modèle intelligible (28b-31d) ; puis

1. On fait ainsi allusion à la question de savoir si certains platoniciens défendaient une lecture « chronologique » ou encore « littéraliste » du *Timée*. La plupart d'entre eux l'ont écartée d'emblée, en rappelant que Platon décrivait chronologiquement une succession d'opérations dont la distinction était causale. Plutarque est sans doute le seul interprète qui ait cherché à défendre la thèse selon laquelle Timée décrivait bien une « génération » réelle du monde, dans son *De anima procreatione in Timaeo*, 1013a-d. Son argument comporte toutefois quelques nuances, judicieusement rappelées par M. Zambon, *Porphyre et le médioplatonisme*, éd. cit., p. 89.

celles où il décrit la nature particulière du mélange qui entre dans la composition de l'âme du monde (35a-b); et celles, enfin, où il évoque la manière à tout le moins obscure dont le sensible résulte de la participation de la « matière » à l'intelligible, sous l'action du Démiurge (48e-51c; les médioplatoniciens s'accordaient pour identifier la matière, ὕλη, au « territoire », χώρα, dont parle le *Timée*[1]).

Commentant le *Timée* dans son *Didaskalikós*, Alcinoos en tire trois leçons, chacune indispensable à la compréhension des modifications que Plotin introduira bientôt dans la tradition platonicienne. Selon Alcinoos, l'explication platonicienne de la réalité consacre la primauté absolue d'un dieu qui est défini par sa seule fonction intellective : le premier dieu, cause de l'existence de toutes choses, est un Intellect (νοῦς[2]). Cet Intellect divin est la cause première des choses sensibles, corporelles, mais aussi des réalités intelligibles. Entre ces dernières et les choses sensibles, conformément au principal dogme de la tradition platonicienne, il existe un rapport causal et iconique : les choses sensibles sont les effets et les « images » des modèles intelligibles, et c'est un rapport de modèle à copie qui lie entre eux ces deux mondes distincts que sont le « monde intelligible » et le « monde sensible ». Cette lecture du *Timée* est le résultat d'un certain nombre de propositions et d'inflexions dont on montrerait aisément qu'elles sont loin d'avoir pour elles l'autorité du texte de Platon[3]. Le médioplatonisme choisit notamment de confondre deux réalités que le *Timée* distinguait nettement : les Formes intelligibles et le Démiurge; désormais, les

1. Dans le *Didaskalikós*, voir VIII, 162, 29-39.

2. Νοῦς est donc rendu par « intellect », tout comme ce sera le cas dans le texte plotinien (avec une majuscule, donc, puisqu'on désigne ainsi le principe divin, et non pas seulement l'intellect qui est une faculté de chaque âme).

3. Pour en connaître le détail et l'histoire, il faut se reporter au commentaire de L. Brisson, *Le même et l'autre dans la structure ontologique du* Timée *de Platon*, Sankt Augustin, Academia Verlag, 1998[3], puis aussi et désormais à l'importante étude de G. Reydams-Schils, *Demiurge and providence. Stoic and Platonist readings of Plato's* Timaeus, Turnhout, Brepols, 1999. L'hypothèse même d'un « monde intelligible », et la distinction des deux mondes qu'elle implique, est étrangère à Platon; elle remonte au début de notre ère, et on la trouve notamment chez Philon d'Alexandrie (Philon « le Juif » (20 av.-45), qui commente la *Genèse* à la lumière du *Timée* dans son *De opificio mundi*). Sur l'exégèse philonienne du *Timée* comme sur la pensée de Philon dans son ensemble, voir D.T. Runia, *Philo of Alexandria and the* Timaeus *of Plato*, Leyde, Brill, 1986, puis, du même auteur, le recueil d'études *Philo and the Church Fathers*, même éditeur, 1995, et enfin l'étude « A brief history of the term κόσμος νοητός from Plato to Plotinus », dans *Tradition of Platonism*, éd. par J. J. Cleary, Aldershot, Ashgate, 1999, p. 151-171.

premières sont définies comme les pensées du second[1]. Avec cette précision encore que le dieu artisan du *Timée*, le Démiurge, se trouve identifié à son seul intellect : il devient un dieu pensant, un Intellect qui, pensant les idées qui sont en lui, produit l'ensemble de la réalité par surcroît. Il n'est plus seulement cet artisan divin qui forge ou modèle le matériau indéterminé dont sortiront le monde et tous les vivants, mais il est la pensée et le modèle à partir desquels le monde animé va, d'une certaine manière, s'ordonner lui-même. Assimilées aux pensées ou aux « idées » du dieu[2], les Formes intelligibles ne sont pas extérieures à l'intellect divin, ce ne sont plus, comme chez Platon, des réalités extérieures à lui que le dieu contemple, mais ce sont ses propres pensées. C'est ainsi que se trouve justifié ce qu'on peut estimer être le premier axiome du médioplatonisme : les Formes intelligibles ne sont pas en dehors de l'intellect[3]. Cet axiome est bouleversant. Aussi bien du point de vue platonicien, pour ce qu'il suppose de *subjectivisation* de l'hypothèse des Formes intelligibles (alors même que, chez Platon, les Formes existent indépendamment de (ce) qui peut les

1. Ce qui n'exclut aucunement qu'elles aient une existence propre et, pour ainsi dire, « autonome » ou réelle. Dans le *Didaskalikós*, voir l'ensemble du chap. IX, puis X, 164, 27-31, cité dans la note suivante.

2. Voir de nouveau le *De opificio mundi*, 19, de Philon; les Formes intelligibles platoniciennes y sont définies comme les pensées ou les paroles (les λόγοι) du dieu biblique. Dans le chapitre X du *Didaskalikós*, Alcinoos en propose la démonstration suivante : « Et puisque le premier intellect est suprêmement beau, il faut aussi que l'objet de sa pensée soit suprêment beau. Or il n'y a rien de plus beau que cet intellect lui-même. Cet intellect doit donc toujours se concevoir lui-même en même temps qu'il conçoit ses propres pensées (τὰ ἑαυτοῦ νοήματα), et cette activité de l'intellect, c'est l'idée (ἰδέα) » (164, 27-31, trad. citée).

3. Outre les textes indiqués dans les notes qui précèdent, c'est encore l'opinion du médioplatonicien Atticus (seconde moitié du IIe siècle apr. J.-C.; il était lu dans l'école de Plotin), dans le Fr. 9 de l'éd. des Places (Paris, Belles Lettres, 1997, dont la n. 5, p. 86, donne une liste de renvois textuels pertinents). Et, pour une présentation de la doctrine d'Atticus, voir M. Baltes, « Zur Philosophie des Platonikers Attikos » (1983), repris dans ΔΙΑΝΟΗΜΑΤΑ. *Kleine Schriften zu Platon und zum Platonismus*, Stuttgart et Leipzig, Teubner, 1999, p. 81-111, puis C. Moreschini, « Attico : une figura singolare del medioplatonismo », *Aufstieg und Niedergang der Römischen Welt*, éd. par W. Haase et H. Temporini, partie II, volume 36.1, Berlin et New York, de Gruyter, 1987, p. 477-491. Contemporain de Plotin et maître pour un temps de Porphyre, Longin (c. 200-c. 272) avait probablement soutenu des doctrines semblables dans son traité *Sur les principes* (que Plotin tenait en piètre estime, selon la *Vie de Plotin*, 14, 18-20). C'est du moins ce dont témoigne Proclus dans son *Commentaire sur le* Timée, I, 322, 18-24; voir Longin, *Fragments*, édition et traduction par L. Brisson et M. Patillon, Paris, Belles Lettres, 2001, p. 1-234. On retrouve chez Longin les trois principes caractéristiques du médioplatonisme (l'Intellect démiurgique, le paradigme intelligible des idées ou Formes, et enfin la matière), avec cette nuance toutefois que le paradigme intelligible semble avoir une réalité postérieure et inférieure à celle du Démiurge; le paradigme, dit Proclus dans le texte cité, vient « après » le Démiurge.

penser et les connaître), que du point de vue de l'histoire du platonisme et de sa réception judéo-chrétienne. Désormais et pour un certain temps, l'ensemble de la réalité se trouvera partagé en deux niveaux ou mondes distincts, l'intelligible et le sensible, deux mondes qui entretiennent donc des rapports stricts de modèle à image, c'est-à-dire à la fois de ressemblance et de dégradation. Comme le soutient Alcinoos, si le modèle de toutes choses se trouve en dieu, alors, l'homme qui est doué de pensée, qui possède un intellect, peut connaître ce modèle dont il est lui-même une image et auquel il « participe ». La relation platonicienne de « participation » (μέθεξις) est ainsi comprise au prisme de l'intervention démiurgique du dieu qui configure un matériau parfaitement indéterminé, la matière, de façon à produire le monde sensible à l'image du modèle intelligible. Et elle réserve au monde un statut qu'on pourrait dire « iconique », puisque la totalité ordonnée des choses sensibles est une « copie ressemblante » (εἰκών) du modèle intelligible[1].

En vertu de la ressemblance qui existe entre le dieu et son rejeton humain, ce dernier, au moyen de ce qui en lui est proprement divin, l'âme, peut accentuer une parenté (συγγένεια) dont l'accomplissement (la fin, le τέλος) est indistinctement la connaissance adéquate de la réalité et l'accession à la vie bonne[2]. Ce τέλος a pour formule platonicienne une expression issue du *Théétète* : « l'assimilation au dieu » (l'ὁμοίωσις θεῷ). Le médioplatonisme substitue ainsi à la définition stoïcienne de la vie bonne comme vie *conforme à la nature* le projet d'une aspiration à ce qui au contraire dépasse la nature sensible. Lorsque Socrate soutient dans le *Théétète* qu'il faut fuir le monde d'ici-bas vers là-haut, il prononce sans le savoir le second axiome médioplatonicien : « L'évasion (φυγή), c'est de s'assimiler au dieu dans la mesure du possible ; or on s'assimile en devenant juste et pieux par le moyen de la réflexion » (176b1-2)[3]. La compréhension médioplatonicienne de cette formule est d'abord éthique : la vie humaine, à l'encontre de ce que pouvaient soutenir les stoïciens, n'est pas à elle-même

1. Voir, par exemple, *Didaskalikós* XII, 166, 39-167, 15, où Alcinoos explique notamment ceci : « Il est nécessaire aussi que le plus bel ouvrage qui existe, le monde, ait été fabriqué par Dieu en regardant une certaine idée du monde. Cette idée est le modèle (παράδειγμα) de notre monde qui n'en est que la copie (ἀπεικονισμένου). C'est à la ressemblance de cette idée que le Démiurge l'a réalisé. » (167, 8-13, trad. citée).

2. Nous possédons en l'âme les « principes de tous les êtres », nous pouvons percevoir tous les intelligibles et surtout, note Alcinoos, nous pouvons percevoir la parenté qui lie ce que nous percevons autour de nous à ces mêmes intelligibles : la participation du sensible à l'intelligible est perçue comme une ressemblance (XIV, 169, 18-27).

3. C'est l'objet du chapitre XXVIII du *Didaskalikós*.

sa propre fin; plus exactement, cette vie n'est achevée, parfaite, qu'à la condition de se hisser elle-même à la portée de ce qui la dépasse et dont elle est issue, le divin. Ce dépassement de soi par soi peut être convenablement nommé « extase », pourvu que l'on comprenne que cette ἔκστασις suppose à la fois un renoncement à soi, un abandon que les médioplatoniciens et les néoplatoniciens désignent comme une « fuite », mais aussi un accomplissement de soi, une exaltation de ce qui en nous est déjà divin[1]. Si la vie « ici-bas », celle des affaires humaines, n'est pas digne d'être vécue, il n'est toutefois pas question d'y renoncer purement et simplement. En effet, comme Plotin l'affirmera à son tour[2], « l'assimilation au dieu » n'est possible qu'à la condition d'une intelligence et d'une maîtrise des affaires humaines; plutôt que de renoncer à ces dernières, la philosophie propose qu'on les soumette à l'ordre divin qui leur fait défaut. Il y a là plus qu'une nuance, qu'indique sans doute la formule du *Théétète* qui invite l'homme à se rendre semblable au dieu, non pas à devenir dieu. Le projet éthique est celui d'une assimilation, c'est-à-dire d'une certaine forme d'imitation[3]. Le *Didaskalikós* d'Alcinoos examine les conditions de cette assimilation, en expliquant comment elle doit partir d'une pratique des vertus, d'une ascèse qui est aussi bien une purification (κάθαρσις), pour finalement atteindre, au moyen d'une initiation savante, l'assimilation proprement dite. Ce processus de purification éthique s'insère dans la représentation divine et hiérarchisée de l'univers qu'on vient d'évoquer. La cosmologie, qui tient lieu de métaphysique[4] au médioplatonisme, aura ainsi distingué des

1. L'ἔκστασις n'est pas nécessairement souhaitable et le terme aura du reste, chez Plotin, un double usage; il peut nommer, en mauvaise part, la sortie hors de soi que ne connaissent ni l'Un ni l'Intellect (qui engendrent sans s'abandonner eux-mêmes : parmi tant d'exemples, 49 (V, 3), 7, 13-14), tout comme il peut nommer, en bonne part cette fois, la sortie hors de soi à laquelle conduit la contemplation du principe (par exemple, 9 (VI, 9), 11, 23).

2. Ce sera l'objet, *infra*, du chapitre « *Purification, assimilation et contemplation* », p. 114-123.

3. Voir, *supra*, n. 2, p. 20. Comme Platon l'explique dans le *Timée*, une imitation et une assimilation ne sont envisageables que s'il existe déjà une parenté (συγγένεια) entre le modèle et ce qui est susceptible de l'imiter (30d-31a, puis 42e). Cette parenté est bien le résultat de la ressemblance qui existe entre le paradigme intelligible et sa « copie » ou son « image » sensible (ou, aussi bien, entre le modèle divin et sa copie humaine), et elle est elle-même l'effet de la participation : le produit, selon Platon, ressemble à sa cause. S'agissant de « l'assimilation au dieu », elle est rendue possible du fait que la copie humaine est animée, que l'âme humaine et l'âme divine sont de semblable composition, et que l'homme peut ainsi parfaire ce qu'il est par nature : une ressemblance.

4. Au sens strict et minimal où la nature est l'ensemble des effets sensibles de causes non naturelles, intelligibles et divines (métaphysiques en ce sens), puis, où la connaissance de la

niveaux de réalité, selon l'antériorité causale des agents : le dieu-intellect qui est au principe de toutes choses, les Formes intelligibles que sont ses pensées et qui servent de modèles aux choses sensibles, l'âme du monde qui produit effectivement ces choses sensibles (et qui joue donc un rôle démiurgique, artisanal) et enfin le matériau indéterminé, la matière, qui est ordonnée, dans la mesure du possible [1].

Les trois « principes » (le Démiurge, le modèle intelligible, la matière) que décrit le manuel d'Alcinoos et que l'on retrouve dans toute la littérature médioplatonicienne du IIe siècle apr. J.-C. ordonnent de la sorte l'ensemble de la réalité à un processus de fabrication iconique : sous l'aspect de son engendrement, puisque le monde est une image divine du modèle intelligible, mais sous l'aspect aussi de la connaissance que l'âme humaine est susceptible d'en avoir, puisque cette dernière découvre le modèle au travers de ce qui lui ressemble et que la perfection éthique ne consiste à son tour en rien d'autre qu'en un accomplissement de cette ressemblance.

Numénius

Les quelques fragments qu'on attribue à Numénius, contemporain lui aussi méconnu d'Alcinoos [2], montrent une autre facette du platonisme du IIe siècle que la destination scolaire du manuel d'Alcinoos, sinon la doctrine même de son auteur, ne pouvait que lui faire négliger : l'influence de doctrines extérieures à la tradition platonicienne ou philosophique, et l'urgente vocation théologique du médioplatonisme. Numénius est l'un des représentants du « néopythagorisme » qui emporte, dès le début du deuxième siècle, l'adhésion de la plupart des platoniciens ; de ceux d'entre eux, du moins, qui tentent de réagir à l'orientation sceptique qu'avaient peu à peu adoptée les représentants autorisés de l'Académie platonicienne. Les médioplatoniciens qui font le choix du pythagorisme tentent d'opposer aux arguties sceptiques ou aux discussions d'école l'exposé de cette vérité

totalité des choses existantes peut être déduite de la connaissance des principes qui régissent et ordonnent la constitution de toutes choses.

1. Voir les chapitres IX et X du *Didaskalikós*.

2. Numénius, édition et traduction des *Fragments*, par É. des Places, Paris, Belles Lettres, 1973. Dans l'introduction de ce volume, É. des Places présente les quelques hypothèses biographiques qui autorisent à faire de Numénius un auteur postérieur à Alcinoos, et les éléments textuels plus fiables qui le désignent comme un platonicien en rupture de ban avec le platonisme scolaire de l'Académie.

révélée à Platon (et avant lui à Pythagore puis à Socrate) qu'avaient su comprendre les premiers successeurs du maître, Speusippe et Xénocrate[1] : la réalité dans son ensemble procède d'un principe unique et intelligible qui se dédouble puis se multiplie pour engendrer la diversité sensible. Les Formes intelligibles sont des nombres, qui ont pour commune mesure l'unité primordiale qui les a engendrés selon un ordre et des proportions qu'il appartient au philosophe de décrire. Cette recherche néopythagoricienne, qui fait un usage souvent immodéré de l'arithmologie, prend au IIe siècle la forme sectaire et souvent hermétique d'une doctrine que des initiés, tenus au secret et à des règles de conduite très strictes, partagent au sein de leur communauté[2]. C'est qu'il s'agit bien pour Numénius, comme pour tous les représentants du platonisme tardif après lui, de contribuer à défendre une spiritualité païenne menacée, en élaborant une théologie rationnelle à partir de l'héritage philosophique classique. L'apologie de cette sagesse païenne se nourrit de contributions pour le moins variées, chez des auteurs qui recourent à des sources religieuses différentes et non-exclusivement grecques ou romaines; Numénius fait ainsi des emprunts aux religions orientales, ou bien encore aux croyances juives, pour donner au schéma médioplatonicien un soutien théologique inattendu dont l'éclectisme, sinon le syncrétisme cette fois, est souvent déroutant[3]. C'est encore à la même époque, sans que l'on sache exactement dans quelles

1. La doctrine des premiers successeurs de Platon nous est connue pour l'essentiel par le témoignage peu amène qu'en donne Aristote dans la *Métaphysique*. Leurs allusions à l'hypothèse des « idées-nombres », ou encore au rôle de la « Monade » et de la « Dyade », laissent supposer que des auteurs comme Numénius ou Plotin étaient exclusivement tributaires des textes aristotéliciens. Encore faudrait-il préciser que Xénocrate et Speusippe ne défendaient pas exactement la même lecture des dialogues platoniciens; D. J. O'Meara signale les plus importantes de ces nuances doctrinales, *Structures hiérarchiques dans la pensée de Plotin*, Leyde, Brill, 1975, p. 10-16. Pour plus de détail, voir les éditions commentées de M. Isnardi Parente, *Speusippo. Frammenti*, Naples, Bibliopolis, 1980, puis *Senocrate-Ermodoro. Frammenti*, même éditeur, 1982.

2. C'est dans la *Vie de Pythagore* de Jamblique (c. 240-325) qu'on trouve le témoignage le plus précis sur ce que furent les communautés et les doctrines pythagoriciennes, et la manière surtout dont les néopythagoriciens se les représentaient; voir la traduction et les explications de l'ouvrage de Jamblique par L. Brisson et A. P. Segonds, Paris, Belles Lettres, 1996.

3. Il l'est d'autant plus que l'apologie de l'éminence absolue de la cause divine de toutes choses ne s'embarrasse guère, comme c'était pourtant le cas des philosophies anciennes « classiques », du souci de produire une physique cohérente. C'est ce qui rend délicate la comparaison des doctrines classiques et des exégèses néoplatoniciennes; les conditions de possibilité de la philosophie et sa vocation ont changé : la connaissance de la nature et le projet d'une réforme politique de la cité ne sont plus l'horizon constitutif de l'enquête philosophique.

circonstances, que se diffuse chez les platoniciens et les néopythagoriciens un ouvrage qui aura un succès considérable, les *Oracles chaldaïques*[1]. Cette vogue, non seulement de la théurgie, mais encore de l'astrologie ou des pratiques divinatoires, qui séduira encore bon nombre de néoplatoniciens aux IIIe et IVe siècles, avait les faveurs de Numénius; elle ne reçut pas celles de Plotin. Ouvertement hostile à la magie et à la superstition, ce dernier n'accorda semble-t-il aucun crédit à la théurgie[2]. En revanche, la comparaison des fragments numéniens et des traités plotiniens montre une communauté de pensée et une parenté doctrinale suffisamment suggestives pour que l'on en déduise une influence doctrinale[3].

Les fragments de Numénius trahissent un effort obstiné pour démontrer l'intégrité sans réserve du premier dieu. À tel point que cette apologie de la puissance et de la perfection du dieu, qui restera l'une des caractéristiques

1. *Oracles chaldaïques*, édition et traduction par É. des Places, Paris, Belles Lettres, 1989². Œuvre de deux « Chaldéens » (on désignait ainsi les « magiciens ») méconnus, Julien père et Julien fils (c. 160), les *Oracles chaldaïques* feront autorité en matière de théurgie (de la façon dont, au moyen de rites et de prières, on peut s'approprier non seulement la clémence ou l'aide, mais la puissance même du divin). La question est encore disputée de la primauté comme de l'influence réciproque de ces *Oracles* très platonisants sur Numénius; l'essentiel de cette discussion est résumé par P. Hadot, « Bilan et perspectives sur les *Oracles chaldaïques* » (1978), dans *Plotin, Porphyre. Études néoplatoniciennes*, Paris, Belles Lettres, 1999, p. 89-114. P. Hadot rappelle que Porphyre est le premier témoin néoplatonicien des *Oracles*, pour conclure que, « selon toute vraisemblance, Plotin n'a pas connu les *Oracles chaldaïques* ou a refusé de s'y intéresser » (p. 96). Le débat n'est toutefois pas clos, et L. Brisson a récemment défendu l'hypothèse que la première phrase du traité 16 (I, 9), *Sur le suicide raisonnable*, pouvait témoigner d'une connaissance plotinienne des *Oracles* (voir Plotin, *Traités 7-21*, « Note critique sur la postérité du traité 16 », à la suite des notes de F. Fronterotta au traité 16).

2. L. Brisson s'est efforcé de décrire ces réticences à l'égard des pratiques superstitieuses : « Plotin et la magie », dans Porphyre, *Vie de Plotin*, éd. citée, II, p. 465-475.

3. Ce qu'atteste donc Porphyre lorsqu'il rapporte que Plotin fut publiquement accusé de plagier Numénius (voir, *supra*, n. 3, p. 20). Il est plus que probable que Plotin soit parti, en philosophie, des doctrines de Numénius. Mais les témoignages et les textes, y compris ceux relatifs à l'enseignement d'Ammonius « Saccas » (qui fut le maître de Plotin à Alexandrie, mais dont nous ne savons presque rien) font défaut. E. R. Dodds, dans une étude qui fait encore autorité, a tenté de prendre la mesure de cette influence : « Numenius and Ammonius », dans *Les sources de Plotin* (collectif), Entretiens sur l'Antiquité classique, V, Genève, Fondation Hardt, 1960, p. 1-32. Voir par ailleurs, s'agissant d'Ammonius, les études d'H.-R. Schwyzer, *Ammonios Sakkas, der Lehrer Plotins*, Opladen, Rheinisch-Westfälische Akademie der Wissenschaften (Vorträge G 260), 1983, et de D. O'Brien, « Plotinus and the secret of Ammonius », *Hermathena*, 157, 1994, p. 117-153, qui revient sur la parenté des philosophies de Plotin et de Numénius, pour montrer comment, en dépit de ressemblances fortes, y compris quant au statut de la matière, elles se distinguent sur le point de savoir si cette dernière est engendrée (ce que Numénius refuse, mais que Plotin soutient).

doctrinales majeures de la tradition platonicienne tardive, paraît être devenue le principe, la condition même de la représentation platonicienne du monde. Dans la mesure où le système plotinien en est tributaire, il est indispensable d'en dire quelques mots, et d'observer plus particulièrement la manière dont Numénius rend compte de la ressemblance qu'entretiennent entre eux les « principes ».

Numénius est l'architecte d'une réalité partagée en trois plans d'existence distincts et hiérarchisés, qui correspondent chacun à la nature et à l'activité d'un dieu. Se succèdent ainsi un premier dieu « un », père et roi de toutes choses, puis un deuxième qui est législateur et producteur (auquel Numénius identifie le Démiurge du *Timée* platonicien), qui se dédouble enfin lui-même en un troisième dieu, engagé dans la matière qu'il informe. L'intégrité et la perfection du premier dieu sont ainsi et définitivement assurées, puisque celui-ci n'est en rien diminué par une activité pratique ou technique. Il n'est plus, conformément à ce qu'Aristote et ses successeurs avaient pu dire de l'intellect divin[1], qu'un intellect pur, dont la seule activité consiste à se penser soi-même; ainsi défini, le premier dieu est parfaitement suffisant et, à la différence du Démiurge de Platon, il n'est en rien directement impliqué dans ce qui vient après lui et dont il est pourtant la cause : le dieu en vertu de la puissance duquel tout existe est oisif[2].

Les enjeux de cette préservation de l'intégrité du premier principe sont de différents ordres. Il en va aussi bien de l'exigence pieuse de défendre la parfaite bonté du premier dieu, dont on ne peut sans danger supposer qu'il a participé en personne à la construction d'un monde sensible et pour partie indéterminé; de l'exigence éthique qui veut que l'âme, qu'il s'agisse de l'âme du monde ou des âmes individuelles, puisse accéder à la bonté divine sans être entièrement victime des contraintes et des pathologies qu'implique l'incorporation matérielle; de l'exigence « ontologique » enfin, qui veut que la réalité intelligible demeure ce qu'elle est, c'est-à-dire éternelle et perceptible par un intellect, non pas en devenir et sensible. Indissociables, ces trois exigences paraissent sonner le glas de l'autorité médioplato-

1. Numénius, comme l'avait fait Alcinoos et comme le fera Plotin, s'en remet aux textes où Aristote définit l'intellect comme le sujet de cette pensée qui est à elle-même son propre objet : l'intellect est l'intelligible; *De anima*, III, 4-5, et *Métaphysique*, Λ, 9, 1074b-1075a. S'agissant de Plotin, P. Hadot a traité de cette question, dans « La conception plotinienne de l'identité entre l'intellect et son objet. Plotin et le *De anima* d'Aristote » (1996), repris dans *Plotin, Porphyre. Études néoplatoniciennes*, éd. cit., p. 267-278.

2. Le fragment 12 stipule : « Faisons entre nous une convention sans équivoque : c'est que le dieu premier reste oisif (ἀγρόν) dans toute l'œuvre [de fabrication du monde], qu'il est roi ».

nicienne du *Timée* et de sa représentation démiurgique du divin. Les fragments de Numénius cherchent en effet à résoudre les apories qu'engendre immanquablement la figure du Démiurge platonicien, pour finalement contester que le dieu qui est la cause intelligible, la première réalité pensante et impassible, puisse être d'une façon ou d'une autre comparé à un artisan délibérant ou calculant, et encore plus à un agent directement impliqué dans le travail d'un matériau. Si la matière est bien l'indétermination pure, ce qui par soi n'a ni détermination ni Forme, il n'est pas concevable que l'Intellect divin entre en contact avec elle. Il est au contraire nécessaire d'inscrire des intermédiaires dans l'engendrement de la réalité, et d'établir ainsi une distance entre la cause intelligible et l'indétermination matérielle qui grève le sensible. C'est la fonction du deuxième puis du troisième dieu de la cosmo-théologie numénienne. Mais, dans la mesure même où il s'agit aussi de défendre l'hypothèse selon laquelle le premier dieu reste cause de toutes choses, il devient tout autant nécessaire d'expliquer que le premier principe n'est pas absolument séparé de ce qui vient après lui, qu'il existe bien une continuité entre le premier Intellect et le monde sensible, que quelque chose de cet Intellect est encore présent dans ce monde sensible. Numénius donne de cette continuité une représentation processive, en soutenant que l'engendrement de toutes choses se fait à la manière d'une descente, depuis l'Intellect premier jusqu'au sensible « ici-bas »[1]. Si le premier dieu n'agit pas lui-même, il engendre et dirige toutefois le dieu second qui, à son tour, engendre et gouverne le monde sensible en informant la matière[2]. De la sorte, le Démiurge du *Timée* n'est

1. Voir surtout les fragments 12-22. Cet étagement vertical de la réalité, depuis le soleil intelligible jusqu'à l'obscurité matérielle, a pour lui l'autorité de plusieurs textes platoniciens. Outre les descriptions célestes du mythe du *Phèdre*, Numénius et ses successeurs mentionnent le plus souvent l'analogie de la Forme du bien et du soleil qu'on trouve dans les livres VI et VII de la *République*. Ainsi se donnent-ils les moyens d'identifier le premier dieu-intellect au Bien, pour lui réserver l'éminente situation ontologique d'être au-delà même de la réalité intelligible. Sur la manière dont l'analogie platonicienne du soleil et du bien fut comprise dans la tradition platonicienne, voir M. Baltes, « Is the idea of the good in Plato's *Republic* beyond being? », dans ses ΔΙΑΝΟΗΜΑΤΑ. *Kleine Schriften zu Platon und zum Platonismus*, Stuttgart et Leipzig, Teubner, 1999, p. 351-371.

2. Numénius distingue donc trois dieux : le premier, le deuxième qui contemple les intelligibles et qui, lorsqu'il agit sur la matière, se dédouble pour donner lieu à une troisième divinité, le monde. Chacun de ces dieux a besoin du suivant pour accomplir sa tâche. C'est un point de doctrine décisif, dont on verra que Plotin le conteste. S'agissant de Numénius, on se rapportera à l'étude de F. L. Lisi, « Los très niveles de la divinidad en Numenio de Apamea », *Cuadernos de Filosofía*, 26-27, 1979, p. 111-130, puis à l'importante notice de M. Frede : « Numénius », *Aufstieg und Niedergang der Römischen Welt*, éd. par W. Haase et H. Temporini, tome II, volume 36.2, Berlin et New York, de Gruyter, 1987, p. 1034-1075.

plus premier; il vient à la suite d'un Intellect décrit en termes aristotéliciens et désormais investi d'une primauté qui a pour caractéristiques l'immobilité, la simplicité et la pensée. Les rapports qui lient entre elles les trois divinités relèvent d'une forme d'usage supplémentaire ou supplétive, que Numénius nomme πρόσχρησις [1], en expliquant que le premier dieu donne à celui qui lui succède une aptitude à réaliser son projet, comme un stratège fait exécuter des ordres par un soldat. Le premier dieu, pensée pure et simple, reste alors cause de toutes choses, mais par délégation de pouvoir: il se sert de celui qui vient à suite, comme d'un subalterne. Au moyen du postulat de l'existence de ces trois dieux, il est à la fois établi que le monde est divin, de part en part, mais aussi qu'il convient d'y distinguer des plans de réalité, de telle sorte que l'intelligible et le sensible soient parfaitement séparés, que l'activité théorétique n'ait pas le même sujet que l'activité productrice s'exerçant sur la matière, et que l'on puisse enfin rendre compte de l'indétermination et de l'imperfection des choses sensibles.

Désormais, l'examen de la « procession », c'est-à-dire de l'action successive des différentes puissances divines, occupe une place doctrinale déterminante. D'autant plus qu'il convient de résoudre les difficultés qui surgissent inéluctablement lorsque l'on sépare ainsi différents ordres ou « niveaux » de réalité: si l'on récuse le monisme stoïcien [2] pour faire l'hypothèse de l'action successive et processive de différentes puissances divines, alors il convient d'expliquer comment elles s'accordent entre elles

1. La πρόσχρησις est un rapport d'usage par délégation ou par supplément: au lieu d'agir lui-même, comme un artisan, le sujet de l'usage se « sert de surcroît » d'un second agent, comme moyen; le Fr. 22, que nous citons *in extenso*, dit ainsi: « Numénius fait correspondre le premier Dieu à "ce qui est le vivant" [Platon, *Timée* 39e8] et il dit que ce premier intellige en utilisant additionnellement (προσχρήσει) le second; il fait correspondre le second Dieu à l'Intellect et dit que ce second crée en utilisant à son tour additionnellement (*idem*) le troisième; il fait correspondre le troisième Dieu à l'Intellect qui use de l'intelligence discursive » (trad. citée; la note 3, p. 113 d'É. des Places comporte des rapprochements terminologiques relatifs à l'usage du terme πρόσχρησις et signale une réminiscence plausible de la doctrine numénienne chez Plotin, 13 (III, 9), 1, 15-20). Si Plotin ne fait aucun usage semblable du substantif, il emploie couramment la forme verbale (les traités en donnent une douzaine d'occurrences, qui qualifient toujours l'usage supplémentaire d'un moyen, le fait de servir de quelque chose « en plus » pour accomplir une action; par exemple, en 5 (VI, 9), 11, 4, ou en 27 (IV, 3), 10, 19). Plotin, fidèle à la définition du vivant humain qu'on trouve chez Platon, *Alcibiade* 130a1 (où il est dit que l'âme est ce qui se sert du corps, χρῆται αὐτῷ) dit ainsi de l'âme qu'elle use du corps, *en sus* de ses propres facultés (notamment pour percevoir les objets sensibles, voir 2 (IV, 7), 8, 3, ou 38 (VI, 7), 4, 10, qui substituent donc alors προσχρῆσθαι au χρῆσθαι de Platon).

2. Les stoïciens soutiennent que le monde dans son ensemble est informé rationnellement par l'action du λόγος divin sur la matière, le premier étant un corps immanent à la seconde.

(comment ce dieu qui ne fait que penser peut-il gouverner un autre dieu qui, pour sa part, produit ?), et comment chacune d'elles se rapporte à ses objets et produit l'effet qui lui est propre (comment une cause intelligible et divine peut-elle exercer son effet sur un matériau sensible et indéterminé ?)[1]. À ces questions, les platoniciens apporteront certes des réponses variées, mais tous s'y mesureront en défendant quelques dogmes communs, au premier rang desquels l'hypothèse du caractère intelligible de la réalité, puis celle de l'hypothèse de l'animation de l'ensemble du monde.

Plotin hérite de ces difficultés et notamment de la plus générale d'entre elles : si l'on distingue ainsi des niveaux d'activités divines (en l'espèce d'un dieu contemplatif, puis d'un dieu démiurge ou producteur), comment comprendre que les choses successivement engendrées puissent participer de l'Intellect divin qui est leur cause première ? Autrement dit, car il s'agit finalement de la même question, comment expliquer que le monde sensible, qui n'est pourtant pas l'œuvre immédiate du premier dieu, se trouve être tout de même rationnellement ordonné, au point d'être beau, bon et même divin ? Ou encore : si le deuxième dieu qui informe la matière et produit le monde est un Intellect, qui contemple les Formes intelligibles pour accomplir son ouvrage, quel rôle doit-on réserver au dieu qui le précède ? Pense-t-il aussi ? À quoi et de quelle manière ? Chez Numénius, les trois dieux sont distingués selon l'objet qu'ils rendent possible ou qu'ils possèdent : la réalité (οὐσία) pour le premier, les Formes intelligibles pour le deuxième, les choses sensibles pour le troisième. Si ces trois divinités sont apparentées, c'est que chacune d'elles intellige et imite celle qui la précède et la gouverne[2]. Ce qui les distingue en revanche, ce sont les moda-

1. Ces difficultés sont d'autant plus redoutables que les médioplatoniciens et les néoplatoniciens restent fidèles au principe hellénistique et proprement stoïcien d'une co-appartenance de toutes choses. Comme le rappelle Numénius (Fr. 41 : « tout est pareillement en toutes choses ») et comme le soutiendra Plotin, chaque partie du monde sensible contient à sa façon le monde dans son ensemble (ce qui, selon Plotin, est aussi bien le cas du monde intelligible : celui-ci, comme l'avait notamment aperçu Parménide, contient toutes choses et il est toutes choses, 10 (V, 1), 8, 22). L'hypothèse stoïcienne d'une *sympathie* de toutes choses est ainsi préservée, sinon étendue.

2. Comme on l'avait noté à propos d'Alcinoos, la ressemblance des principes est d'abord l'effet de leur parenté (συγγένεια). Selon Numénius en effet, les différentes divinités sont bien distinctes, mais ce sont toutes des intellects ; voir, surtout, Fr. 17, puis Fr. 41 et 42 (où, selon Jamblique, « Numénius paraît défendre une union et une identité sans distinction entre l'âme (remontée au ciel) et ses principes »). Du point de vue plotinien, le relatif flottement du vocabulaire qu'emploie Numénius ne va certes pas sans difficulté, puisque c'est la même divinité, la première, qui est tour à tour désignée comme « Intellect » et comme « Bien » (comme c'est le cas dans le Fr. 16, cité ci-dessous).

lités particulières de leur intellection. Ces deux points de doctrine méritent une remarque, car ils introduisent dans le discours sur les principes des questions et des termes qui n'ont pas immédiatement leurs équivalents dans le corpus médioplatonicien, mais qui les trouvent en revanche dans les traités de Plotin.

Numénius qualifie donc d'imitation l'activité à la faveur de laquelle la deuxième divinité se rapporte à la première afin de pouvoir exercer l'activité artisanale qui lui est propre. C'est le signe, d'emblée, que la conception médioplatonicienne des principes et sa caractéristique « iconique », telle du moins qu'on les trouve dans le manuel d'Alcinoos, sont ici déjouées. Non pas seulement parce que Numénius modifie l'aspect et le nombre de ces principes, en introduisant, « au-delà » du Démiurge, une nouvelle divinité, mais surtout parce que ce Démiurge, devenu un rejeton, se constitue pour partie en imitant son producteur. De la sorte, la thèse de l'existence séparée des principes est soupçonnée, au profit d'une représentation de la procession qui paraît vouloir privilégier l'hypothèse que leur constitution est relative et différée, qu'elle est sous condition. Le fragment 16 donne une juste idée des modifications que Numénius fait ainsi subir au schéma médioplatonicien scolaire.

> Si la réalité (οὐσία) et l'idée (ἰδέα) sont de l'intelligible et si l'Intellect leur a été reconnu antérieur et supérieur, comme leur cause, c'est lui seul qui s'est avéré le Bien. En effet, si le Dieu démiurge est principe du devenir, il suffit au Bien d'être celui de la réalité. Proportionnellement, ce qu'est au bien le Dieu démiurge, qui en est l'imitateur (μιμητής), le devenir l'est à la réalité, lui qui en est l'image et l'imitation (εἰκὼν (...) καὶ μίμημα). Or si vraiment le démiurge du devenir est bon, sans doute aussi le démiurge de la réalité sera le Bien en soi, connaturel à la réalité. Car le second, qui est double, produit de lui-même sa propre Idée et l'univers (αὐτοποιεῖ[1] τήν τε ἰδέαν ἑαυτοῦ καὶ τὸν κόσμον), comme démiurge; après quoi, il s'adonne à la contemplation. Fr. 16, 1-12[2].

Numénius emploie une formule dont nous avions noté, dans l'Introduction, qu'elle trouve une variante dans les traités de Plotin[3]. La nuance qu'elle comporte est ici explicitée : la deuxième divinité est bien l'image (εἰκών) de la première, et elle en est aussi le μίμημα, elle est le produit qui résulte de l'imitation de la première. Mais l'auteur de cette imitation n'est

1. Le terme est un hapax dans les fragments de Numénius, et on ne le trouve pas davantage chez les principaux médioplatoniciens que chez Plotin.

2. La trad. d'É. des Places est légèrement modifiée.

3. Il s'agissait de l'expression μίμημα καὶ εἴδωλον; voir p. 10-11.

pas la première divinité : c'est la deuxième divinité qui réalise elle-même l'imitation dont elle résulte elle-même [1]. Le Démiurge prend de la sorte un rôle actif à sa propre constitution, et c'est aussi bien sous condition de cette activité, l'imitation, que se trouvent désormais placées à la fois sa propre existence et l'activité artisanale qui est la sienne. Ni l'une ni l'autre n'ont plus le caractère spontané ou immédiat qui était le leur dans le manuel d'Alcinoos. La mention d'une production de soi par soi, même si elle reste ambiguë (puisque le Démiurge n'« autoproduit » que sa propre « idée »), paraît signifier deux choses : d'une part, que la puissance du premier principe n'est pas immédiatement à l'origine de la production du monde; d'autre part, que ce qui est engendré par ce premier principe contribue de soi-même à sa propre détermination, sinon à sa propre existence. Numénius ne conteste pas la thèse médioplatonicienne selon laquelle la matière, indéterminée et irrationnelle (Fr. 4a), existe indépendamment du Démiurge qui l'informe et introduit en elle de l'harmonie (Fr. 18), en s'exposant ainsi à sa propre scission ; la fin du fragment 11 le déplore en ces termes :

> [le deuxième dieu] est scindé par elle [la matière], dont le caractère ne va pas sans concupiscence et qui est fluide. N'étant pas attaché à l'Intelligible (πρὸς τῷ νοητῷ) (en ce cas, il serait ramassé sur lui-même (πρὸς ἑαυτῷ)), parce qu'il regarde la matière, il s'en préoccupe et s'oublie lui-même. Il entre en contact avec le sensible, le choie, l'élève en outre jusqu'à son propre caractère, parce qu'il a tendu son désir vers la matière. Fr. 11, 15-20 [2].

1. Le Démiurge est donc à la fois μιμητής et μίμημα.

2. Trad. citée. La scission du deuxième dieu sépare semble-t-il un Intellect démiurgique qui perpétue la contemplation de l'Intellect premier, d'un intellect qui s'abîme dans le soin du sensible. Il s'agit là de l'âme, ou à tout le moins de l'âme du monde. Les termes de cette description paraissent annoncer, rétrospectivement et de manière saisissante, la manière dont Plotin décrira le sort de l'âme qui prend soin du monde sensible qu'elle a engendré. Qu'il s'agisse de la préposition employée afin de désigner la manière dont la divinité reste ou non « auprès » (πρός) de son principe (« attaché à lui »), dont l'usage est commun chez Plotin, du « contact » avec le sensible (Plotin dira notamment de l'âme qu'elle en contact avec les corps comme le producteur l'est avec son ouvrage : 27 (IV, 3), 14), ou encore et surtout de la manière dont la divinité est comme attirée par la matière, qui trouve cet écho dans le traité 51 (I, 8) : « Ainsi, d'une part, l'âme parfaite qui s'incline vers l'Intellect (τελεία καὶ πρὸς νοῦν) est toujours pure et détournée de la matière et ne voit aucune indétermination, ni le non-mesuré ni le mal, ni ne s'en approche. Ainsi reste-t-elle pure, entièrement déterminée par l'Intellect. Mais, d'autre part, celle qui ne reste pas cela, mais qui progresse hors d'elle-même, en ce qu'elle n'est pas ce qui est parfait et premier, étant dans sa déficience comme un reflet de l'âme pure, remplie d'indétermination dans la mesure où elle est déficiente, voit l'obscurité et contient déjà la matière, regardant vers ce qu'elle ne voit pas (σκότος ὁρᾷ καὶ ἔχει ἤδη ὕλην

La fonction de la deuxième divinité est parfaitement conforme à celle du Démiurge platonicien, telle que la conçoit encore le manuel d'Alcinoos : le Démiurge contemple un modèle de perfection afin d'informer une matière dépourvue de toute détermination. Mais que le modèle soit à son tour un Intellect divin modifie considérablement l'explication causale de la perfection du monde et, de ce fait, la manière dont Numénius choisit de rendre compte de la participation. Si l'on maintient en effet, à la manière platonicienne, que le sensible existe en vertu de sa participation à l'intelligible, l'hypothèse qui fait du Démiurge lui-même une image du premier principe l'inscrit à son tour dans un rapport de participation. Et c'est là précisément ce que nomme le vocabulaire de l'imitation, auquel il revient d'indiquer que le Démiurge participe au Bien premier; car si le Démiurge peut accomplir sa tâche, « s'il est bon, c'est par participation au premier Bien » (ὁ δημιουργὸς εἴπερ ἐστὶ μετουσίᾳ τοῦ πρώτου ἀγαθοῦ ἀγαθός, Fr. 20, 10-12[1]). Une relation de participation est donc introduite au sein-même de l'intelligible, et avec elle l'hypothèse que l'Intellect démiurgique tire sa bonté comme sa puissance de l'Intellect premier. Mais c'est aussi ce qu'implique cette relation de participation, en l'espèce d'une différence de nature et de valeur entre deux termes, qui s'y trouve également introduit. L'hypothèse numénienne selon laquelle l'Intellect démiurgique imite de lui-même l'Intellect premier confère au Démiurge une double modalité d'existence : le Démiurge a une existence conférée, celle d'un produit, mais aussi bien une existence propre, à la constitution ou à l'acquisition de laquelle il contribue lui-même, pour autant qu'il imite son géniteur.

Venons-en maintenant au second point de doctrine évoqué plus haut, c'est-à-dire à la manière dont ces divinités sont distinguées. Si la deuxième et la troisième divinité existent par participation à celle qui les engendre, leur distinction successive, leur procession, doit s'accompagner, comme le veut la règle platonicienne, d'un progrès vers l'indétermination. Et en effet, de l'intellect premier, qui ne fait que se penser lui-même, au deuxième dieu intellect, qui pense ce qu'il produit et se dédouble en produisant la multiplicité des choses sensibles, l'intellection diffère, elle s'épuise. Cet affaiblissement progressif de l'intellect, qui s'éteint littéralement dans la

βλέπουσα εἰς ὃ μὴ βλέπει), comme nous disons que l'on voit aussi l'obscurité. » 51 (I, 8), 4, 25-33, trad. D. J. O'Meara, Paris, Cerf, 1999.

1. Voir encore Fr. 19, 1-2 puis 9-10, où μετουσία désigne également la participation. La bonté du divin démiurge est celle qu'évoque le *Timée*, 29a. L'exégèse de ces remarques platoniciennes est un lieu commun de la tradition platonicienne (on évoque, à terme, la lecture qu'en donne *Plotin* : voir p. 135-143).

matière obscure du monde sensible, est le ressort d'une doctrine qui entend justifier la séparation platonicienne de l'intelligible et du sensible, en expliquant notamment la raison pour laquelle le monde sensible, cette nature dont nous sommes une partie, n'est pas parfaitement intelligible, alors même qu'il est le produit de l'intelligible. Faire place à l'indétermination semble donc exiger que l'on introduise dans l'architecture divine et intelligible de la réalité une forme de négativité à même de rendre compte du changement, de la corruption sensible et de l'irrationalité qui est la source du mal. La solution qu'adopte Numénius consiste à séparer la cause divine intelligible première de l'indétermination matérielle, en inscrivant entre elles cet intermédiaire déjà affaibli qu'est le second dieu, le Démiurge artisan. De la sorte, Numénius décrit la procession des divinités à la manière d'une descente (κατάβασις)[1] et la production divine du monde sensible comme une activité imparfaite, déléguée à une divinité de rang second, qui est ce qu'elle est et qui accomplit sa tâche spécifique parce qu'elle imite le Bien.

Au médioplatonisme qui trouve peut-être son achèvement dans l'œuvre de Numénius, Plotin substitue des éléments doctrinaux suffisamment distincts pour que l'on convienne de lui attribuer la paternité d'une nouvelle tradition platonicienne, le *néo*platonisme[2]. Ce ne sont toutefois pas les difficultés auxquelles il se mesure, ni même les solutions doctrinales qu'il leur offre, qui vont distinguer Plotin de ses prédécesseurs ; ce qu'on vient de rappeler de l'enseignement de Numénius doit suffire en effet à suspecter la pertinence d'une histoire de la philosophie qui voudrait réserver à Plotin le statut enviable de novateur affranchi de tout héritage. Si l'on se fie au peu qu'il nous reste de Numénius, la filiation doctrinale qui fait du « premier néoplatonicien » l'héritier du « dernier médioplatonicien » est patente. Elle n'interdit en rien que, de l'un à l'autre, l'héritage doctrinal soit revu, ni qu'il se trouve, en quelque sorte, compliqué : si Plotin, lorsqu'il explique comment la réalité se déploie depuis une première cause simple et unique jusqu'à l'obscurité matérielle, souscrit bien à la compréhension « mimétique » de la participation des principes, il ne conçoit pas leur procession,

1. Voir notamment Fr. 12, 15, puis Fr. 14, 6-7 et, indirectement, le témoignage que propose Fr. 37.

2. Auquel sont consacrées les présentations synoptiques de R. T. Wallis, *Neo-Platonism*, Londres, Duckworth, 1972, ou de L. Brisson, à la fin de l'article « Platonisme » du manuel de *Philosophie grecque*, sous la dir. de M. Canto, Paris, PUF, 1997, p. 617-636.

leur engendrement successif, comme le faisait Numénius. C'est ce que montreront, à la faveur d'abord de quelques rappels doctrinaux, les pages qui suivent.

LE *PARMÉNIDE* DE PLOTIN

Un certain nombre de modifications doctrinales, mais aussi d'outils et d'objets de recherche, distinguent bien entendu Plotin et les représentants de la tradition néoplatonicienne de leurs prédécesseurs[1]. Les traités plotiniens rompent d'abord avec plusieurs des dispositions théologiques caractéristiques du médioplatonisme; ainsi Plotin rejette-t-il la théurgie, tout comme il se montre peu ouvert ou franchement hostile aux influences religieuses contemporaines et notamment gnostiques[2]; ainsi discrédite-t-il encore la plupart des enseignements astrologiques, tout comme l'ensemble des pratiques rituelles irrationnelles qu'il dénonce comme des erreurs philosophiques ou scientifiques. Ensuite, tributaire de la culture philosophique stoïcienne qui est encore celle de son époque, Plotin renonce à l'hypothèse médioplatonicienne extrêmement ambiguë d'une dualité principielle divine pour défendre l'unité et la cohérence du monde, l'ordre

1. Ces représentants sont, pour les principaux d'entre eux et après Plotin, Porphyre (c. 234-305, actif à Rome et en Sicile), Amélius (IIIe siècle, à Apamée en Syrie), Jamblique (c. 240-325, à Apamée), Plutarque d'Athènes (IVe siècle, fondateur de l'école néoplatonicienne d'Athènes), Syrianus (?-c. 438, à Athènes), Proclus (412-485, à Athènes), Damascius (c. 460-540, à Alexandrie puis à Athènes et enfin en Perse), Simplicius (début du VIe siècle, à Athènes puis en Perse) et Olympiodore (c. 500-565, à Alexandrie).

2. La critique plotinienne du gnosticisme, qui occupe avant tout les traités 30 à 33 (III, 8; V, 8; V, 5; II, 9), joue un rôle décisif dans l'économie philosophique de l'œuvre plotinienne. Les gnostiques distinguaient pour les opposer deux agents divins, un bon et un mauvais, dont le conflit expliquait, entre autres choses, la présence du mal et de l'irrationnel dans l'univers. Le médioplatonisme se montrait d'autant plus poreux à cette opposition cosmo-théologique que certains de ses représentants distinguaient à leur tour deux âmes du monde, pour attribuer à l'une d'elles la responsabilité du mal. Mais c'est une hypothèse que Plotin rejette et condamne. V. Cilento a donné un commentaire suivi des textes plotiniens concernés : *Paideia antignostica. Ricostruzione d'un unico scritto da Enneadi III 8, V 8, V 5, II 9*, Florence, Le Monnier, 1971. Mais on tirera davantage profit des explications des traducteurs et commentateurs de la *Vie de Plotin* de Porphyre (en l'occurrence, de l'étude de M. Tardieu, t. II, p. 503-563, qui comporte une importante bibliographie critique), de l'étude de D. J. O'Meara, « Gnosticism and the making of the world in Plotinus », dans *The Rediscovery of Gnosticism*, éd. par B. Layton, I, Leyde, Brill, 1980, p. 365-378, et de l'ouvrage de D. O'Brien, *Théodicée plotinienne, théodicée gnostique*, Leyde, Brill, 1993.

unique de toutes choses. Pour ce faire, il doit revoir l'interprétation alors dominante du *Timée*. Celle-ci posait donc au principe de toutes choses un dieu confondu avec son intellect, un Intellect divin pensant en lui-même les Formes et laissant à l'intellect céleste (l'intellect de l'âme du monde) le soin de produire toutes les réalités après lui. C'est à ce schéma principiel que Plotin renonce lorsqu'il refuse d'accorder à l'Intellect le rang de premier principe.

L'argument plotinien est le suivant : l'intellection des Formes intelligibles ne saurait être le premier principe, ni la première activité ; le νοῦς, qui est affecté de dualité, dans la mesure où il est un sujet qui se pense mais aussi un sujet qui pense une multiplicité d'objets en lui, doit avoir une cause simple et première. Il y a, écrit Plotin dans le traité 5 (V, 9), « quelque chose au-delà de l'Intellect »[1]. Quelque chose dont la lecture alors dominante du *Timée* ne peut rendre compte qu'imparfaitement, et dont il faut chercher l'explication dans un autre dialogue que le *Timée*, le *Parménide*, qui traite précisément de « l'Un » absolument simple, au-delà de toutes choses. La première hypothèse du *Parménide*, 137c-142a, suppose ainsi l'existence de l'Un sans parties, sans commencement, dépourvu de toute qualité qui le multiplierait, dépourvu de toute figure, situé en aucun lieu et dépourvu de tout mouvement[2]. Plotin entend se servir de cette hypothèse platonicienne afin de désigner plus convenablement le principe premier comme ce qui est simple, dépourvu pour cette raison de toute qualité (et de ce fait « ineffable »), *et* cause de toutes choses, cause de toutes les réalités qui proviennent successivement de lui[3]. Le *Parménide* de Platon devient ainsi, il le restera pour tout le platonisme tardif, le dialogue de référence de l'exégèse platonicienne, dont on peut dire qu'elle se présente unanimement comme une explication de la manière dont toutes choses procèdent du « Premier ».

1. 5 (V, 9), 2, 24 ; c'est la première occurrence d'une formule platonicienne (*République* VI, 509b9) dont Plotin fera un usage abondant, pour dire du Premier qu'il est « au-delà » de l'Intellect comme de l'être (ici, νοῦ ἐπέκεινα).

2. S'agissant du statut et de la signification du *Parménide* dans l'œuvre de Platon, mais aussi de sa postérité et des principales interprétations qu'en donnèrent les néoplatoniciens, on peut suivre les explications données par L. Brisson à sa traduction du dialogue, Paris, GF-Flammarion, 1994. J.-M. Charrue, *Plotin lecteur de Platon*, Paris, Belles Lettres, 1987², p. 43-115, présente les principales caractéristiques de la lecture plotinienne du *Parménide* ; elles avaient été déjà observées par E. R. Dodds, « The *Parmenides* of Plato and the origin of the neoplatonic One », *Classical Quarterly*, 22, 1928, p. 129-142.

3. Le simple est antérieur à tout ce qui est multiple ou composé. D. J. O'Meara a consacré un chapitre limpide de son *Introduction aux* Ennéades, p. 59-70, à ce qu'il présente comme le « PAS » plotinien (le Principe d'Antériorité du Simple).

Le dispositif doctrinal plotinien se met ainsi en place au croisement de la lecture médioplatonicienne du *Timée* et d'un usage inédit du *Parménide*. Les pages qui suivent en dessinent à grands traits le décor.

Dans le traité 10, *Sur les trois hypostases qui ont rang de Principes*, Plotin présente ainsi sa propre doctrine :

> Voilà la raison pour laquelle Platon dit qu'il y a trois rangs de réalités : toutes les choses sont "autour du roi qui règne sur tout" – il veut bien sûr parler des réalités premières –, "le deuxième est auprès des choses de deuxième rang, et le troisième est auprès des choses de troisième rang"[1]. Il dit aussi qu'il y a un "père de la cause", en qualifiant de "cause" l'Intellect. Car l'Intellect est, selon lui, le démiurge. Il dit que l'Intellect produit l'âme dans ce cratère dont il parle dans le *Timée*[2]. Le père de cette cause qu'est l'Intellect, il affirme que c'est le Bien, ce qui est au-delà de l'Intellect et "au-delà de la réalité". Il répète que l'être et l'Intellect, c'est la Forme ; dès lors, Platon savait que l'Intellect vient du Bien, et que l'Âme vient de l'Intellect[3]. Non, les propos que nous tenons ne sont pas nouveaux et ils ne datent pas d'aujourd'hui, car ils ont été déjà tenus dans l'antiquité, mais sans que leur sens ait été déployé. En tenant les propos qui sont actuellement les nôtres, nous sommes les interprètes de ces propos antérieurs, en nous appuyant sur les propres écrits de Platon qui témoignent de l'antiquité de ces doctrines. En revanche, le Parménide de Platon s'exprime de manière plus précise[4], car il distingue l'un de l'autre le premier Un, qui est un au sens propre, le deuxième, qu'il appelle "un-plusieurs", et le troisième, qui est "un et plusieurs". Il est ainsi d'accord lui aussi avec la doctrine des trois natures. 10 (V, 1), 8, 1-27[5].

1. Citations de la *Lettre* II, attribuée à Platon (les platoniciens anciens tenaient tous ce texte pour authentique, alors que les commentateurs contemporains le jugent apocryphe : il s'agit probablement d'une lettre de fabrication néopythagoricienne). Plotin s'en remet souvent à la page 312e de cette *Lettre*, où il est écrit ceci : « Autour du roi de toutes choses, se trouvent toutes choses; c'est en vue de lui que tout existe et c'est lui qui est la cause d'absolument tout ce qui est beau. Autour du deuxième, se trouvent toutes les choses de deuxième rang; et autour du troisième, les choses de troisième rang. » (312e1-4, trad. L. Brisson, Paris, GF-Flammarion, 1997[3]); voir l'usage qu'en font les traités 2 (IV, 7), 13, 15-16, puis 13 (III, 9), 7, 2-3.

2. Selon l'expression du *Timée*, 34b et 41d.

3. C'est une provenance immédiate, dont le sens est causal : le νοῦς est ἐκ τἀγαθοῦ, quand l'âme est ἐκ τοῦ νοῦ.

4. Plus exact que ne le furent, avant Platon, ceux qui, comme le Parménide historique, avaient réfléchi sur l'Un et sur l'identité de l'être et de l'intellect.

5. Trad. F. Fronterotta, déjà citée.

Ce chapitre donne une idée assez juste de la manière dont Plotin conçoit lui-même sa situation et son projet philosophiques : se présentant comme un exégète de Platon, il se dit soucieux d'exposer une doctrine platonicienne que les dialogues contiennent de façon *implicite*. À la différence de ses prédécesseurs, Plotin trouve donc dans le *Parménide* les termes de son commentaire platonicien, et la description enfin adéquate de la cause de toutes choses : l'Un.

L'Un, qui est premier, est décrit d'après *Parménide*, 137c *sq.*, où Platon développe toutes les conséquences de l'hypothèse selon laquelle l'Un est : si l'on veut conserver à l'Un son unité, on ne peut rien lui attribuer ; il est par définition non prédicable ; dès lors qu'on affirme que l'Un est telle ou telle chose, qu'il possède telle ou telle qualité, on lui ajoute un attribut et on le « multiplie ». On ne peut donc pas même dire de l'Un qu'il « est », puisque cela reviendrait à lui attribuer l'être, à lui attribuer le prédicat « existence » : en parler (dire autre chose que « Un », mais c'est déjà trop, puisqu'on lui donne alors un nom), c'est toujours déjà lui ajouter quelque chose. Aussi doit-on conclure « qu'il n'y a de lui ni nom ni définition. Il n'est de lui ni science ni sensation ni opinion » (142a). L'Un, comme Plotin n'aura cesse de le répéter, est l'ineffable simplicité, ce dont on ne peut rien dire, ce à quoi on ne peut rien attribuer sans le dénaturer[1]. De ce qui restait dans le *Parménide* platonicien une hypothèse provisoire et aporétique (bientôt remplacée par une autre hypothèse relative à l'Un qui est), Plotin choisit de faire la définition même du principe dont procède la réalité dans son ensemble : l'Un, en dépit de son ineffable simplicité, est la cause de toutes choses. Cet usage du *Parménide* permet de surcroît, pour peu que l'on s'intéresse aux hypothèses platoniciennes qui suivent, de nommer deux autres modes d'être, ou plutôt, dans la mesure où l'être est l'une de ces deux réalités, deux autres réalités qui ont une existence[2]. Il existe trois choses,

1. Si l'Un est ineffable, il s'agit pourtant bien de quelque chose ; sur les difficultés relatives à l'impossible nomination du premier principe, voir l'étude introductive de J. Bussanich, « Plotinus's metaphysics of the One », dans *The Cambridge Companion to Plotinus*, éd. par L.P. Gerson, Cambridge, Cambridge University Press, 1996, p. 38-65 ; ou, récemment, J.-M. Narbonne, « L'*ou ti* de Plotin », *Cahiers Philosophiques de Strasbourg*, 8, 1999, p. 23-51. Mais l'examen le plus suggestif reste celui de G. Leroux, dans le commentaire qui accompagne sa traduction du traité 39 (VI, 8), *Sur la liberté et la volonté de l'Un*, Paris, Vrin, 1990.

2. Le terme d'« existence » rend le grec ὑπόστασις, dont Plotin fait un usage technique. Toutefois, comme l'a montré H. Dörrie, « Ὑπόστασις. Wort und Bedeutungsgeschichte » (1955), *Platonica Minora*, Munich, Fink, 1976, p. 12-96, le terme n'a pas chez Plotin la signification qui sera la sienne chez Porphyre (où les hypostases sont désormais des niveaux de réalité distincts et hiérarchisés, et désignent avant tout les premiers « principes »). Plutôt

ces trois réalités « premières » que le début du chapitre cité identifie à ce que Plotin tient pour les trois hypothèses du *Parménide* et qui épuisent la totalité du réel. De ce point de vue, comprendre les traités plotiniens, c'est chercher ce que recouvre au juste chacune de ces trois réalités auxquelles on peut (éventuellement de manière impropre) accorder une existence, une « hypostase », et comprendre comment elles se rapportent les unes aux autres. Plotin, dont c'est précisément l'objet dans ce traité 10, ne s'en tient certes pas, en guise de source platonicienne, au seul *Parménide*, mais il fait plutôt de ce dialogue la nouvelle matrice à partir de laquelle une relecture du *Timée* comme de la *République*, c'est-à-dire aussi bien une révision du médioplatonisme, devient possible.

LA RÉALITÉ, SELON LES TRAITÉS PLOTINIENS

« Il y a trois choses », écrit Plotin; trois choses qui sont dites « principes » et « réalités véritables » dans la mesure où elles seules ont une existence véritable, une « hypostase ». Le premier principe, simple, qu'est l'Un, puis à sa suite l'Intellect (qui est aussi être et vie) et enfin

que d'être une hypostase, Plotin parle du fait, pour les réalités principielles, d'avoir une hypostase, une existence réelle (voyez entre autres 24 (V, 6), 3, 11 ; 5 (V, 9), 5, 46; ou 2 (IV, 7), 8[4], 26, qui explique comment l'âme « reçoit » l'hypostase). En ce sens, la notion d'hypostase est synonyme de celle d'οὐσία, mais avec une connotation subjective et substrative, qui explique pour partie la traduction qu'en donneront les latins (par *substantia*); sur cet héritage, voir la notice « Existentia » de P. Hadot (dans le recueil déjà cité, p. 57-61), et l'étude de J.-F. Courtine, « Note complémentaire pour l'histoire du vocabulaire de l'être », dans *Concepts et catégories dans la pensée antique*, éd. par P. Aubenque, Paris, Vrin, 1980, p. 33-87. J.-F. Courtine y évoque le rôle déterminant de Boèce (c. 476-525), qui justifie notamment sa traduction d'ὑπόστασις par *substantia* dans son *Contre Eutychès et Nestorius* (trad. par A. Tisserand : Boèce, *Traités théologiques*, Paris, GF-Flammarion, 2000; p. 75 *sq.* pour les considérations terminologiques). On doit toutefois signaler que l'usage du substantif n'est pas étranger à Plotin, qui parle bien et à plusieurs reprises des « hypostases », mais pour désigner les choses existantes, au sens large du terme (comme l'indiquent, par exemple, 33 (II, 9), 6, 1, ou encore la première phrase de 15 (III, 4) (voir, dans sa traduction du traité 15, la note *ad loc.* de M. Guyot). On rappellera enfin, comme l'avait fait H. Dörrie, que l'emploi de ce terme a des précédents médioplatoniciens : voir notamment Atticus, Fr. 7 (ὑπόστασιν τῆς ψυχῆς); Alcinoos, *Didaskalikós*, XXV, 177, 22-23 (où il est dit de l'âme qu'elle est ἀμετάβλητος κατὰ τὴν ὑπόστασιν, « immuable quant à son existence »); ou encore Numénius, Fr. 39, 6 (toujours à propos de l'existence de l'âme, et selon le témoignage de Proclus).

l'Âme[1]. C'est à partir de ces trois réalités primordiales qu'une explication de toutes choses est possible.

S'agissant de leur nature, les traités donnent des trois réalités des définitions suffisamment cohérentes[2] pour que l'on puisse les présenter ainsi et brièvement, en commençant par la cause de toutes choses : l'Un qui est le Premier.

L'Un

> C'est en vertu de l'unité que tous les êtres sont des êtres, aussi bien ceux qui sont des êtres au sens premier du terme que ceux qui sont dits être de quelque manière parmi les êtres. Et en effet, qu'est-ce qui pourrait être, sans être un ? 9 (VI, 9), 1, 1-3[3].
>
> C'est que nous disons ce qu'il n'est pas ; ce qu'il est, nous ne le disons pas ; ainsi, nous parlons de lui à partir des choses postérieures. 49 (V, 3), 14, 6-8.

Si l'hypothèse de l'Un signe la rupture avec le médioplatonisme pour inaugurer la tradition néoplatonicienne, Plotin ne se contente toutefois pas d'un ajout en imputant ainsi une cause à l'Intellect divin qui était le principe ultime de ses prédécesseurs. Il attribue à cette réalité des caractéristiques qui sont inédites, aussi bien dans la tradition platonicienne que dans la pensée grecque dans son ensemble[4] : l'Un est ce qui engendre toutes choses

1. On néglige ici la question pourtant délicate de l'existence de l'Un. Au sens strict, l'Un qui précède et cause toute existence, n'a pas lui-même d'existence ; lui en reconnaître une serait donc contraire à l'hypothèse de son absolue simplicité. Plotin se heurte à plusieurs reprises à cette difficulté, et notamment en 39 (VI, 8), 7, 47, où il accepte avec embarras une « quasi-existence de l'Un » (ἡ οἷον ὑπόστασις αὐτοῦ) ; voir les explications que donne G. Leroux à la traduction de ce traité *Sur la liberté et la volonté de l'Un*, éd. citée.

2. Pour prendre une prudente mesure de l'éventuelle « évolution » doctrinale de Plotin, si tant est que le jugement d'A. H. Armstrong doive être disputé (*supra*, n. 2, p. 14-15), et surtout, pour une présentation plus complète des trois réalités intelligibles, voir de nouveau D. J. O'Meara, *Structures hiérarchiques dans la pensée de Plotin*, éd. citée, *passim*.

3. Trad. F. Fronterotta.

4. Comme on l'avait déjà noté, *supra*, n. 2, p. 13-14, l'ampleur du bouleversement que paraît introduire dans la tradition spéculative grecque l'hypothèse d'un « au-delà de l'être » est toujours vivement soulignée par les commentateurs contemporains ; voir, par exemple, J.-M. Narbonne, *La métaphysique de Plotin*, Paris, Vrin, 1994, p. 88 *sq*. Mais plutôt qu'à la figure de l'Un et qu'à tous les attributs, fussent-ils négatifs, qui lui sont attachés, c'est davantage aux modalités de l'engendrement de toutes choses par le Premier que Plotin nous semble porter des modifications inédites. La lecture du chapitre X du *Didaskalikós* d'Alcinoos, qui dit du premier principe, entre autres choses, qu'il est « éternel, ineffable, parfait en soi, c'est-à-dire sans besoin, toujours parfait », « vérité, proportion, bien », ou encore qu'il « est le bien,

sans être engendré par autre chose, ou plutôt et en un sens très particulier, il est ce qui s'engendre lui-même en toutes choses, sans être aucune d'elles. Cette singulière hypothèse d'un principe qui procède lui-même de lui-même, d'une cause de soi dont la pensée ne peut jamais rendre compte, reçoit dans l'œuvre plotinienne des traitements variés qu'on peine parfois à accorder[1]. Mais c'est une difficulté que Plotin assume d'autant mieux qu'elle lui paraît inévitable dès lors que l'Un, ou ce que l'on nomme imparfaitement « Un », est précisément une chose dont il n'est pas de connaissance possible : ni l'Intellect qui vient immédiatement après lui, qui est la première existence à laquelle donne naissance la puissance illimitée de l'Un, ni *a fortiori* l'Âme que l'Intellect engendre, ne peuvent saisir par l'activité réflexive ou intellective une puissance qui se dérobe à toute saisie objective[2]. L'Un est la puissance absolue, à la fois illimitée et simple, dont il ne peut y avoir de perception que compréhensive, en ce sens particulier que c'est en s'unifiant eux-mêmes, en retrouvant en eux-mêmes l'unité dont ils procèdent, que l'Intellect ou l'âme pourront s'unir à l'Un comme à leur bien. C'est dire que l'Un n'est jamais connu que par et en autre chose que lui, comme la première puissance, la première cause de l'existence, de la bonté comme de la beauté de tout ce qu'il a engendré. La plus générale des difficultés relatives au statut de l'Un est alors la suivante : comment cet « Un » ou ce « Premier », dont absolument tout procède et qui est la fin de toutes choses, n'en demeure pas moins absolument distinct de toutes choses, demeurant immobile en lui-même, dans une perfection autarcique[3] ?

parce qu'il répand, selon leur capacité de le recevoir, le bien sur toutes choses », indique que le discours plotinien sur le Premier a des antécédents littéraires (et qu'il en trouve notamment, on l'a aperçu, chez Numénius ; voir à ce propos, *infra*, la n. 3, p. 85-86).

1. Comme c'est le cas, parmi tant d'exemples, de l'argument du traité 39, qui désigne le Premier comme un acte absolument originaire, un acte libre et volontaire (est-ce à dire que l'Un est un sujet qui délibère ou fait des choix ? Cela s'accorderait mal avec l'hypothèse selon laquelle l'Un est une nécessité absolue) ; comme c'est le cas encore, on le verra, de l'argument du traité 7 (V, 4), selon lequel l'Un exercerait une forme de pensée (mais comment peut penser ce qui, par définition, est au-delà de toute pensée ?).

2. Comme y insiste notamment 9 (VI, 9), 6, 10-15 : « Il faut admettre encore qu'il est illimité, non pas parce que l'on n'arrive pas à en mesurer la grandeur ou le nombre, mais en raison de l'illimitation de sa puissance. En effet, si tu le conçois comme Intellect ou comme dieu, il est plus que cela. Et si, de surcroît, tu l'unifies par la raison, là encore il est plus que ce que tu peux te représenter de lui, parce qu'il a plus d'unité que la notion que tu as de lui ; en effet, il est par soi et il n'a aucun attribut ».

3. Une autarcie parfaitement simple, puisqu'il n'est pas même possible de dire de l'Un qu'il est cause de lui-même ou qu'il se constitue lui-même. Ce serait en effet, objecte Plotin, faire de lui une chose double : 39 (VI, 8), 13-14.

L'INTELLECT, L'ÊTRE, LA VIE

Les choses réellement existantes, en tant que telles, et chacune d'entre elles, les choses qui sont véritablement (τὰ ἀληθῶς ὄντα), se trouvent dans le "lieu intelligible"[1]. 24 (V, 6), 6, 14-15.

L'être total, l'être véritable, celui qui est là-bas, est être (ὄν), intellect (νοῦν) et vivant parfait (ζῷον τέλειον). 34 (VI, 6), 15, 2-3.

Comme on l'a rappelé, Plotin retient fidèlement l'axiome médioplatonicien selon lequel les « intelligibles », les Formes, ne sont pas en-dehors de l'Intellect. Mais c'est l'identification de l'Intellect à l'être et à la vie, puis de nouveau l'hypothèse qu'il existe un principe au-delà de l'être, qui compliquent le statut de cette seconde réalité et lui donnent son aspect proprement plotinien. La discussion sur l'être en tant que tel, désormais *hypostasié*[2], doit être renouvelée. Que l'être ne soit pas la réalité dans son ensemble (puisqu'il y a cette autre chose qu'est l'Un), et qu'on ne puisse ensuite distinguer l'être du sujet qui le pense, modifie en effet le schéma classique des théories anciennes de la connaissance. La question n'est plus tant de savoir comment un sujet de connaissance (l'âme ou l'intellect) connaît un objet (du genre être, un « étant »), mais comment le principe premier, l'Un, engendre une seule et même chose qui est être et intellection. Car Plotin ne se contente plus d'affirmer comme ses prédécesseurs platoniciens ou aristotéliciens que l'intellect a la totalité de l'être pour objet de pensée, ni même que tout ce qui est pense d'une certaine manière, mais il soutient que l'Intellect et l'être sont une seule et même chose, que l'Intellect ne pense pas seulement l'être, mais qu'il *est* l'être et que la somme des intelligibles doit aussi être, puisque seuls les intelligibles *sont* à proprement parler. Une somme ou une totalité qui est proprement désignée comme ce « monde intelligible » auquel appartiennent les Formes intelligibles que Plotin considère comme autant de réalités, d'êtres. C'est ainsi que ses traités réinvestissent la distinction des « deux mondes », l'intelligible et le sensible, pour soutenir que ce qui vient à la suite de l'Un n'est pas tant une réalité

1. Le « lieu intelligible » (τόπος νοητός) est celui qu'évoque Platon dans la *République*, VI, 508c1, et que décrit encore le mythe du *Phèdre* en l'espèce de la région qui se trouve au-delà de la voûte céleste (246d-247e). Les platoniciens l'assimilent à ce qu'ils nomment le « monde intelligible » (κόσμος νοητός) ; voir, *supra*, la note 3, p. 24.

2. Ce qu'hypostasie Plotin, plutôt que l'acte d'être (εἶναι), c'est l'étant (ὄν) dans sa totalité, ou l'« essence », la réalité (οὐσία), c'est-à-dire l'être dans sa plénitude intelligible platonicienne ; nous sommes ici tributaire des remarques de P. Hadot à sa traduction du *Traité 9*, Paris, Cerf, 1994, p. 127-137 ; voir par ailleurs les pages du traité 34 (VI, 6) dont est extraite la phrase citée en exergue.

simple, ou le produit d'un agent unique, qu'une multiplicité, celle de la totalité intelligible que le *Timée* de Platon nomme le « vivant intelligible » (30a-c). Non seulement les Formes intelligibles sont les réalités véritables, les êtres, mais elles sont encore les seuls véritables vivants. L'Intellect est la vie : « Si nous avons raison, il s'ensuit nécessairement que l'être est en vie et qu'il vit d'une vie parfaite »[1]. C'est-à-dire que l'être intelligible n'est pas dépourvu de la vie dont on pourrait croire qu'elle n'est qu'une propriété du sensible et des choses corporelles, ou qu'elle ne fait son apparition qu'avec la matière. C'est au contraire l'intelligible qui est la vie même, quand la vie sensible n'en est qu'une image imparfaite, provisoire et indéterminée, c'est à lui et non pas à la matière qu'il revient d'être le principe de tout développement, de tout mouvement et de toute détermination[2]. La réalité (οὐσία), soutient Plotin à la suite des médioplatoniciens et à l'encontre de la doctrine stoïcienne, est incorporelle. Mais il y a plus : dans la mesure où la pensée est désormais confondue à un mode d'être et à un mode de vie, à la réalité comme à la vie elles-mêmes, Plotin peut aussi bien affirmer que l'activité intellective n'est rien d'autre que le déploiement ontologique de la vie : l'intellection est déploiement vital de l'être, elle est génération ou production de la vie. Le vitalisme stoïcien n'est pas congédié, mais il est assimilé par l'intelligible plotinien de telle sorte qu'on puisse dire, comme les stoïciens, que tout ce qui est vit d'une même vie, que cette vie est le principe dynamique immanent par lequel le monde se détermine ou s'ordonne lui-même, mais en ajoutant toutefois que cette détermination vitale ne doit rien aux corps ou à la matière : elle est intelligible.

L'Âme

> Il faut donc qu'il y ait quelque chose qui dispense la vie, que ce soit à la matière qu'il la dispense ou à un corps quelconque, et cette chose doit exister en-dehors et au-delà de toute nature corporelle. 2 (IV, 7), 3, 16-17[3].

1. 26 (III, 6), 6, 15-16.
2. Sur ce point comme sur l'identité de l'être, de l'intellect et de la vie, voir l'importante étude de P. Hadot, « Être, Vie, Pensée chez Plotin et avant Plotin » (1960), reprise dans *Plotin, Porphyre. Études néoplatoniciennes*, éd. cit., p. 127-181.
3. Trad. L. Brisson et J.-F. Pradeau.

> L'âme est 'principe du mouvement' [1], et c'est elle qui dirige le chœur des autres mouvements, qui se meut d'elle-même et donne la vie au corps animé, mais qui a la vie par elle-même et ne peut jamais la perdre parce qu'elle l'a par elle-même. 2 (IV, 7), 9, 6-9.

Parce qu'elle est engendrée par l'Intellect et qu'elle ne se sépare jamais entièrement de lui, l'Âme fait encore partie de l'intelligible. Mais dans la mesure même où elle est une réalité véritable, possédant une existence, elle est aussi une puissance de production et elle engendre quelque chose. L'Âme est la cause du sensible, la cause de l'existence et de l'ordonnancement du monde sensible qui est une image du monde intelligible. Dans la mesure encore où elle est elle-même intelligible, l'Âme assure à son produit sensible une certaine participation à la bonté, à la beauté comme à la rationalité de l'intelligible. Mais dans la mesure enfin où elle informe et anime le sensible, exerçant de la sorte une fonction démiurgique, elle est en contact, pour son propre malheur, avec cette indétermination pure qu'est la matière. L'Âme, à l'exception d'une « partie » d'elle-même qui reste attachée à l'Intellect, qui est dans l'intelligible [2], est liée au corps qu'elle anime. Comme en attestent les tout premiers traités plotiniens, ce rôle et ce mode d'être ambigu de l'Âme – dont Plotin dit qu'elle a deux vies, qu'elle est « amphibie » et qu'elle finit par « chuter », par s'abîmer dans ce sensible qu'elle a engendré –, sont parmi les principales difficultés doctrinales des traités. Ne serait-ce d'abord que parce que toutes les âmes ne sont pas également incarnées : on doit notamment distinguer l'âme du monde, qui anime un corps parfait et incorruptible, des âmes qui animent des individus vivants, changeants, sans cesse affectés et mortels. La première se distingue à ce point des secondes qu'on est fondé à se demander si elles ont une même nature [3]. Puis ensuite, dans la mesure où cette réalité intelligible qu'est l'âme prend soin de corps qui existent localement et chrono-

1. Selon l'expression de Platon, *Phèdre*, 245c9.

2. Parmi les textes nombreux qui évoquent cette âme ou cette partie de l'âme qui n'est pas « descendue », voir la présentation de 6 (IV, 8), notamment au chapitre 7 ; s'autorisant de leur appartenance réciproque, le traité 49 dit encore, à propos de l'Intellect et de l'Âme, que le premier est « dans » la seconde, 49 (V, 3), 3, 22-29.

3. C'est là l'une parmi d'autres des questions et difficultés de la doctrine plotinienne de l'âme ; l'étude la plus intéressante sur la question reste celle d'H. J. Blumenthal, *Plotinus' Psychology*, La Haye, Nijhoff, 1971. On rappelle l'usage typographique qui prévaut ici (*supra*, n. 2, p. 24) : la majuscule distingue l'Âme comme réalité principielle (les commentateurs ont pris l'habitude de la désigner comme « Âme hypostase »), quand la graphie minuscule désigne les âmes particulières que sont l'âme du monde, les âmes des astres et, enfin, les âmes des vivants individuels.

logiquement les uns en-dehors des autres, parce que les âmes semblent se « séparer » les unes des autres lorsqu'elles descendent dans le sensible. Plotin doit alors faire la preuve que les âmes restent parentes, qu'elles sont des « sœurs » qui demeurent toutes une seule et même réalité et qu'elles exercent toutes, de droit sinon de fait, les mêmes fonctions. C'est à la résolution de ces difficultés qu'il s'emploie dans son grand traité *Sur l'âme* (27-29 (IV, 3-5); des difficultés dont le bref traité 21 avait déjà signalé qu'elles ne pouvaient être résolues qu'à admettre que :

> C'est dans le monde intelligible que se trouve la réalité véritable (ἡ ἀληθινὴ οὐσία); l'Intellect est ce qu'il y a de meilleur en lui, mais les âmes aussi s'y trouvent, car c'est parce qu'elles viennent de là-bas qu'elles se trouvent ici aussi. Ce monde-là contient des âmes sans corps, tandis que ce monde-ci contient des âmes qui sont venues dans des corps et qui ont été divisées dans les corps. 21 (IV, 1), 1, 1-4[1].

Si l'on atteint avec l'âme le terme de la procession intelligible, car il n'existe plus de réalité véritable à sa suite, on n'en atteint pas pour autant le vide ou le non-être : il y a quelque chose d'autre que l'intelligible, des corps composés d'une matière, des êtres vivants (les hommes par exemple) qui sont des mixtes d'intelligible et de sensible et qui participent encore, *via* l'âme, à l'être. C'est donc au niveau de l'âme, ou plutôt à la limite que celle-ci trace entre les deux « mondes », que le problème platonicien classique de la participation se pose à nouveaux frais[2].

1. Le traité 21 (IV, 1), que les différentes éditions des *Ennéades* ne reproduisent pas toujours de la même façon, est artificiellement séparé d'un ensemble qui, à l'origine, devait comporter les traités 2 (IV, 7) et 4 (IV, 2). Il paraît de toute évidence être la suite du traité 2 (IV, 7). Sur ces questions éditoriales, voir la fin de la Notice qui précède ma traduction du traité dans *Traités 7-21*. Le traité 21 (IV, 1) est cité *in extenso*, p. 77-78.

2. Un problème de la participation qui est pour partie traité au moyen d'une doctrine du λόγος. Plotin fait l'hypothèse que ce n'est pas l'âme elle-même qui est en contact direct avec la matière, mais quelque chose d'elle-même, des « raisons séminales », qui informent la matière. Sur cette question et en dernier lieu, voir les explications de L. Brisson, « *Logos* et *logoi* chez Plotin. Leur nature et leur rôle », *Cahiers Philosophiques de Strasbourg*, 8, 1999, p. 87-108 (L. Brisson choisit de traduire λόγοι par « formules rationnelles »). L'autre question doctrinale majeure est bien sûr relative au statut comme au rôle de cette indétermination pure qu'est la matière; elle est l'objet de plusieurs des études plotiniennes de D. O'Brien : voir notamment *Plotinus on the origin of matter. An exercise in the interpretation of the* Enneads, Naples, Bibliopolis, 1991, puis « The origin of matter and the origin of evil in Plotinus' criticism of the Gnostics », dans *Herméneutique et histoire de l'être, Mélanges en hommage à Pierre Aubenque*, éd. par R. Brague et J.-F. Courtine, Paris, PUF, 1990, p. 181-202, « Plotinus on matter », dans *Greek and medieval studies in honor of L. Sweeney, S.J.*, éd. par W. J. Carroll et J. J. Furlong, New York, P. Lang, 1994, p. 59-72, et enfin « La matière chez Plotin : son origine, sa nature », *Phronesis*, 44, 1999, p. 45-71.

UNITÉ ET UNIFICATION DES RÉALITÉS

Dans le chapitre déjà cité du traité 10, Plotin évoque une forme de succession : il y a d'abord l'Un, puis l'Intellect qui « vient » de l'Un, et enfin l'Âme qui vient à son tour de l'Intellect[1]. Ici comme dans l'ensemble des traités plotiniens, ce sont à la fois *l'extériorité* et la *succession chronologique* qui semblent permettre de caractériser au mieux le rapport des trois réalités, dont Plotin veut montrer qu'elles sont différentes les unes des autres, et qu'elles proviennent les unes des autres. On convient de parler de « procession » pour désigner ce processus de génération successive à l'explication duquel les traités consacrent un nombre considérable de développements[2]. Si l'Âme procède de l'Intellect qui procède de l'Un (qui, lui, ne procède que de lui-même), c'est qu'il faut classer hiérarchiquement les trois réalités ou principes, selon leur primauté causale : l'Un est premier, l'Intellect deuxième et l'Âme troisième. Et c'est peut-être là le seul aspect de leurs rapports mutuels qui puisse être convenablement apprécié; les deux caractéristiques signalées plus haut (l'extériorité des principes et leur succession chronologique) ne sont en effet que des approximations. Comme Plotin le répète souvent, on ne peut concevoir que les trois principes aient commencé un jour d'exister, ou que leur engendrement relève d'une génération chronologique successive, à la manière d'une lignée biologique. De la même façon, on ne doit pas croire que ces trois réalités existent séparément les unes des autres, comme si elles avaient chacune un lieu (ce qui n'aurait guère de sens, puisqu'elles sont incorporelles), et comme si elles n'étaient pas les unes dans les autres, ce qu'elles sont. Et pourtant, en dépit de la fausseté de ce type de représentations, Plotin ne

1. Le traité 10 est l'objet d'un bref et utile commentaire de F. Brunner, « Le premier traité de la cinquième *Ennéade*, « Des trois hypostases principielles », *Revue de Théologie et de Philosophie*, 23, 1973, p. 135-172. Le même traité est commenté et traduit en langue anglaise par M. Atkinson, Oxford, Oxford University Press, 1985², puis désormais par F. Fronterotta. Voir encore le traité 33 (II, 9), 1, pour une présentation synoptique des trois principes, puis, *infra*, la n. 2, p. 58.

2. Le terme de « procession », qui ne rend pas un unique équivalent grec, a une valeur générique; Plotin emploie, on mentionnera les principaux d'entre eux, plusieurs substantifs, mais aussi des prépositions et des formes verbales diverses pour désigner la manière dont l'une des réalités « avance » et « donne » ainsi, ou « permet » l'existence de la suivante (voir J. Laurent, *Les Fondements de la nature selon Plotin. Procession et participation*, Paris, Vrin, 1992, p. 9). D. J. O'Meara, qui a choisi de nommer « dérivation » ce processus, en donne la meilleure présentation d'ensemble dans son *Introduction aux* Ennéades, éd. cit., p. 79-104.

cesse d'y avoir recours. C'est, dit-il, qu'on ne peut parler autrement[1]. Mais c'est aussi que cette représentation locale et chronologique n'est pas sans mérite, puisqu'elle permet de désigner dans leur diversité la plupart des rapports qu'entretiennent entre eux des principes qui sont ainsi hiérarchiquement et localement distingués, selon des degrés successifs de descente ou de remontée qui sont bien évidemment autant de degrés de perfection : l'Un est au-dessus de l'Intellect qui est au-dessus de l'âme qui elle-même est au-dessus du sensible dans lequel elle descend; l'âme n'aspire qu'à remonter tout entière dans l'intelligible, quand l'Intellect porte son regard vers l'Un. La représentation hiérarchique verticale des réalités, si elle est la plus commune dans ses traités, n'est toutefois pas la seule dont Plotin fasse usage. S'il parle le plus souvent de l'Intellect « au-dessus » de l'âme et « au-dessous » de l'Un, ou de la procession comme d'une « descente » et de la contemplation comme d'une « montée », Plotin emploie encore une métaphore locale d'embrassement circulaire ou de gravitation centripète : l'Un est le centre qu'embrasse et autour duquel se trouve l'Intellect, lui-même entouré par l'âme qui tourne autour de lui. C'est ce que signale, parmi d'autres, cet important passage du traité 28 :

> Si l'on donne au Bien le rang de centre, alors on donnera à l'Intellect celui de cercle immobile, et à l'âme celui de cercle en mouvement, se mouvant par son désir. Car l'Intellect possède et embrasse immédiatement ce qui est au-delà de l'être, alors que l'Âme doit toujours le désirer. La sphère de l'univers, parce qu'elle possède l'âme qui désire le Bien, est mue par le désir qui est dans sa nature. Mais cette aspiration naturelle, un corps ne peut l'avoir que pour ce qui lui est extérieur; ainsi ne cesse-t-elle de tourner et de revenir sur le même chemin : elle se meut en un cercle. 28 (IV, 4), 16, 23-31.

1. On ne peut faire autre chose que penser et parler à propos de ce qui est au-delà de la pensée et qui reste ineffable (l'Un), tout comme on ne peut se représenter la génération des principes autrement que sous la forme d'un engendrement dans le temps. S'agissant du premier point, voir les remarques, entre autres, du traité 32 (V, 5), 6, 7-26 : « Il n'est pas possible de saisir l'Un comme un individu, car alors il ne serait plus le principe, mais seulement cet individu dont vous parlez. Mais si toutes choses relèvent de ce qui est engendré, de laquelle d'entre elles direz-vous qu'elle est l'Un? Puisqu'il n'est aucune d'entre elles, on peut dire seulement qu'il est au-delà d'elles. (...) C'est que nous parlons d'une chose ineffable, et nous la nommons afin de la désigner le mieux possible à nous-mêmes ». Et, quant à l'engendrement, du traité 33 (II, 9), 3, 10-14 : « Toutes les choses doivent donc toujours et nécessairement venir les unes des autres; les choses autres que la première ont été engendrées en ce sens qu'elles viennent d'autres réalités. Les choses dont on dit qu'elles ont été engendrées ne sont pas nées, mais ont toujours été et le seront toujours ».

Plotin soutient ici, ce que ne pourrait évidemment représenter un étagement vertical, que chaque réalité véritable embrasse celle dont elle procède et qui est alors le centre autour duquel elle se tient[1]. C'est la raison pour laquelle aucune réalité ne quitte ce dont elle procède, mais qu'elle reste plutôt et éternellement au contact ou au voisinage de son géniteur, et c'est encore pour cette raison que chacune contient d'une certaine manière son géniteur[2]. Bien mieux alors que la généalogie verticale, l'embrassement circulaire permet d'exprimer une hypothèse majeure de la doctrine plotinienne : tout est dans tout; chaque réalité « possède toutes choses ». Ce qui veut notamment dire que l'Intellect et même l'Un sont en l'Âme[3]. Dans le chapitre 10 du traité 10, Plotin montre ainsi que le rapport entre les réalités n'est pas d'extériorité ou de séparation locale, mais que « tout comme ces trois réalités sont dans la nature des choses, il faut penser qu'elles sont aussi en nous »[4]. D'où bien sûr, pour l'âme humaine, cette possibilité de contempler, de retrouver et de s'unir au principe qui l'a engendrée, sans pour autant le chercher au-dehors d'elle-même. La métaphore de l'embrassement circulaire dit encore assez bien que la deuxième et la troisième réalité, l'Intellect et l'Âme, ont une nature bivalente. L'Intellect, autour d'un centre parfaitement simple, comporte déjà une part de multiplicité, celle d'un cercle composé de parties; et l'Âme à son tour, qui est mobile,

1. Le chap. 8 du traité 9 (VI, 9) décrit un même enveloppement circulaire, pour expliquer que l'Âme, tout comme l'Intellect, sont toujours autour de l'Un, avec cette précision qu'ils ne tournent pas toujours leur regard vers lui; Plotin dit alors de l'Un que « ce n'est pas lui qui nous désire, de façon à être autour de nous, mais c'est nous qui le désirons, de façon à être autour de lui. Et nous sommes toujours autour de lui, mais nous ne regardons pas toujours vers lui. Il en va comme pour un chœur : en chantant, il fait toujours cercle autour du coryphée, mais il lui arrive de diriger son regard vers l'extérieur » (chap. 8, 35-39, trad. F. Fronterotta). Le chap. 7 du traité 13 (III, 9) reprend cette même comparaison.

2. J. N. Deck en donne une présentation limpide dans *Nature, contemplation and the One. A study in the philosophy of Plotinus* (1967), réimpression Burdett, Larson, 1991, p. 28-29.

3. Sur cette « centralité » du principe, voir P. A. Meijer, *Plotinus on the Good or the One (*Enneads *VI, 9). An analytical commentary*, Amsterdam, Gieben, 1992, p. 242-245. Que le rejeton puisse contenir le géniteur signifie que l'intelligible est d'une certaine manière dans le sensible; Plotin précise en effet que le monde sensible tourne autour du monde réel qu'est l'intelligible : 22 (VI, 4), 2. Les traités 22 et 23 démontrent l'universelle immanence de l'intelligible au sensible. De la même manière, il faut reconnaître que l'Intellect, s'il ne lui « appartient » pas, est bien « dans » l'Âme, comme le soutient par exemple 49 (V, 3), 3, tout comme il faut accorder que l'âme (du moins l'âme sensitive) est dans le corps comme son centre (2 (IV, 7), 6, 13-15). Cet embrassement et ce centre intelligibles ne doivent pas être confondus avec leurs équivalents sensibles, comme le précise 14 (II, 2), 2, 8-10; voir la note *ad loc.* de la trad. de R. Dufour, qui indique la plupart des renvois plotiniens.

4. 10 (V, 1), 10, 5-7.

comporte une multiplicité *et* se trouve liée à ce dehors, à cet autre de l'intelligible qu'est le sensible (comme l'indique dans le texte cité la mention des « corps »). Mais pour multiple que soit l'Intellect ou pour mobile et liée au sensible que soit l'Âme, l'un et l'autre n'en possèdent pas moins l'Un, qui est à la fois leur objet de contemplation et quelque chose d'eux-mêmes, leur possession[1]. Cette co-appartenance des réalités est accentuée par l'exercice commun de certaines fonctions. Comme on va y insister, chacune des trois réalités engendre quelque chose qui lui est apparenté sans lui être identique, chacune d'elle produit, éclaire, domine et prend soin de ce qu'elle a produit; à rebours, chaque réalité désire celle qui est au-dessus d'elle, la contemple et s'efforce de l'imiter. Mais ces activités, les premières dans le sens de la « descente » de l'Un vers l'Âme, les secondes de la « remontée », ne sont pourtant pas dissociables. C'est en effet une autre hypothèse caractéristique de l'œuvre plotinienne que de ne pas simplement soutenir, comme le faisaient les médioplatoniciens, qu'un principe en produit un autre en-dessous de lui en prenant pour modèle celui qui le précède, mais d'affirmer que cette contemplation est elle-même et immédiatement production, qu'il s'agit d'une seule et même activité: contempler, c'est chercher à imiter la réalité dont on procède, et cette imitation, on le verra, est une production.

L'Intellect et l'Âme exercent ainsi des activités qui les engagent en même temps au-delà et en deçà d'eux-mêmes. C'est qu'ils constituent, avec l'Un, une même réalité cohérente et organique, et non pas simplement les termes d'une succession. Si l'on s'en tenait à une représentation verticale ou étagée de la réalité, on manquerait sans doute le fait que les trois principes sont la totalité d'une réalité intelligible, d'un monde dont Plotin entend défendre la parfaite unité[2]. Il s'agit là toutefois du « monde intelligible », c'est-à-dire d'un monde distinct du monde sensible et qui

1. Comme le rappelle, dans le contexte d'un argument éthique, le chapitre 44 du traité 28 (IV, 4), où Plotin dit du sage qu'il ne cherche pas en dehors de lui-même un bien illusoire, mais qu'il sait au contraire que le seul bien véritable est « celui qu'il possède », l'Un (et ce, *via* l'Intellect auquel l'Âme s'unit); voir 9 (VI, 9), 3, 14-22; 30 (III, 8), 9, 23-26; 53 (I, 1), 9, 14-25.

2. Il n'y a ainsi rien d'autre que ces trois réalités; voir par exemple 33 (II, 9), 1, 11-16: « Ne dépendant pas d'autre chose, n'étant pas en autre chose et n'étant point une combinaison, il est nécessaire que rien ne se trouve au-dessus de lui [le Premier]. Il ne faut donc pas remonter à d'autres principes, mais il faut mettre celui-là en tête, et après lui l'Intellect, qui est le premier à intelliger, puis l'âme après l'Intellect (car c'est là l'ordre qui correspond à la nature des choses). Et nous ne devons poser aucun autre principe que ceux-là dans le monde intelligible ».

seul, à la différence de celui-ci, peut être dit réel. De ce point de vue, la co-appartenance réciproque de ces trois réalités qui, tout en étant autres, ne sont pas séparées les unes des autres[1], est bien l'effet de leur commune nature intelligible, de leur « parenté » (συγγένεια)[2]. Cette parenté est qualifiée par Plotin de deux façons, qui ne se recoupent pas, mais se complètent et, parfois, se contredisent, selon que la procession est présentée comme une *génération* (le principe est le géniteur du principé qui vient après lui, son père[3]) ou comme une *production* (le principe produisant cette image de lui-même qu'est le principé[4]). Si c'est toujours le même rapport causal qui est ainsi désigné, l'important étant d'établir que chaque réalité a pour cause ou principe celle qui la précède, les implications doctrinales changent toutefois considérablement d'une dénomination à l'autre : les champs métaphoriques distincts sont autant d'extensions possibles, et l'on va voir qu'il en est encore d'autres, d'une série de problèmes à l'examen desquels l'ensemble des traités sont ordonnés.

L'œuvre plotinienne, une fois établis ses principes, se trouve dans l'obligation de résoudre deux sortes de difficultés concomitantes : celles qui sont relatives aux rapports qu'entretiennent ces trois réalités et celles qui sont relatives à l'architecture générale de la réalité intelligible telle que l'on vient de l'esquisser. Ces difficultés engagent la nature même du projet

1. Ce dont le traité 38 (VI, 7), après les explications abondantes du traité 28, donne l'une des meilleures illustrations (voir le chap. 2, où est évoquée la « coproduction simultanée de toutes choses »).

2. Une parenté qui n'implique aucunement, toutefois, que l'Un puisse être dit « intelligible » au sens strict, pour cette simple raison qu'il est « au-delà » de l'intelligible. S'il existe une parenté, elle doit consister plutôt dans le fait que l'Intellect n'est que parce qu'il intellige, contemple l'Un. La question reste toutefois difficile, de l'aveu même de Plotin, qui, dans le traité 7 (V, 4), 2, concède à l'Un le titre d'intelligible avant de le lui refuser à plusieurs reprises, et ce avant tout dans le traité 24 (V, 6), qui porte précisément pour titre *Sur le fait que l'au-delà de l'Être ne pense pas; qui est le pensant de premier rang et qui celui de second rang*, et qui développe la thèse formulée en ces termes dans le traité 13 (III, 9), 7, 4 : « L'Un ne possède aucune intellection. » (voir encore, en 9 (VI, 9), 6, 56, l'abrupt constat : νοήσις οὐ νοεῖ, « la pensée ne pense pas » (ou « l'intellection n'intellige pas »).

3. Cette métaphore, comme la plupart de celles qu'emploie Plotin, est répertoriée par R. Ferwerda, *La signification des images et des métaphores dans la pensée de Plotin*, Amsterdam, Groningen Wolters, 1965 (qui donne, pour chaque « image » plotinienne, une liste d'extraits pertinents; s'agissant du père, p. 76-80).

4. Nous adoptons donc par commodité les termes de « principe » et de « principé ». Le principe désigne toujours l'une des trois réalités véritables, quand le principé désigne l'effet, le rejeton ou le produit du principe : littéralement, il est ce qui est « causé » par le principe. Ce néologisme n'a pour lui que l'intérêt de proposer un équivalent générique aux multiples désignations auxquelles Plotin a recours, sans en privilégier aucune.

philosophique de Plotin, dont on doit expliquer comment il parvient à conjoindre l'hypothèse d'un principe premier simple, cause de lui-même, suffisant et absolument bon, à celle d'une procession de toutes choses à partir de lui. Les réponses qu'apportent les traités peuvent, en la matière, sembler *ad hoc*, forgées pour la circonstance. Peut-être en effet Plotin est-il contraint de rendre compte de la multiplicité pour cette simple raison qu'elle existe : la nature est changeante, les phénomènes ou encore les vivants sont en nombre et diffèrent les uns des autres, de telle sorte que l'explication de la multiplicité est une nécessité pour qui entend rendre raison de la réalité. Mais à le concevoir ainsi comme une déduction artificielle du multiple depuis son unique principe, on manquerait l'effort que produisent les traités afin d'expliquer, qu'il s'agisse de théologie, de cosmologie, de physique ou d'éthique, non pas tant comment la multiplicité de toutes choses dérive de l'Un qui est simple, mais bien plutôt comment cette multiplicité parvient à s'unifier en une totalité. Dire que toutes choses ne sortent pas de l'Un mais y retournent, c'est mettre l'accent sur le processus d'unification qui commande l'existence de chaque réalité[1]. Où l'on doit comprendre que le statut spécifique de chacune de ces trois réalités n'est sans doute pas le souci majeur d'une œuvre qui ne traite pas séparément de ses trois principes, mais qui les distingue toujours afin de mieux qualifier la manière dont ils se rapportent les uns aux autres, manière dont chacun, grâce à celui qui le précède, parvient à trouver l'unité qui est la sienne. La « remontée » vers le principe, dont le chapitre suivant entend expliquer que Plotin la conçoit comme une imitation (μίμησις), est une unification, un processus qui accompagne et mesure l'existence de toute chose. Il n'y a de réalité quelconque qu'à la condition d'une unification,

1. Plotin s'y emploie dès son second traité, en distinguant entre le fait de « devenir un » et celui d'« être un » (2 (IV, 7), 1, 15 : γενόμενον ἕν, [ἕν] οὐκ ἔστι). Il convient de ne pas confondre le processus d'unification (le « devenir un ») et l'unité réelle ou véritable, qui n'est à proprement parler que le propre de l'Un, désigné ainsi pour cette raison. En revanche, toutes les choses qui procèdent de l'Un doivent être regardées comme des pluralités qui s'unifient ou qui ont atteint une unité relative. Ainsi et schématiquement les corps n'atteignent-ils une unité que provisoire (qui est celle du composé, c'est-à-dire du rassemblement d'éléments divers dans une même totalité), quand l'unité de l'âme est tempérée, pour sa part, par la multiplicité de ses mouvements et de ses fonctions, et celle de l'Intellect par une multiplicité compréhensive (l'Intellect est un, mais il est aussi toutes les intellections, tous les actes de pensée qui prennent l'Un pour objet). Plotin conçoit l'unité comme un processus continu qui comporte des degrés qui sont autant de modes d'existence distincts, autant de modalités de l'Un.

d'une « avancée vers l'unité » comme le dit Plotin dès son premier traité[1], et l'ensemble des réalités sont autant d'états d'un processus d'unification dont le terme ultime est l'unité simple de l'Un[2].

1. 1 (I, 6), 2, 20 : εἰς μίαν συντέλειαν. Le terme qui désigne le plus explicitement ce processus d'« unification » est celui de ἕνωσις. Ce dernier qualifie aussi bien l'« union » avec le principe (ainsi de l'Âme avec l'Intellect, en 28 (IV, 4), 2, 26, ou en 38 (VI, 7), 35, 37) que l'unification de soi, le « devenir-un » qu'évoque la note précédente (et qu'on trouve par exemple en 20 (I, 3), 4, 18. Il faut du reste noter, avec 2 (IV, 7), 3, 1-5, que seule la présence en elle de son principe peut procurer à une chose quelconque l'unité qui, dans le cas contraire, lui ferait défaut (comme il en va de la matière, dont l'unité ne peut être qu'accidentelle : 42 (VI, 1), 26, 26-37). L'hypothèse selon laquelle l'immanence de la réalité productrice est la condition de l'unification de son produit semble introduite, à l'aide de ce même terme, par Numénius (voir Fr. 4b, 5-19, et Fr. 42). C'est du moins la thèse de Plotin, selon qui une chose quelconque, lorsqu'elle est unifiée, « est comme autarcique », 28 (IV, 4), 18, 21-22.

2. L'union avec l'Un consiste alors en cette absolue simplification (ἅπλωσις) qu'évoquent 9 (VI, 9), 11, 23, et 38 (VI, 7), 35, 25.

CHAPITRE II

LES IMAGES DU PRINCIPE

Le précédent chapitre esquissait à grands traits l'architecture du monde intelligible selon Plotin[1] ou plutôt, comme ce dernier le souligne, la représentation de ce monde. Une représentation en extériorité et dans le temps d'un monde intelligible qui existe toutefois de façon compréhensive. L'hypothèse « immanentiste » plotinienne, selon laquelle les principes ne sont pas extérieurs les uns aux autres, sert un projet éthique et cosmo-théologique dont on a signalé l'origine médioplatonicienne. Que chaque réalité intelligible contienne son principe et lui ressemble fonde la possibilité pour nous d'une assimilation au dieu : le « Bien » platonicien, la bonté elle-même, désormais identifiée au Premier principe, l'Un, est en nous-mêmes. Mais cette fin éthique à laquelle Plotin paraît donner un accès plus spontané que ne le faisaient les doctrines médioplatoniciennes repose sur l'hypothèse redoutable de l'absolue simplicité du Premier principe, dont on a vu qu'elle avait pour conséquence la fin de la primauté platonicienne et aristotélicienne de l'Intellect, c'est-à-dire aussi bien la fin de la primauté de l'être. Qu'il y ait quelque chose « au-delà de l'être » constitue sans doute la plus fascinante, sinon la plus embarrassante, des propositions ploti-

1. C'est là le titre de l'ouvrage classique d'A. H. Armstrong *L'architecture de l'univers intelligible dans la philosophie de Plotin. Une étude analytique et historique* (1940), traduit de l'anglais par J. Ayoub et D. Letocha, Ottawa, Presses Universitaires d'Ottawa, 1984 (on ne mentionne cette traduction qu'à titre indicatif : très approximative, elle n'est d'aucune fiabilité).

niennes[1]. Mais il s'agit aussi d'une hypothèse extrêmement économique, puisqu'elle permet d'échapper aux apories où se perdaient les prédécesseurs de Plotin, qu'il s'agisse des ambiguïtés relatives à l'éminence et à la puissance du principe premier, ou encore et plus spécifiquement des difficultés relatives à la connaissance de ce qui est. Posant que le principe de toutes choses est au-delà de l'être, Plotin se donne à la fois le fondement d'une cosmo-théologie et celui, épistémologique, d'une adéquation de la pensée à l'être : engendrant cette même réalité qu'est l'être et l'Intellect, l'Un donne d'emblée à la philosophie l'adéquation de l'intelligible et du réel.

LES FIGURES DE LA PROCESSION

L'hypothèse apparemment paradoxale qui commande la plupart des arguments des premiers traités « synoptiques »[2] tient dans cette formule qui ouvre le traité 11, *Sur la génération et le rang des choses qui sont après le Premier*:

> "L'Un est toutes choses et il n'est aucune d'elles"[3]; en effet, le principe de toutes choses (ἀρχὴ πάντων) n'est pas toutes choses, mais il est chacune d'elles toutes. Car toutes choses se tiennent en quelque sorte en lui, ou plutôt, elles n'y sont pas encore, mais elles y seront. 11 (V, 2), 1, 1-3[4].

1. Cette proposition fit beaucoup pour le succès que Plotin connut auprès des tenants anciens de la théologie négative, mais aussi bien, pour les mêmes raisons, auprès des spiritualistes contemporains séduits par l'hypothèse plotinienne de l'inadéquation essentielle de la pensée discursive à la réalité (du premier principe comme de la procession); c'est ce qu'indique, déjà, l'intérêt que lui portait Bergson (et dont témoignent notamment *Les deux sources de la morale et de la religion*, p. 1161 *sq.* de l'édition (du centenaire) de ses *Œuvres*, Paris, PUF, 1963). Dans le commentaire récent, et pour dire vite, l'œuvre plotinienne continue de susciter l'attention bienveillante des lecteurs chrétiens, ou plus généralement religieux, mais elle est aussi l'objet de cet enthousiasme renouvelé pour la théologie négative qui veut découvrir chez Plotin une « hénologie » destinée à supplanter ou à dépasser « l'ontologie » grecque classique. Les deux dispositions exégétiques ne sont bien sûr pas incompatibles.

2. On désigne ainsi les traités qui exposent conjointement le statut et les rapports des trois réalités intelligibles; il s'agit, pour les premiers d'entre eux dans l'ordre chronologique, des traités 5 (V, 9), 7 (V, 4), puis 9 à 12 (VI, 9; V, 1; V, 2; et enfin II, 4).

3. Selon l'expression de Platon, *Parménide*, 160b2-3.

4. Trad. F. Fronterotta. Ces remarques ont une fonction critique : l'Un est d'une certaine manière toutes choses, en ce sens que chacune d'entre elles est d'une certaine manière en l'Un. Ce que Plotin écarte ici, c'est l'hypothèse que l'Un contienne la totalité des choses à la manière d'un monde. Cette unité « cosmologique » de toutes choses est le lot de l'Intellect.

Plotin rappelle ici qu'il n'est pas paradoxal d'affirmer de l'Un qu'il est aussi bien toutes choses et aucune d'entre elles, pour peu que l'on insiste donc sur son statut de principe, c'est-à-dire à la fois de point de départ et de cause de la procession. C'est en ce sens que l'Un est toutes choses, sans qu'on doive le confondre avec ce dont il est l'origine et la cause. La cause ne saurait être identifiée à ses effets, à ce qui procède d'elle : le géniteur est distinct de ce qu'il engendre. Mais pourtant, et c'est ici que sourd la principale difficulté, Plotin refuse que l'on sépare le principe de ce qui procède de lui, le géniteur de l'engendré, la cause de son effet; ainsi maintient-il que toutes choses sont en lui et font retour à lui, qui est donc à la fois leur principe et leur fin (τέλος). C'est donc que la co-appartenance du principe et de ce qui vient de lui pour y retourner en s'unifiant doit nuancer l'hypothèse de leur séparation, et que le motif du « retour » de toutes choses en l'Un, ce que l'on nomme la « conversion » et qu'il faut avant tout regarder comme une « unification », est la pierre de touche de la procession. Songeons, lorsqu'on attribue à Plotin une doctrine de la « procession », à ne pas oublier que ce qui procède ne quitte jamais véritablement son point de départ, et que ce qui en descend n'a jamais pour fin que d'y remonter : c'est qu'il s'agit, en la matière, de rendre compte d'une forme de participation.

Avant le traité 11, le traité 9, *Sur le Bien ou l'Un*, s'était déjà longuement attaché à l'examen de la double hypothèse selon laquelle si « c'est par l'Un que tous les êtres sont des êtres », ce qui est « par l'Un » n'est toutefois pas l'Un (chap. 1). Distinguant l'Un de ce qui vient après lui, Plotin entreprend dans ces pages de définir l'Intellect comme la deuxième réalité dont l'activité consiste à penser, avant d'expliquer en quoi consiste le rapport de l'Intellect à l'égard de l'Un qui le précède. De cette mise au point, on peut retenir une définition suffisante de ce que Plotin tient pour « réalité véritable ». Celle-ci est d'abord causée : elle a un principe qui lui est antérieur, qui est sa cause et qui est distinct d'elle[1]. Ensuite, cette cause lui est d'une certaine manière immanente : pour paradoxal que cela puisse sembler, le principe qui précède son effet et s'en distingue ne lui est

1. L'hétérogénéité de la cause et de son effet est l'un des axiomes majeurs de la doctrine platonicienne, comme en témoignent notamment 9 (VI, 9), 6, 54-55 (« ce qui est cause n'est pas identique à ce qui est causé »), et 49 (V, 3), 11, 18-25. C'est du reste la raison pour laquelle on ne peut user qu'avec prudence de la formule selon laquelle le principe est « immanent » à ce qu'il produit. La question est, selon Plotin, un problème philosophique majeur, puisqu'il faut précisément rendre compte de la manière dont une réalité est (dans) ce qu'elle engendre, sans être identique à ce qu'elle engendre.

pourtant pas extérieur. Enfin, la réalité (οὐσία) d'une réalité véritable consiste en son activité : c'est l'intellection (νόησις) de l'Un qui définit la réalité de l'Intellect, tout comme c'est la pensée discursive (διάνοια) des Formes intelligibles qui définit la réalité de l'Âme[1]. Sous sa forme la plus générale, le rapport des trois réalités véritables est un rapport causal, chaque principe donnant au principe suivant la réalité qui est la sienne, c'est-à-dire l'activité qui le définit. C'est pour cette raison semble-t-il que la procession est aussi bien désignée par Plotin comme un processus d'engendrement successif ou graduel : l'Un est le géniteur de l'Intellect qui, à son tour, engendre l'Âme[2]. C'est, parmi d'autres textes, ce qu'expose le chapitre 6 du traité 10, avec cette particularité remarquable que la procession est ici qualifiée non pas simplement à la manière d'un engendrement successif, mais de huit manières différentes.

> Comment se fait-il que l'Un au contraire ne soit pas resté en lui-même et qu'une si grande multiplicité soit surgie de lui, cette multiplicité que l'on voit dans les choses qui sont et que nous avons raison, pensons-nous, de ramener à lui ? Abordons ces questions, en invoquant d'abord le dieu lui-même, non pas en ayant recours au langage, mais en sortant de nous-mêmes au moyen de notre âme pour lui adresser une prière ; c'est ainsi que nous pourrons le prier seul à seul. Celui qui contemple doit donc, puisque l'Un est en lui-même comme à l'intérieur du sanctuaire, et qu'il reste tranquille au-delà de toutes choses, contempler ce qui correspond à des statues (ἀγάλματα) immobiles, qui se dressent déjà à l'extérieur du temple, ou plutôt la statue qui est apparue la première (ἄγαλμα τὸ πρῶτον) et qui se manifeste de la manière suivante. Tout ce qui se meut doit avoir un but vers quoi il se meut. Puisqu'il n'a aucun but, nous ne pouvons pas supposer qu'il se meut. Mais si une chose vient à l'existence après lui, force est d'admettre qu'elle est venue à l'existence alors qu'elle était toujours tournée vers lui[3]. Quand nous parlons de réalités éternelles,

1. Ce vocabulaire des modes de pensée est celui de Platon, qui définit la νόησις comme connaissance de l'intelligible, et la διάνοια comme pensée discursive et hypothétique; voir *République*, VI, 511d-e. Plotin s'approprie cette distinction qu'il expose notamment en 10 (V, 1), 3.

2. Qui elle-même engendre bien quelque chose, mais ce quelque chose est par trop indéterminé pour être à son tour une réalité véritable. Il s'agit de la matière.

3. Si quelque chose se tourne vers l'Un, ce doit être l'Intellect. C'est du moins ainsi que nous rendons une phrase qui, au prix d'un choix grammatical minime, pourrait signifier que c'est l'Un qui, se retournant vers lui-même et se regardant lui-même, engendre l'Intellect. Le texte de cette phrase (l. 18) est en effet disputé, et les commentateurs ne s'accordent pas sur la leçon des manuscrits. La proposition litigieuse est la suivante : ἐπιστραφέντος ἀεὶ ἐκείνου πρὸς αὐτό. Le choix grammatical porte sur αὐτό, qui pourrait aussi bien s'écrire αὑτό. L'alternative est alors la suivante : soit le pronom démonstratif ἐκείνου se rapporte à l'Un,

il nous est interdit de parler d'une venue à l'existence dans le temps ; mais quand dans le discours nous attribuons une venue à l'existence à ces réalités, nous leur assignons une place dans une relation de causalité. Il faut donc dire que ce qui naît de là-bas est né sans que l'Un soit mû ; car, si quelque chose devait naître de son mouvement, ce qui est né serait le troisième terme à partir de l'Un, venant après le mouvement, et non pas le deuxième. Puis donc que l'Un reste immobile, si quelque chose vient en second après lui, il faut que cette chose soit venue à l'existence sans qu'il se soit incliné ni qu'il le veuille ni qu'il ne soit mû d'aucune manière.

— Comment cela est-il donc possible, et que faut-il penser qu'il y a autour de lui s'il reste immobile ?

— Ce doit être un rayonnement qui émane de lui (περίλαμψιν ἐξ αὐτοῦ), alors même qu'il reste immobile, comme c'est le cas du soleil qu'une lumière resplendissante environne comme si elle courait autour de lui, et qui surgit sans cesse de lui même s'il reste immobile. Et toutes les choses qui sont, tant qu'elles subsistent, produisent nécessairement grâce à leur réalité propre et en vertu de la puissance qui est présente en elles, une réalité indépendante dirigée vers l'extérieur et qui leur est attachée ; cette réalité est comme une image (εἰκόνα) des modèles dont elle est née. Le feu produit la chaleur qui vient de lui ; et la neige ne garde pas à l'intérieur d'elle-même tout son froid. Ce sont les objets odorants qui en donnent la preuve la plus claire ; en effet, tant qu'ils existent, quelque chose vient d'eux et se diffuse tout autour, et celui qui se trouve proche d'eux jouit de leur existence. Oui, toutes les choses, une fois qu'elles sont parvenues à la perfection, engendrent ; mais ce qui est toujours parfait engendre sans cesse et quelque chose d'éternel ; de surcroît, il engendre une réalité qui lui est inférieure.

— Que faut-il donc dire de ce qui est le plus parfait ?

— Rien ne peut venir de lui, si ce n'est ce qu'il y a de plus grand après lui. Et ce qu'il y a de plus grand après lui, ce qui est le second rang, c'est

tout comme le pronom suivant qui est alors réfléchi (αὑτό), et l'on comprend ainsi que l'Intellect, ce quelque chose qui vient après l'Un, est engendré alors que l'Un est « toujours tourné vers lui-même » ; c'est la lecture que défend notamment J. Igal dans « La génesis de la inteligencia en un pasaje de las *Enéadas* de Plotino (V I. 7.4-35) », *Emerita*, 1971, 39, p. 135. Soit le pronom démonstratif renvoie à l'Intellect, quand le second pronom joue le rôle d'un pronom personnel (qu'on écrit cette fois αὐτό) et renvoie de nouveau à l'Un, de sorte que le sens de la phrase est celui qu'on a rendu : c'est l'Intellect qui était toujours tourné vers l'Un. C'est la lecture que défend notamment M. Atkinson, *Ennead* V 1 : *on the three principal hypostases, a commentary with translation*, Oxford, Oxford University Press, 1985², p. 135-140, et que nous adoptons ici comme nous le ferons pour la remarque similaire qu'on trouve dans le même traité, au chap. 7, l. 5-6 (voir, *infra*, la n. 1, p. 153). Les difficultés textuelles sont examinées avec précision par F. Fronterotta dans la note *ad loc.* de sa traduction, que nous reprenons ici.

> l'Intellect; car c'est lui que l'Intellect voit, et c'est de lui seul qu'il a besoin, tandis que lui, en revanche, il n'a absolument pas besoin de l'Intellect. Oui, ce qui provient de ce qui est supérieur à l'Intellect, c'est l'Intellect, et l'Intellect est supérieur à toutes les choses, car le reste des choses viennent après lui. Et l'Âme est pour ainsi dire la raison et une certaine activité de l'Intellect (οἷον καὶ ἡ ψυχὴ λόγος νοῦ καὶ ἐνέργειά τις), tout comme c'est le cas de l'Intellect à l'égard de l'Un. Mais cette raison qu'est l'Âme est obscure, car elle n'est qu'un reflet (εἴδωλον) de l'Intellect, et c'est pourquoi elle doit garder son regard posé sur l'Intellect; de même, l'Intellect doit garder son regard posé sur l'Un, pour être Intellect. Mais il le voit sans en être séparé, et cela parce qu'il vient après lui et qu'il n'y a aucun intermédiaire entre eux, comme il n'y en a aucun non plus entre l'Âme et l'Intellect. Toute chose désire (ποθεῖ) ce qui l'a engendrée, et en jouit (ἀγαπᾷ), surtout quand ce qui engendre et ce qui est engendré sont seuls à seuls; de surcroît, quand ce qui engendre est ce qu'il y a de meilleur, ce qui est engendré reste nécessairement avec lui, pour ne plus être séparé de lui que par la différence. 10 (V, 1), 6, 6-53.

Ce sont bien et à tout le moins huit représentations distinctes de la procession qui sont ici employées; et c'est à ces huit représentations que Plotin, avec plus ou moins d'obstination ou de circonspection, se tient dans ses traités. La causalité processive pourra donc y être désignée comme une *production*, comme une *génération*, comme une *imitation*, comme une *illumination*, comme une *information rationnelle*, comme une *mise en mouvement*, comme une *activité* ou bien enfin comme un *élan érotique*. Comme on l'a déjà signalé, Plotin affirme que chaque principe produit, avec le principé, une image de lui-même, ou bien encore qu'il engendre ainsi un rejeton [1]. Mais il ajoute donc que la naissance de ce principé est le résultat par lui d'une imitation de son principe : c'est en imitant l'Un que l'Intellect vient à l'existence, et en imitant l'Intellect que l'Âme en fait de même. On le voit, c'est alors le principé qui paraît être la cause de sa propre existence. En revanche, c'est de nouveau au principe que Plotin impute un rôle causal déterminant lorsqu'il soutient que chaque principe illumine celui qui lui succède [2], le rend donc visible, ou bien que chaque principe informe rationnellement son successeur [3]. Il s'agit alors d'une précision supplémentaire de la manière dont le principe produit ou engendre le principé : le premier donne au second sa raison, c'est-à-dire qu'il le détermine spécifiquement à

1. La production (ποίησις) du principé par le principe ou son engendrement (γένεσις) sont évoqués, entre autres passages suggestifs, en 7 (V, 4), 1 et en 30 (III, 8), 3-4.
2. Notamment en 24 (V, 6), 4.
3. Notamment en 30 (III, 8), 1-4 ou en 31 (V, 8), 3.

accomplir telle ou telle activité en lui en conférant l'aptitude, le pouvoir [1]. C'est en ce sens particulier que Plotin soutient que le principe met en mouvement le principé et qu'il est la raison de son activité. La formule plotinienne consacrée, en la matière, affirme que chaque réalité est « l'acte et la raison » de son principe [2].

Si chacune de ces représentations a bien pour objet de préciser un aspect des rapports qui lient entre elles les trois réalités véritables, aucune d'elles ne suffit toutefois à qualifier exactement la procession. C'est l'une des particularités distinctives de la méthode plotinienne que de ne pas conduire à son terme la définition de la procession, mais de l'approximer successivement et différemment. Et si certaines d'entre elles obtiennent davantage ses faveurs, Plotin ne paraît pas privilégier l'une de ces huit qualifications au détriment des autres, en dépit même des défauts ou des insuffisances qu'il prend toujours soin de leur imputer. Il s'agit bien là d'une méthode, dont l'approximation est un outil et qui préside à la rédaction de l'ensemble des traités [3]. Ces derniers se proposent de résoudre des difficultés, dont on peut croire qu'elles sont alors en débat dans la discussion philosophique, à la faveur d'une série de décisions exégétiques et conceptuelles. Si, comme le suppose Plotin, la tradition philosophique n'est jamais constituée que de la récurrence de questions anciennes et héritées, l'actualité philosophique doit être celle d'un examen critique des réponses en vigueur, en guise de préalable à la reconstitution d'une doctrine platonicienne fidèle au texte du maître. L'examen des positions philosophiques en vigueur s'achève ainsi et toujours sur une décision critique et terminologique, lorsque Plotin résout la difficulté en jeu et définit convenablement l'objet de la discussion. C'est le cas par exemple de la première enquête sur l'Âme, conduite dans les traités 2 et 4 (IV, 7 et IV, 2) : Plotin y examine successivement les définitions épicurienne, stoïcienne et aristotélicienne, avant de les réfuter et de

1. L'illumination, aussi bien que la métaphore du feu et de l'embrasement à laquelle Plotin a souvent recours, ne dit donc pas simplement que le principe éclaire le principé ; il lui donne vie bien plutôt, le réchauffe et le maintient en vie. Voir, entre autres passages, 1 (I, 6), 3 et 8, ou (V, 8), 9, et les remarques de C. Gaudin, « La production des êtres chez Plotin et la question de l'économie des principes », *Revue des sciences religieuses*, 68, 1994, p. 275-279.

2. ἐνέργεια καὶ λόγος, ou encore « l'activité et la raison » (puisque l'on doit distinguer l'ἐνέργεια, l'activité, de la πρᾶξις, l'action).

3. Et il s'agit aussi bien d'une rhétorique : Plotin fait un usage abondant des marques de comparaison ou de nuance, et des clauses restrictives (de ces dernières, le recours à l'adverbe οἷον, « comme », « pour ainsi dire », qui compte plusieurs centaines d'occurrences dans les traités, donne sans doute le meilleur exemple).

défendre la nature incorporelle et intelligible de l'Âme. Puis, à terme [1], il inscrit l'âme dans le monde intelligible auquel elle appartient. C'est alors que la question est posée du rapport qu'elle entretient avec les autres réalités intelligibles, en premier lieu l'Intellect, et que Plotin doit proposer une explication ou une représentation de la procession. Si celle-ci, dans ces traités sur l'Âme comme dans le reste de l'œuvre, reste approximative, c'est à la fois parce qu'il s'agit bien de rapporter la définition de la réalité en cause au schéma processif général, de situer la réalité définie dans l'architecture de l'intelligible, mais aussi parce qu'on cherche de la sorte à nommer ce qui ne peut pas l'être exactement. Pour cette raison, encore une fois, qu'on ne pourra jamais donner qu'une représentation vraisemblable et approximative d'un processus qui n'est ni en extériorité ni dans le temps, qui n'est donc pas discursif, mais aussi et surtout parce que la « procession » plotinienne a pour particularité de ne pas être la succession continue de principes homogènes [2]. Si les figures de la procession sont nécessairement approximatives, et si l'inscription d'une réalité quelconque dans le schéma processif relève encore de l'approximation, c'est à la fois que les réalités ne procèdent pas exactement de la même manière et, peut-être, que la procession est elle-même ce rapport d'approximation à l'occasion duquel la chose engendrée tente de prendre la mesure, d'estimer, puis de se rapprocher de ce dont elle est issue.

On pourrait dire ainsi des qualifications de la procession énumérées dans le traité 10 qu'elles sont les huit approximations majeures du processus qui définit l'existence des trois réalités véritables. On insistera dans les pages qui suivent sur celles auxquelles Plotin a le plus souvent recours. À cet égard, si la génération et la production conviennent le mieux afin d'expliquer comment chaque principe est la cause d'une existence à sa suite, ce n'est pas seulement qu'elles qualifient toutes deux un rapport causal ou qu'elles soulignent l'antériorité et la primauté du principe sur ce qui vient après lui, mais c'est encore qu'elles soulignent toutes deux la ressemblance qui existe entre le principé et le principe. Ces deux qualifications restent toutefois incertaines. En effet et brièvement, elles ne rendent pas raison (soit qu'elles le fassent approximativement, soit qu'elles ne le fassent pas du tout) des trois axiomes qui gouvernent l'explication plotinienne de la réalité intelligible : l'hétérogénéité de la cause et de ses effets, l'« immanence » du principe au principé et enfin l'autarcie des réalités

1. Dans les six derniers chapitres du traité 2 (IV, 7) et dans l'ensemble du traité 4 (IV, 2).

2. Sur le recours aux approximations à la fois insatisfaisantes et pourtant nécessaires du langage afin d'évoquer l'Un, voir encore 39 (VI, 8), 13, 46-50.

véritables. Ces trois axiomes définissent chaque réalité véritable comme étant distincte de son principe et, ce qui ne va toujours pas de soi, comme étant « cause de soi »[1].

LES APORIES DE LA GÉNÉRATION ET DE L'ILLUMINATION

C'est sans doute la qualification de la procession comme une génération (un engendrement conçu sur le mode biologique) qui se trouve le plus immédiatement et le plus vivement contestée par Plotin. Si l'on peut dire de l'Un qu'il est le père (πατήρ) de toutes choses et en premier lieu de l'Intellect, puis de ce dernier à son tour qu'il est le père de l'âme, ce n'est qu'au prix de trois approximations qui, elles, s'avèrent parfaitement fâcheuses. En premier lieu, la métaphore de la génération suppose une reproduction d'individus de la même espèce, et donc une identité spécifique du géniteur et de son rejeton; une telle proposition, pour autant que l'on veuille maintenir que l'Un engendre toutes choses sans être aucune d'elles et sans se reproduire hors de lui, est irrecevable. En deuxième lieu, cette métaphore de la génération suppose une forme de mobilité, de sortie hors de soi du principe qui, à la faveur d'une activité génitrice, engendre hors de lui un autre lui-même. Cette mobilité est à son tour inacceptable si l'on admet, comme le fait Plotin, que l'Un et l'Intellect produisent en restant immobiles[2]. Et cet engendrement d'un rejeton hors de soi ne convient pas plus dans la mesure où il suppose une extériorité des principes les uns aux autres, une séparation d'individus distincts, là où Plotin veut défendre l'immanence (relative) du principe au principé[3]. En troisième et dernier lieu, la métaphore de la génération ne parvient pas à rendre compte de ce qui importe sans doute le plus à Plotin : la démonstration de ce que la procession suppose une activité du principé. Autrement dit, que le principé reste effectivement, d'une certaine manière, cause de sa propre existence et

1. L'axiome fait difficulté à la fois pour les réalités issues de l'Un, dont on ne voit guère comment elles pourraient être causes d'elles-mêmes, et pour l'Un lui-même, dont on se souvient qu'il ne peut être dit cause de lui-même qu'au prix d'une approximation incertaine (qu'examine le traité 39 (VI, 8)). Nous revenons, *infra*, à cette question, n. 2, p. 91, puis surtout p. 99-102.

2. Qui plus est, si l'on songe aux remarques de 7 (V, 4), 2, c'est *parce qu'il reste immobile*, qu'il demeure en lui-même, que l'Un donne lieu à quelque chose.

3. Notamment 28 (IV, 4), 16, cité, *supra*, p. 51.

de ce fait aussi, cause de la ressemblance qu'il a avec son principe. Ce que, bien évidemment, la génération ne peut qualifier.

Plotin a ainsi recours à une autre métaphore, celle de l'illumination (ἔλλαμψις), dont le sens et la fonction sont au moins doubles. Dire que le principe est la source de lumière qui éclaire le principé permet en effet et d'abord de comprendre que le principé est rendu visible (c'est-à-dire connaissable) par le principe, tout en posant ensuite que la procession, depuis son principe premier jusqu'à ses derniers rayons (les produits sensibles de l'âme et finalement la matière elle-même), est un processus de diffusion continu[1]. L'avantage de cette métaphore platonicienne, bien supérieure pour cette raison à celle de la génération, est de parvenir à faire comprendre que le principe est certes toujours dans le principé, comme la lumière l'est dans les choses qu'elle illumine, mais sans pour autant qu'il se déplace en elles ou se confondent à elles, comme la source de lumière ne quitte pas sa demeure pour éclairer ses alentours[2]. Si procéder c'est illuminer (ἐλλάμπειν), alors on peut encore dire de la procession qu'elle est un engendrement, mais un engendrement continu dont les termes ne sont plus séparés. Ils sont en revanche distincts, et ils le sont d'autant plus, c'est la fonction de cette métaphore que de le souligner, que la procession, comme toute diffusion de lumière, s'épuise. De l'Un soleil à l'obscurité absolue de la matière, toutes choses sont et sont vues comme les degrés successifs d'un obscurcissement croissant depuis une source unique; la diffusion lumineuse dit ce que la génération ne pouvait immédiatement indiquer: que l'effet est inférieur à la cause, que les rejetons ne sont que de pâles reflets de leur géniteur[3]. La question qui se pose encore, et à laquelle la métaphore de l'illumination ne peut par elle-même donner réponse, est celle de savoir pourquoi, comment et quand au juste la lumière s'estompe. Ou encore, pourquoi, à un certain moment, à une certaine distance d'éloignement, la lumière de l'Un s'estompe au point qu'elle n'est plus même visible. De toute évidence, un événement disruptif a lieu qui interrompt définitivement la procession; que cet événement ait lieu au seuil ou au niveau même de la matière va encore de soi, mais la qualification lumineuse paraît suggérer

1. Les deux autres exemples de diffusions auxquels Plotin a plusieurs fois recours sont celui de la chaleur et celui de l'odeur. Le vocabulaire de l'illumination lui est inspiré par la fin du livre VI de la *République*, où Platon compare la forme du bien au soleil.

2. À quoi il faut encore ajouter que l'Un est comme le soleil : il rayonne sans être diminué par l'émission de lumière et de chaleur.

3. Comme le rappellent, parmi tant d'autres textes, 25 (II, 5), 5 ; 26 (III, 6), 5 ; ou encore 33 (II, 9), 6.

que la détermination intelligible, la lumière, se diffuse non pas immédiatement, mais en s'affaiblissant graduellement jusqu'au lieu matériel. Mais il serait fallacieux d'en faire l'hypothèse, puisqu'il faudrait alors imputer à la lumière, à la clarté de sa source ou à la puissance de sa diffusion, la responsabilité de son affaiblissement. C'est bien ce contre quoi Plotin prévient son lecteur lorsqu'il l'invite à n'accepter qu'avec prudence et discernement sa propre métaphore lumineuse : l'obscurité matérielle a pour seule cause la matière, quand la « lumière incorporelle », qui n'a aucune partie et ne subit ni affection ni diminution, ne peut s'estomper d'elle-même. Une telle hypothèse aurait pour conséquence immédiate d'imputer à la lumière, à la clarté de sa source ou au cours de sa diffusion la responsabilité de son affaiblissement. Comme y insiste Plotin, en exigeant de son lecteur qu'il n'accepte qu'avec prudence et discernement sa propre métaphore lumineuse, ce serait une absurdité que de ne pas reconnaître que l'obscurité matérielle a pour seule cause la matière[1]. La matière doit à sa propre obscurité de ne pouvoir être éclairée : elle ne reçoit pas la lumière, et elle est obscure parce qu'elle obscurcit « tout ce qui a avec elle le moindre contact »[2]. C'est elle qui est incapable d'être éclairée, de recevoir la lumière[3].

À la métaphore de l'illumination, Plotin doit donc adjoindre une ou plusieurs représentations plus précises du mode de procession, c'est-à-dire de la manière dont le principe engendre un rejeton qui est son parent, qui lui ressemble, mais qui est un autre que lui. C'est à cet effet que les traités choisissent de qualifier la procession comme une donation mimétique d'existence. Nous examinerons cette dernière qualification de la procession en tirant de nouveau profit de la page du traité 10 (V, 1) citée plus haut[4].

La procession y est alors décrite à la fois comme une illumination progressive et comme une production successive d'images. Le vocabulaire de l'image et la relation de copies à modèles, d'idoles à archétypes, viennent manifestement compléter le rapport d'illumination afin de qualifier ce que ce dernier ne pouvait rendre : la ressemblance qui existe entre le principé et le principe. Autrement dit, ce rapport de copies à modèles, qu'on a déjà

1. Voir 1 (I, 6), 3, 18 ; 54 (I, 7), 1, 24-28 ; et surtout 22 (VI, 4), 7-8.

2. 51 (I, 8), 4, 24 ; voir aussi 12 (II, 4), 5, 6-7. Cette incapacité de la matière à recevoir la lumière se dit en termes mimétiques : la matière se distingue de ce qui la précède en étant incapable de s'approprier les imitations de son principe, en étant incapable, de ce fait, de l'imiter (26 (III, 6), 13).

3. Le texte le plus significatif, à cet égard, est sans doute le huitième chapitre du traité 23 (VI, 5). Cette incapacité se dit bien sûr aussi en termes mimétiques.

4. *Supra*, p. 60-62.

nommé « iconique », a pour fonction de récupérer ce qui était utile et indispensable dans la métaphore de la génération : la parenté (συγγένεια) entre le géniteur et son rejeton. Mais il permet aussi de corriger ce que la métaphore de la génération avait d'insatisfaisant en établissant que la cause est bien distincte de son effet, comme un modèle peut l'être de son image. De la sorte, l'axiome plotinien de l'hétérogénéité de la cause et de l'effet trouve enfin une expression adéquate[1]. On pourrait dire de cette solution plotinienne qu'elle est satisfaisante et définitive, et qu'elle s'impose comme la plus pertinente des huit qualifications de la procession. Tel semble être le cas si l'on en juge d'après l'abondance et la persistance dans les traités du rapport « iconique » comme du vocabulaire de l'image et de la ressemblance[2]. Mais plus encore si l'on rappelle qu'elle exprime au mieux la double hypothèse que Plotin défend jusqu'au terme chronologique de son œuvre : que toutes choses procèdent de l'Un et se comprennent (dans tous les sens du terme), et que toutes restent distinctes les unes des autres. Ce qu'enseigne la qualification du principé comme image de son principe, c'est à la fois qu'il lui ressemble, qu'il existe d'après lui, comme une image tient son existence de son modèle, et qu'il est distinct de lui. Cette qualification s'accorde très bien avec le processus que décrit l'illumination progressive de toutes choses depuis la source unique de lumière; et elle s'accorde même, comme c'est le cas dans l'extrait cité du traité 10, avec l'hypothèse que la procession s'épuise au point de

1. La formule de l'hétérogénéité de la cause et de l'effet figure en 9 (VI, 9), 6, 54-55 (cité, *supra*, note 1, p. 59). Il s'agit alors pour Plotin d'expliquer comment ce que pense l'Intellect, à savoir l'Un dont il est issu, est certes sa cause, sans pourtant lui être homogène. Une telle subtilité étiologique n'a de sens qu'à admettre que l'effet n'existe, à proprement parler, qu'à la condition de se rapporter à ce dont il provient. De la sorte, le lien de cause à effet est comme différé, puisqu'il revient à l'effet de se constituer comme tel, en se déterminant par rapport à ce dont il est issu : l'usage plotinien de l'imitation tient précisément lieu de réponse à la difficulté qu'induit cette étiologie réflexive, sinon rétrospective. Il faut encore ajouter que l'hétérogénéité de la cause et de l'effet permet à Plotin de soutenir qu'une réalité produit des effets en autre chose qu'elle-même (dans le produit qu'elle engendre, c'est-à-dire dans son effet) sans en être affectée ou modifiée. C'est ainsi au moyen du même axiome étiologique que le principe se trouve distingué du comportement de ce qu'il a produit (voir l'exemple des relations de l'âme et du corps, en 53 (I, 1), 5-6; on revient sur cette question, *infra*, p. 123-125).

2. Ce qu'établit très bien l'étude de P. Aubin, « L''image' dans l'œuvre de Plotin », *Recherches de science religieuse*, 41, 1953, p. 348-379, qui propose une analyse lexicale du vocabulaire pertinent. Mais il faut surtout se reporter à la vaste étude d'I. Koch, *Image et dissemblance. Étude sur la notion d'image chez Plotin et saint Augustin*, thèse de Doctorat, dir. A. Charles-Saget, Université de Paris-X, janvier 1998, 3 volumes, dont l'examen est proprement exhaustif.

s'interrompre lorsqu'une réalité ne parvient même plus à engendrer une image d'elle-même[1].

Le vocabulaire du modèle, de ses images ou de ses copies est bien évidemment platonicien. Plus précisément, Plotin s'appuie sur deux sortes de leçons et de textes platoniciens. Ceux qui, dans les livres II-III puis X de la *République*, disqualifient une certaine imitation poétique au motif qu'elle peut être une mauvaise imitation de bons modèles ; et ceux qui, dans le *Sophiste* comme dans le *Parménide* et le *Timée*, décrivent la « participation » en termes de modèles et d'images, faisant des choses sensibles des images ou des copies des Formes intelligibles. Dans les deux cas, ce n'est pas tant une relation d'image à modèle qui occupe Platon, que des rapports d'imitation au travers desquels des réalités se modifient ou se constituent en imitant des modèles ; de telle sorte que le rapport de copies sensibles à modèles intelligibles ne saurait se réduire à l'hypothèse d'une simple duplication iconique. Sans traiter ici de Platon, on peut au moins signaler combien Plotin lui est fidèle lorsqu'il retrouve les difficultés relatives à la ressemblance et à la participation, et qu'il entreprend de les résoudre au moyen des concepts forgés par Platon. Ces derniers, et notamment ceux de ressemblance (εἰκών), d'image (εἴδωλον), d'imitation (μίμησις) ou d'assimilation (ὁμοίωσις), jouent un rôle déterminant dans les traités.

DE L'IMAGE À L'IMITATION : L'ÂME ET LA PARTICIPATION

Le vocabulaire de l'image, bien que les traductions ne le rendent pas toujours, est loin d'être homogène. Les termes grecs sont beaucoup plus nombreux que leurs équivalents les plus communs, « image » ou « copie », et ces derniers ne sauraient donc prétendre désigner autre chose que des genres, au sein desquels il faut encore spécifier les différentes manières dont un principé peut ressembler à son principe. À cet effet et avant tout, on doit noter que Plotin distingue toujours les rapports de ressemblance ou d'imitation des objets qui en résultent, selon qu'il traite du rapport que le principé entretient avec son principe (un rapport d'imitation ou de

1. On doit insister sur le fait que le vocabulaire de l'image et celui de l'imitation ne sont pas simplement les compléments de celui de l'illumination. La μίμησις, qui est une activité, complète aussi bien et d'emblée la métaphore du mouvement des principes les uns autour des autres : voir par exemple 47 (III, 2), 3, 25 *sq.*, qui assimile la station ou le mouvement circulaire du principé autour de son principe à une imitation.

ressemblance), ou bien de la nature même de ce principé (qui est alors désigné comme une imitation ou une image). La distinction s'impose, car elle permet d'apercevoir que le rapport de ressemblance est aussi bien à l'initiative du principé que du principe. Comme on va le souligner, le premier n'est pas simplement une copie produite à l'image de son producteur, mais il est aussi bien l'agent et la cause de cette ressemblance [1]. On doit ensuite noter que le vocabulaire de la ressemblance ou de l'image regroupe sans les confondre deux familles terminologiques distinctes, selon que Plotin qualifie le principé d'image du principe, ou bien qu'il le désigne comme une imitation de celui-ci. Par commodité, on dira donc de la première famille qu'elle est « iconique » et de la seconde qu'elle est « mimétique ». L'exemple privilégié de l'Âme va nous donner l'occasion de préciser toute l'importance de cette nuance.

Lorsque Plotin évoque le rapport iconique qui fait du principé une représentation ressemblante de son principe, il emploie les termes d'εἴδωλον (l'image, au sens large), d'ἴνδαλμα (l'image, au sens de l'apparence ou du souvenir [2]), ou encore d'ἴχνος (la trace, l'empreinte [3]). Chacun de ces termes désigne donc à sa façon la réalité principée comme l'image de son principe. Selon les circonstances ou l'objet de l'argument, Plotin insistera sur le rapport d'image à copie (εἴδωλον, dont l'usage est le plus abondant) qui lie le principé au principe, ou bien sur le fait que le premier est à la ressemblance du second comme une image différée, un souvenir qui le rappelle (ἴνδαλμα en ce cas), ou bien enfin sur le fait que le principé n'est pas séparé du principe, mais qu'il en conserve une trace ou qu'il en est lui-même la trace (ἴχνος donc [4]). Ces cas de ressemblance relèvent enfin tous du genre de la *ressemblance* que désigne le terme là encore générique d'εἰκών. Chacun de ces termes est employé afin de désigner chacune des choses engendrées, et non pas les seules réalités véritables. Sans énumérer tous les textes pertinents (les principaux d'entre eux sont répertoriés par P. Aubin), on peut au moins faire remarquer que les traités auront dit tour à tour de l'Intellect, de l'Âme, des formules rationnelles (les λόγοι), des corps et même de la matière, qu'ils sont les images de leur principe

1. Tout comme c'était la leçon du Fr. 16 de Numénius, cité, *supra*, p. 35.

2. Et en ce sens particulier et fort où la perception d'un objet sensible peut nous permettre de nous remémorer, il s'agit de la réminiscence platonicienne, l'intelligible qui est sa cause.

3. Voir notamment 30 (III, 8), 11, 21, où l'Intellect est désigné comme la trace de l'Un-Bien. Le terme est courant, comme on le rappellera, *infra*, « La trace du principe », p. 110-113.

4. L'Âme est et reçoit une trace de l'Intellect, qui lui-même est et reçoit une trace de l'Un ; voir par exemple 38 (VI, 7), 17, et de nouveau, *infra*, la discussion des pages 110-113.

respectif[1]. Parmi d'autres très nombreuses, on ne citera que ces remarques du cinquième traité, qui entreprend alors d'expliquer comment l'âme « descend » dans un corps, et comment au juste elle s'y « divise ».

> Ainsi en va-t-il des puissances qui se trouvent dans les semences (ἐν τοῖς σπέρμασι δυνάμεις) : chacune d'elles est une raison unique, qui forme un tout avec les parties qu'elle contient. Elle a ce qui est corporel pour matière (tout ce qui est humide par exemple), mais elle est en elle-même une Forme, un tout et une raison identique à la Forme qui engendre et qui se trouve dans cette âme qui est l'image (ἴνδαλμα) d'une autre âme meilleure. Cette âme qui est dans les semences, et que certains appellent "nature", est venue de là-bas, des réalités qui lui sont antérieures, tout comme la lumière vient du feu ; elle transforme la matière et l'informe, non pas en la manœuvrant ni en se servant de ces leviers dont on parle tant, mais en lui faisant part de ses raisons. 5 (V, 9), 6, 15-24[2].

La séparation est si tranchée entre ces deux natures, psychique et somatique, que leur liaison paraît plus qu'improbable. D'autant que l'âme ne descend pas réellement dans les corps. C'est bien plutôt quelque chose d'elle-même, une image d'elle-même, qui s'y trouve. On paraît rencontrer là une complexité supplémentaire, mais c'est une difficulté dont l'examen va au contraire permettre à Plotin de donner une explication non seulement de la manière dont l'âme s'incorpore, mais aussi de la participation du sensible à l'intelligible. Plotin soutient que l'Âme, toute âme, conserve son unité et son identité initiales, c'est-à-dire reste unie à toutes les autres âmes dans l'intelligible, où toutes les âmes n'en forment qu'une. Au sens strict, ce n'est donc pas l'Âme qui descend dans le sensible pour informer la matière, ce sont ses « raisons », ses « formules rationnelles », qui accomplissent cette mise en forme[3].

Une lecture sommaire des premiers traités que Plotin consacre à l'Âme devrait suffire à donner une idée du statut particulier que cette dernière occupe au terme de la procession intelligible et au seuil du sensible dont elle

1. Voir I. Koch, *thèse citée*, dont le troisième volume propose une indispensable revue de tous les usages plotiniens du vocabulaire de l'image et de l'imitation, p. 493-518.

2. Trad. F. Fronterotta. Plotin objecte ici à l'hypothèse matérialiste selon laquelle la formation du monde serait le résultat d'une action mécanique. Le terme de levier est aristotélicien (*Physique*, VIII, 6, 259b20).

3. Sur cette information rationnelle et médiate de la matière, voir de nouveau l'article cité de L. Brisson auquel nous empruntons l'expression « formules rationnelles ». On rappelle donc, avec le traité 12, que « si la corporéité est une raison, elle est différente de la matière » (λόγος ἡ σωματότης, ἕτερος αὐτῆς) ; 12 (II, 4), 12, 35, dans la traduction de R. Dufour, dont la note *ad loc.* renvoie au développement de 37 (II, 7), 2 et 3.

est la cause[1]. Elle nous permettra de surcroît de mesurer, avec davantage de précision, l'importance que revêt l'activité mimétique dans la constitution de cette réalité véritable particulière qu'est l'Âme.

Dans le traité 2 (IV, 7), *Sur l'immortalité de l'âme*, Plotin entend justifier l'hypothèse platonicienne selon laquelle c'est l'âme qui définit l'homme, et l'hypothèse subséquente selon laquelle le corps est l'instrument de l'âme immortelle qui le gouverne. Avant de proposer sa propre définition de l'âme[2], il choisit de passer en revue et de réfuter celles qu'en ont données les principales écoles philosophiques. Ainsi dénonce-t-il les incohérences de la plupart de ses prédécesseurs pour en conclure à la nature incorporelle, immortelle et intelligible de l'âme. Plotin retrouve alors la leçon platonicienne du *Phédon* : l'âme est essentiellement vivante et ne peut donc être sujet à la mort (102a-105e[3]). Mais il lui donne encore davantage de poids, en disant de l'âme qu'elle est vivante « par elle-même », et même qu'elle « existe par elle-même »[4]. L'âme se trouve ainsi désignée comme une réalité « autarcique », qui se suffit à elle-même. Elle n'a en effet besoin de rien d'autre que d'elle-même pour vivre, et son existence est entièrement indépendante de celle du corps. Elle vérifie donc à son tour, après l'Un et l'Intellect, l'axiome selon lequel une réalité véritable est cause de sa propre existence[5]. Tel n'est pas le cas du corps, qui n'est pas une réalité intelligible et qui n'est pas cause de sa propre existence : il est produit et il a besoin pour vivre d'être animé par ce qui l'a produit. L'ensemble de ce qui est corporel (ce qu'on nomme le sensible) n'existe que du fait d'une information puis d'un gouvernement intelligibles

1. Ces quatre premiers traités sont les traités 2 et 4 (IV, 7 et 2), qui constituent une seule et même enquête, puis les traités 6 et 8 (IV, 8 et 9). On s'en tiendra ici, pour l'essentiel, aux deux premiers. Plotin y examine des questions sur lesquelles il reviendra avec précision dans le long traité *Sur les difficultés relatives à l'âme* (que Porphyre a divisé en trois livres : traités 27 à 29 (IV, 3 à 5)). Ces difficultés sont toutefois et pour la plupart déjà signalées dès les traités 2, 4, 6 et 8. L'ouvrage déjà cité d'H. J. Blumenthal reste, dans l'ensemble, le guide le plus pertinent.

2. Aucune majuscule n'est ici portée au terme âme, puisque Plotin définit avant tout dans ce traité l'âme individuelle du vivant humain. Mais ce qui est dit de sa nature intelligible incorporelle et immortelle vaut toutefois pour toutes les âmes, c'est-à-dire pour l'Âme en tant que telle.

3. Sur la lecture plotinienne de cet argument du *Phédon* comme sur l'ensemble du second traité plotinien, voir D. O'Brien, « Immortal and necessary being in Plato and in Plotinus », dans *The Perennial tradition of Neoplatonism*, éd. par J. J. Cleary, Louvain, Leuven University Press, 1997, p. 39-103.

4. Au chapitre 9, dont on cite un extrait, *infra*, p. 98-99.

5. Ce qui ne va pas de soi, comme on l'avait noté, *supra*, n. 1, p. 65, puisque l'âme est produite par l'Intellect et qu'elle a besoin de lui. Nous revenons sur cette difficulté, *infra*, p. 99-102.

dont l'âme est le sujet. L'âme produit le corps (elle est la réalité intelligible qui engendre la totalité du sensible), puis elle en prend soin, puisque ce dernier ne se suffit pas à lui-même. Encore faut-il préciser que l'âme ne produit ni n'informe immédiatement la matière. Refusant le recours traditionnel et médioplatonicien au paradigme artisanal du démiurge qui travaille son matériau, Plotin introduit une distance, un intermédiaire entre l'âme et la matière : ce sont les raisons, les « formules rationnelles » (λόγοι) qui, issues de l'âme, s'avancent dans la matière pour l'informer. L'existence de ces « formules rationnelles » sert à rendre compte de la formation du monde sensible, mais aussi à justifier la bonté qui lui est propre. Si le monde sensible participe bien à l'intelligible, c'est parce que le second reçoit du premier une rationalité providentielle, qui l'ordonne et le parfait[1]. Cette raison n'est pas corporelle et immanente à la nature, comme le soutenaient les stoïciens, mais elle est la détermination que l'âme du monde impose à la matière pour lui donner forme de corps ; non pas en la travaillant, comme un artisan forge son matériau, mais en l'instruisant, comme un pédagogue forme son élève. La cosmologie comme la physique plotiniennes reposent ainsi sur la triple distinction de la matière, parfaitement indéterminée, des corps formés par les raisons de l'âme et enfin de l'âme elle-même, qui est la cause du sensible dans sa totalité.

La très nette séparation du corps et de l'âme qui résulte de ces choix doctrinaux, comme des critiques adressées aux prédécesseurs, contraint Plotin à rendre compte des rapports que peuvent entretenir deux réalités aussi distinctes. La plupart des traités qui prennent pour objet les relations de l'âme et du corps se trouvent dans l'obligation, rappelant l'hétérogénéité de leurs natures respectives, de justifier la possibilité comme les conséquences de leur union. La plus remarquable de ces conséquences tient sans doute à la manière dont l'animation et le soin des corps conduisent l'âme à se multiplier et, d'une certaine manière, à se diviser. La multiplicité des âmes individuelles est en effet la conséquence de la multiplicité des corps : c'est la diversité corporelle qui est à l'origine de la diversité psychique[2].

C'est donc la question de l'animation du corps, ou encore, de l'incorporation de l'âme, qui constitue ici la première difficulté. Plotin dit de l'animation des corps qu'elle constitue pour l'âme une « descente » (κατάβασις). Le terme convient bien sûr à la représentation verticale de la

1. Plotin s'en explique au mieux dans son long traité *Sur la providence* (47 et 48 (III, 2 et 3)). Outre l'article cité de L. Brisson, voir l'étude de R. E. Witt, « The plotinian *logos* and its stoic basis », *Classical Quarterly*, 25, 1931, p. 103-111.

2. C'est ce que Plotin démontre dans le traité 8 (IV, 9), 2 et 3.

procession qui veut que l'âme soit au-dessus du sensible qu'elle engendre, mais il a une signification éthique encore plus forte : l'animation du corps est une forme d'avilissement de l'âme, un mal pour elle. Il ne s'agit plus même d'une descente, comme Plotin l'explique pour la première fois dans le traité 6, *Sur la descente de l'âme dans les corps*, mais d'une « chute ». Le schéma d'ensemble de la procession définit l'âme comme le principe du sensible qu'elle produit et qui vient après elle. L'âme occupe donc à l'égard des corps et de la matière le rôle qu'occupait l'Intellect à son propre égard. Cette analogie s'avère sans doute insuffisante, puisqu'elle n'explique en rien que l'animation du sensible puisse être un mal pour l'âme. Que l'âme chute, en un sens qui est aussi bien éthique que local, signifie qu'elle s'est livrée à une activité que n'accomplissait pas l'Intellect, lui qui se maintient en lui-même et demeure inchangé. Ce que l'âme a fait de mal, ce qui permet de prendre la mesure du trouble à la fois cosmologique et éthique qu'induit l'animation du sensible, Plotin le trouve représenté dans le mythe platonicien du *Phèdre* qui évoque la chute de l'âme décrite comme un attelage ailé tiré par deux chevaux, le premier docile et attiré par les objets célestes, le second rebelle et attiré par les plaisirs terrestres. Plotin retient de ce mythe ses principales leçons et son vocabulaire : le *Phèdre* évoque une chute de l'âme qu'il présente, littéralement, comme une faute de conduite. Il signale également, à sa façon, une difficulté délicate : comment se fait-il qu'un même événement, cette descente de l'âme, cette chute, soit à la fois la conséquence d'une erreur mais également, en bonne part, une nécessité ? En s'appuyant sur le mythe eschatologique du *Phèdre* et sur celui, cosmologique, du *Timée*, Plotin entreprend de démontrer deux choses qui, là encore, paraissent au premier abord contradictoires : en premier lieu, que la descente de l'âme est un mal pour elle[1], que l'incorporation est une forme de privation et de trouble : « puisqu'en effet il y a deux choses qui rendent la communauté que forme l'âme avec le corps difficile à supporter : d'une part elle est un "obstacle" pour l'exercice de l'intellection, et d'autre part elle "remplit l'âme" de plaisirs, de "désirs" et de chagrins »[2]. Ce trouble

1. Plotin ne remet pas en cause le caractère mauvais de la descente de l'âme. Il discutera en revanche de son caractère volontaire. L'hypothèse qu'il défend (on comparera notamment, sur ce point, les leçons des traités 6 et 51) est celle d'une descente volontaire de l'âme qui donne lieu, involontairement cette fois, au mal.

2. 6 (IV, 8), 2, 43-46 (qui emprunte son vocabulaire au *Phédon*, 65a-b et 66c), trad. L. Lavaud. La « communauté que *forme l'âme avec le corps* » rend l'expression πρὸς σῶμα κοινωνία; elle attribue à l'âme un rôle d'agent, qui se dirige auprès du corps (c'est là sa « venue », son « arrivée » dans le corps, ἄφιξις, chap. 1, l. 41 ; voir, dans ce même chap. l. 29-30, et 28 (IV, 4), 4, 5).

n'affecte pas toutes les âmes, puisque les âmes des astres (comme l'âme du monde dans son ensemble) entretiennent avec leur corps respectif un rapport de maîtrise souverain. Reste que, chez les âmes des vivants individuels, l'incorporation signifie une privation immédiate de l'acte propre qui leur vient de son principe (la διάνοια), et l'obligation d'exercer de nouvelles activités, liées au corps. Ce sont ces activités de soin et de satisfaction des besoins corporels qui sont pour les âmes sources d'affections et de troubles. En second lieu toutefois, Plotin soutient la nécessité cosmologique de cette incorporation. Et c'est à partir des mêmes textes platoniciens qu'il affirme que la perfection du monde sensible, la beauté et la bonté de son ordonnancement, exige que tous les vivants y existent, c'est-à-dire que tous les corps soient animés [1]. Pour que le monde en tant que totalité soit parfait dans son genre, il faut donc que l'âme l'anime entièrement, que rien n'échappe à son gouvernement. En soutenant ces deux hypothèses contradictoires, la descente est une bonne nécessité mais aussi une mauvaise chute, Plotin choisit de se mesurer à une question dont il sait qu'elle a une réponse spontanée de type stoïcien. En effet, le paradoxe qu'induit l'animation du monde et des vivants pourrait être aisément déjoué si l'on affirmait que ce qui est fâcheux pour une partie du monde se révèle bon pour le monde dans son ensemble : si l'incorporation est un trouble et un mal pour chacune des âmes individuelles, elle permet toutefois que le monde soit entièrement animé, c'est-à-dire bon. Les déboires et les malheurs des âmes individuelles serviraient ainsi un ordre cosmique. Comme y insistait abondamment le stoïcien Épictète au début de ses *Entretiens*, l'événement qui peut paraître une infortune à telle parcelle de l'univers, à nous lorsque nous souffrons par exemple, a toujours sa nécessité du point de vue du tout [2]. Or, cette solution stoïcienne est précisément celle que Plotin juge à la fois facile et dangereuse, dans la mesure où elle vouerait à l'échec les âmes individuelles et, surtout, où elle les supposerait à ce point diminuées qu'elles ne seraient plus capables d'exercer l'activité dianoétique qui est pourtant leur réalité, et que l'on devrait alors

1. 6 (IV, 8), 1 *sq.*, où Plotin reprend l'argument du *Timée* selon lequel le monde sensible ne peut être parfait qu'à la condition qu'il contienne toutes les espèces de vivants qui sont dans le vivant intelligible (30c-31a).

2. Plotin fut un lecteur attentif d'Épictète, comme le montre A. Graeser, *Plotinus and the Stoics. A preliminary study*, Leyde, Brill, 1972 (les p. 82-84 repèrent les similitudes textuelles, puis les p. 112-125 comparent la façon dont Plotin et les stoïciens rendent compte de la liberté humaine).

les distinguer définitivement de ces âmes heureuses et impeccables que sont les âmes des astres ou l'âme du monde. Mais Plotin le refuse pour maintenir, à l'encontre des leçons stoïciennes et plus encore du pessimisme gnostique, que toutes les âmes restent attachées à leur principe, que toutes sont éternellement capables d'accomplir leur acte et que, d'une certaine façon, elles conservent toutes leur perfection[1]. C'est à cet effet, pour conjurer le risque inhérent à la distinction de natures psychiques distinctes et ne pas mettre en cause l'hypothèse que l'Âme est une seule et même réalité, qu'elle a une ὑπόστασις unique, que Plotin se trouve dans l'obligation d'attribuer à l'âme une « double vie », de la définir « amphibie ». À la fois une et multiple, indivisible et divisible, intelligible et cause du sensible, l'âme est décrite comme une réalité essentiellement intermédiaire et mobile. De telle sorte que les paradoxes et difficultés relatifs à sa nature ne peuvent être résolus qu'à la condition de toujours maintenir que toutes les âmes, qu'elles soient ou non attachées à un corps individuel changeant et corruptible, restent attachées à leur principe et accomplissent leur acte intellectif. La première de ces difficultés est celle de l'incorporation; elle est à la fois la plus aiguë, puisque les âmes individuelles sont celles qui ont chu, et la plus importante, puisqu'elle doit permettre d'expliquer la production du monde sensible et la participation du sensible à l'intelligible.

Afin de rendre compte de l'incorporation, il faut expliquer pourquoi elle est indispensable et comment elle s'effectue. En termes platoniciens, si l'âme est bien descendue *dans* les corps, il s'agit de comprendre comment une âme peut être dans un corps : que signifie pour elle ce *dans*[2]? Comme on l'a signalé pour commencer, la question de l'incorporation peut paraître viciée dans la mesure où Plotin soutient que le corps est déjà lui-même l'œuvre de l'âme[3]. L'âme est la cause de l'existence du corps, puisque ce sont des raisons (λόγοι) et des actes de l'âme qui ont informé la matière, de telle sorte que le corps est d'emblée un composé de matière et de forme[4]. Si

1. La démonstration de la perfection de toutes les âmes est produite dès le traité 6 (IV, 8), plus particulièrement au chap. 5.

2. C'est l'une des premières questions traitées dans le *Plotinus' psychology* d'H. J. Blumenthal, dès son introduction que nous suivons ici.

3. Voir encore 2 (IV, 7), 3-4, ou 22 (VI, 4), 15. Outre l'étude citée d'H. J. Blumenthal, on peut s'en remettre aux deux premiers chapitres de l'*Introduction aux* Ennéades de D. J. O'Meara.

4. Outre le traité 2, voir par exemple 5 (V, 9), 3, où Plotin affirme que tout corps, qu'il s'agisse des corps composés ou déjà des quatre corps premiers à partir desquels tous les autres sont composés, est toujours un composé de matière et de forme (μορφή aussi bien qu'εἶδος). Cette forme, cette détermination qui est la vie même, est donnée par l'âme.

l'argument plotinien peut alors sembler absurde, c'est parce qu'il paraît affirmer que l'âme est troublée par son attachement à ce corps qui est pourtant déjà de nature psychique. Afin de dissiper le malentendu, il faut bien admettre une distinction initiale entre deux âmes et supposer que les âmes qui s'incorporent dans les corps individuels ne sont pas celle dont les raisons, les formules rationnelles, ont donné existence aux corps (cette dernière est l'âme du monde, ou plutôt, la dernière des puissances de l'âme du monde, que Plotin nomme « nature »[1]). La production du monde sensible résulte alors d'une double opération psychique : l'âme du monde informe l'ensemble des corps individuels, et des âmes individuelles sont attachées, pour en prendre soin et les conduire, à chacun d'entre eux. Mais qu'il y ait deux « sortes » d'âmes qui accomplissent deux opérations distinctes n'implique pas selon Plotin qu'il faille distinguer deux natures psychiques. C'est plutôt à une même nature qu'il faut reconnaître une double aptitude, selon l'opération qu'elle accomplit. Plotin insiste tout particulièrement sur ce point, en disant de l'Âme qu'elle est intelligible et indivisible, ce qui signifie qu'elle reste une et identique à elle-même en dépit de la diversité des âmes, et que cette diversité est une divisibilité relative à la nécessité d'animer des corps divisés, des corps qui existent séparément les uns dans les autres : si l'on dit de l'Âme qu'elle est « divisible », c'est parce qu'elle est « divisible dans les corps », comme l'indique le traité 21 (IV, 1), *Comment l'on dit que l'âme est intermédiaire entre la réalité indivisible et la réalité divisible* :

> C'est dans le monde intelligible que se trouve la réalité véritable (ἡ ἀληθινὴ οὐσία) ; l'Intellect est ce qu'il y a de meilleur en lui, mais les âmes aussi s'y trouvent, car c'est parce qu'elles viennent de là-bas qu'elles se trouvent ici aussi. Ce monde-là contient des âmes sans corps, tandis que ce monde-ci contient des âmes qui sont venues dans des corps et qui ont été divisées dans les corps. Là-bas au contraire, l'Intellect est tout entier ensemble, sans être séparé ni divisé, et toutes les âmes sont ensemble dans le monde qui est éternel, sans connaître l'extension locale. Ainsi, l'Intellect reste toujours inséparable et indivisible, alors qu'il est dans la nature de l'âme, qui là-bas ne connaît pas le partage et se trouve dans l'indivision, d'être divisée. La division de l'âme consiste en effet à s'éloigner et à venir dans les corps. C'est pourquoi l'on dit à juste titre

1. Plotin la définit ainsi et notamment en 28 (IV, 4), 30-45 ou en 30 (III, 8). De façon générale, voir la présentation qu'en donne J. Laurent, *Les fondements de la nature selon Plotin*, éd. citée, p. 196-226.

qu'elle est "divisible dans les corps" [1], puisque c'est ainsi qu'elle s'éloigne et se divise.

— Mais alors, en quel sens reste-t-elle aussi indivisible ?

— C'est qu'elle ne s'est pas éloignée tout entière, mais que quelque chose d'elle-même, dont la nature n'est pas divisible, ne s'en est pas allé. Les mots "de l'indivisible et de ce qui est divisible dans les corps" veulent donc dire que l'âme est faite de cette réalité qui est là-haut et qui reste attachée là-haut, même si elle s'est écoulée jusqu'ici, comme un rayon dérive du centre. Mais, lorsqu'elle arrive ici-bas, elle voit avec cette partie, de sorte qu'elle assure la sauvegarde de sa totalité[2]. Car même ici-bas elle n'est pas seulement divisible, mais elle est aussi indivisible ; car cette part d'elle-même qui est divisée se divise de façon indivisible : puisqu'elle se donne tout entière au corps tout entier, elle n'est pas divisée, mais elle est divisée en tant qu'elle est dans toutes les parties du corps. 21 (IV, 1).

On comprend ainsi mieux, rétrospectivement, que Plotin puisse s'inspirer de la troisième hypothèse du *Parménide* de Platon et dire de l'Âme qu'elle est « une et plusieurs » : elle est une comme réalité produite par cette unité indivisible qu'est l'Intellect, et elle est plusieurs et divisible, dans la mesure et dans la mesure seulement où elle s'incarne dans ces réalités multiples et divisées que sont les corps. Le caractère divisible n'est donc pas une caractéristique substantielle, mais une aptitude fonctionnelle. Il en va de même de la multiplicité psychique, qui est le fait de la descente et de la multiplication dans les corps : c'est une seule et même réalité qui forme le corps du monde, puis qui démultiplie sa puissance rationnelle afin d'animer et de conduire chacun des corps individuels qui sont dans le monde. On peut du reste ajouter que, « dans » le sensible, dans les corps devenus vivants, ce n'est finalement pas l'âme elle-même qui « descend ». C'est quelque chose de l'âme qui apporte au corps la détermination intelligible qui le définit. Conformément à la qualification « iconique » de la procession, c'est une *image* de l'âme qui se trouve dans le sensible, et non l'âme elle-même[3]. Il en va de la sauvegarde de l'hypothèse de la

1. περὶ τὰ σώματα μεριστή, selon l'expression platonicienne du *Timée*, 35a1-3 (que Plotin cite de nouveau dans la phrase suivante), qui expliquait comment l'âme (du monde dans un premier temps) avait été fabriquée par le démiurge divin à partir d'un mélange qui comportait une part de réalité divisible et une part de réalité indivisible.

2. Le texte de cette phrase est incertain, peut-être corrompu (nous le notons avec davantage de détail dans notre traduction du traité 21, note *ad loc.* de *Traités 7-21*), et l'on peut hésiter entre deux lectures, selon que ce qui est sauvegardé par l'âme est le tout (le monde), ou bien sa propre totalité, qui est ainsi préservée en dépit de la descente.

3. La question est bien traitée par H. J. Blumenthal, *op. cit.*, p. 15 *sq.*

participation. C'est ce que souligne cette autre remarque du traité 5 (V, 9), qui dit du monde sensible, corporel, que :

> puisqu'il participe à des images (ἰνδαλμάτων μετέχον), [il] montre que les choses qui sont diffèrent de leurs images; elles sont immuables tandis que leurs images changent; elles restent en elles-mêmes; elles n'ont pas besoin de lieu car elles ne sont pas des grandeurs, et elles ont une existence intellectuelle qui leur suffit (νοερὰν καὶ αὐτάρκη ἑαυτοῖς ὑπόστασιν ἔχοντα). En effet, la nature des corps veut être conservée par quelque chose d'autre. 5 (V, 9), 5, 42-46[1].

Les choses sensibles ne sont donc pas simplement les reflets ou les images que l'intelligible projetterait dans la matière pour l'informer; il faut, soutient Plotin, leur reconnaître une vie propre. Les produits manifestent à l'égard de leur principe un désir ou une initiative dont leur simple statut d'image ne rend qu'imparfaitement compte. Comme on le sait, chaque réalité aspire à retrouver son principe afin de s'y unir, mais il ne s'agit pas même de cela ici; bien plutôt, c'est une condition de la procession plotinienne qui est en jeu. Celle-ci suppose une participation qu'on peut dire active du principé à la ressemblance qu'il entretient avec son principe : le premier montre pour le second un désir comme un besoin qui sont la cause d'une imitation, d'une tentative d'assimilation. La relation en quoi consiste la procession ne prend donc pas, ou pas seulement, la forme d'une projection iconique. Si le principe est « présent » dans le principé, c'est dans la mesure où ce dernier « est capable de le recevoir », de telle sorte que l'initiative ou la cause de la procession n'appartient pas exclusivement au principe, mais tout autant à ce qui vient de lui et qui fait effort pour saisir ce dont il est issu, pour retrouver son géniteur.

L'examen du motif de l'imitation, dans le chapitre qui suit, permet de prendre la mesure de l'étiologie double qui caractérise la procession plotinienne : c'est en effet à la faveur d'une imitation du principe que l'image peut affermir la ressemblance qui l'apparente à l'archétype.

1. Trad. F. Fronterotta.

CHAPITRE III

LE RETOURNEMENT ET L'ASSIMILATION

La question est ainsi posée de la signification plotinienne du terme μίμησις, du processus ou des activités qu'il désigne, comme du sujet qui les accomplit. Les commentateurs, lorsqu'ils rendent compte des termes qui, dans les traités de Plotin, désignent l'imitation[1], choisissent le plus souvent de les ranger parmi ceux qui composent le lexique « iconique » qu'on a plusieurs fois évoqué, et d'inscrire ainsi l'imitation ou l'assimilation dans le vaste genre de « l'image ». Ils confondent de la sorte l'imitation et l'image, et tiennent donc que la définition de l'Intellect comme « imitation et image » de l'Un est redondante[2]. Il n'en est pourtant rien et cette

1. Il s'agit de μίμησις et de μίμημα, puis de ὁμοίωσις, de ὁμοίωμα et des formes, notamment verbales, qui sont attachées à ces substantifs. Les termes dont le suffixe est en –σις désignent aussi bien un processus (l'activité qu'est l'imitation ou l'assimilation) qu'un état (le résultat de cette imitation). Les formes neutres dont le suffixe est – μα ne désignent que l'état, le produit du processus. Qualifier une réalité quelconque de μίμημα, aussi bien que d'εἴδωλον, c'est nécessairement la qualifier comme un effet ou comme un résultat. Si la langue distingue ainsi clairement le sujet qui accomplit l'imitation et le produit de cette imitation, rien n'interdit évidemment que le sujet qui accomplit le processus, le μιμητής qui réalise une μίμησις, en soit aussi le résultat, et qu'il soit ainsi lui-même une imitation (μίμημα), comme c'est le cas d'un acteur ou encore, dit Plotin, des membres du chœur qui suivent le choryphée et l'imitent (9 (VI, 9), 8, 38-45).

2. Il s'agit bien de l'expression μίμημα καὶ εἴδωλον, qu'on trouve en 7 (V, 4), 2, 25-26 et que nous citions pour commencer, *supra*, p. 10. Les commentateurs ne voient donc pas la nécessité de distinguer entre le statut d'imitation et celui d'image. C'est du moins le cas dans l'ouvrage cité de P. Aubin, mais encore dans plusieurs études classiques ou récentes qui reposent sur cette même confusion (ainsi de la présentation citée de J. N. Deck, p. 29, ou encore et par exemple de l'ouvrage de M. Fattal, *Logos et image chez Plotin*, Paris,

confusion s'avère d'autant plus fâcheuse qu'elle mésestime un aspect décisif de la doctrine plotinienne : le sujet de l'imitation est le principé lui-même, et non le principe.

Selon qu'elle est qualifiée d'image ou d'imitation, le statut de la réalité n'est plus le même. Dans le premier cas, elle est décrite comme un effet, comme le produit ou la projection d'un modèle; dans le second, elle l'est comme un agent, comme le sujet d'une activité. Cette distinction est étiologique : l'image a pour cause le principe, son modèle, alors que l'imitation a pour cause le principé, qui imite son modèle. Tout l'intérêt, en la matière, de l'argument plotinien, tient sans doute au fait qu'il ne favorise pas de manière exclusive l'une ou l'autre de ces deux relations causales, mais qu'il cherche au contraire à les rendre compossibles, en affirmant que le principé ne devient réellement une image de son principe qu'en l'imitant et qu'en accomplissant lui-même une ressemblance qui sans cela resterait indéterminée. Du statut d'effet ou de projection de son principe, le principé acquiert celui de cause lorsqu'il se retourne vers son principe, le voit et le fait voir en l'imitant. Pour surprenant que cela puisse paraître, ce mouvement réflexif, qui s'avère être le véritable moteur de la procession, définit le principé comme le premier agent de la procession et de la participation. La μέθεξις platonicienne, telle que Plotin la conçoit, ne peut donc être comprise à la manière d'une production d'images successives qui aurait pour auteur le Premier principe lui-même, voué ainsi à produire autant d'images de lui-même qu'il y a de réalités ; elle est bien en revanche une part prise à la puissance du Premier par ce qui est issu de lui, et c'est en l'imitation de cette puissance que consiste la participation.

La réflexion du principé

Plotin insiste toujours sur le mouvement de retour sur soi que doit accomplir chaque réalité afin de se constituer elle-même. Dans le traité 11, Plotin explique ainsi comment la venue à l'existence de l'Intellect

L'Harmattan, 1998, p. 29-31, entre autres). Là encore, on peut tirer profit du relevé que propose l'étude d'I. Koch (citée *supra*, n. 2, p. 68 et n. 1, p. 71). L'examen des occurrences pertinentes permet en effet de comprendre que Plotin ne fait pas du principe le sujet de l'activité mimétique. En manquant de l'apercevoir, on en vient à soutenir la thèse erronée selon laquelle Plotin ferait du principe le sujet et l'agent de toute détermination.

après l'Un s'opère à la faveur d'un retour, de ce qu'il nomme une ἐπιστροφή[1] :

> Étant parfait dans la mesure où il ne cherche rien, il [l'Un] n'a rien et il n'a besoin de rien, il était comme surabondant (οἷον ὑπερερρύη), et sa surabondance[2] a produit une autre chose ; l'engendré se tourna vers lui (εἰς αὐτὸ ἐπεστράφη) et il en fut rempli, et, en fixant son regard sur lui, il devint l'Intellect dont nous parlons. Et sa position de repos[3] orientée vers lui produit ce qui est, tandis que la vision de lui produit l'Intellect. Car, puisqu'il est fixé à lui, afin de le voir, il devient à la fois Intellect et être. Étant donc semblable à lui, il produit de la même manière que lui (τὰ ὅμοια ποιεῖ), en épanchant une puissance multiple – il est en effet une image de lui – comme l'avait déjà épanchée ce qui le précède ; et cet acte, qui vient de la réalité existante, est le propre de l'Âme, elle qui est engendrée lorsqu'il reste en lui-même ; car l'Intellect aussi est engendré lorsque ce qui le précède reste en lui-même. 11 (V, 2), 1, 7-18[4].

Le retour, ἐπιστροφή, est indistinctement un retour du principé vers son principe et un retour sur soi, pour autant que son principe lui appartient et qu'il est bien, d'emblée, quelque chose de son principe. Comme on l'a déjà

1. Le terme est parfois rendu par « conversion », car il s'agit bien d'une conversion du regard ; mais l'usage religieux postérieur de ce terme le rend par trop ambigu. La notion d'ἐπιστροφή a suscité une abondante littérature secondaire. De manière générale, on peut se reporter à P. Aubin, *Le problème de la « conversion ». Étude sur un thème commun à l'hellénisme et au christianisme des trois premiers siècles*, Paris, Beauchesne, 1963, puis aux différentes notices que P. Hadot a consacré à cette notion, pour en exposer l'usage stoïcien et montrer comment elle acquiert, avec Plotin et pour le néoplatonisme à sa suite, une importance décisive ; voir par exemple « *Epistrophè* et *metanoia* dans l'histoire de la philosophie », dans les *Actes du XI*^e^ *congrès international de Philosophie, Bruxelles, 20-26 août 1953*, Louvain et Amsterdam, Nauwelaerts, 1953, t. XII, tome III, p. 31-36, puis les articles « Conversio(n) » de l'*Encylopædia Universalis* et de l'*Historisches Wörterbuch der Philosophie* (1971), reprise en français dans le recueil *Plotin, Porphyre. Études néoplatoniciennes*, éd. cit., p. 37-42. L'essentiel de la bibliographie plotinienne pertinente est mentionné par J. Igal, « La génesis de la inteligencia en un pasaje de las *Enéadas* de Plotino (V I. 7.4-35) », *Emerita*, 1971, 39, p. 129-157 ; la « Bibliographie plotinienne » de R. Dufour la met à jour.

2. τὸ ὑπερπλῆρες ; il s'agit à la fois un état de réplétion (de saturation), et de l'excès qui en est la conséquence, en l'espèce d'un débordement. Le substantif n'apparaît qu'ici. L'image a toutefois des antécédents platoniciens : ainsi la *République* soutient-elle que le soleil, qui est l'analogue sensible de la Forme du bien, est une puissance qui déborde pour conférer à la vue la puissance de voir (VI, 508b). La question est désormais posée, par Plotin, du contenu exact de ce qui surabonde du principe : s'agit-il de lui-même, d'une partie de lui-même ou de quelque chose d'autre que lui ?

3. « Repos » rend στάσις. Le terme désigne à la fois l'arrêt et l'état de stabilité ; il s'agit d'une « station ».

4. Trad. F. Fronterotta.

indiqué, c'est en effet en lui-même que le principé peut retrouver ce dont il procède et se reconnaître comme le produit d'un principe auquel il reste d'autant plus attaché qu'il en est l'acte et la raison. Et c'est donc bien ce retour sur son principe qui, à la manière d'un retour sur soi, constitue la réalité (οὐσία) du principé et lui donne une existence (ὑπόστασις). Il n'y a rien là qui soit déroutant; si le principe est à ce point immanent à ce qu'il produit que ce produit peut être défini comme l'acte second du principe, le retour vers le principe est nécessairement un retour à soi, une attention du principé à ce qu'il est, pour ainsi dire, principalement. Une réalité quelconque connaît ce qu'elle est en se reconnaissant comme l'acte et la raison de son principe. Ainsi de l'âme que je suis : retrancher de moi ce que je ne suis pas, ce corps, ces biens ou ces circonstances, c'est me reconnaître comme une âme issue de l'Intellect et, de ce fait, comme intelligible moi-même. Cette contemplation du principe, comme y insiste le traité 30, *Sur la contemplation*, est donc aussi bien connaissance de soi et contemplation de son principe. Mais elle est encore une production (ποίησις), dans la mesure où toute contemplation (θεωρία) est une production de forme[1]. Si une procession a lieu, si chacune des réalités véritables engendre ou produit quelque chose après elle, c'est que chacune d'elle reçoit de son principe une puissance qui lui permet d'engendrer. Il faut ici prendre la mesure de ce que recouvre exactement le thème du don dans les traités plotiniens. Si chaque principe « donne » au principé quelque chose de lui-même, s'il lui donne sa puissance, ce ne peut être sur le mode d'une transmission ou d'une donation patrimoniale. Car ce que « donne » le principe, il ne le possède pas; il ne donne rien d'autre que ce que reçoit le principé, à la mesure dont il parvient à saisir la puissance qui procède du principe. L'objet du don n'est en aucun cas le principe ou sa puissance, mais ce qui du principe et de sa puissance a été perçu et reçu par le principé. Si Plotin peut dire de l'Un qu'il « donne ce qu'il ne possédait pas lui-même »[2], c'est parce que l'Un donne l'être à ce qui vient après lui sans être lui-même, et sans être identique à ce qui vient après lui. Si l'Un donne effectivement quelque chose, ce ne peut être rien qui soit en sa possession, car il n'a ni bien ni attribut, mais ce ne peut être

1. De « Forme intelligible » (εἶδος). La question de la contemplation et de la production est traitée dans l'étude classique de R. Arnou, ΠΡΑΞΙΣ *et* ΘΕΩΡΙΑ *chez Plotin* (1921), Rome, Università Gregoriana, 1972²; R. Arnou insiste sur la dimension transitive de la production plotinienne. Ce-faisant, il néglige sans doute le rapport à soi qu'implique, pour le producteur, l'activité productrice. C'est l'une des raisons pour lesquelles il me paraît important d'insister particulièrement sur la *réflexion* que suppose la contemplation, qui est un rapport à soi proprement constitutif de soi.

2. 38 (VI, 7), 15, 20.

non plus lui-même, comme s'il se transmettait ou se diffusait, car alors la distinction ne pourrait plus être établie entre l'Un et ce qui vient après lui. Or c'est précisément là l'une des objections que Plotin paraît adresser à la manière dont ses prédécesseurs avaient conçu la procession des premiers principes. Plus précisément encore, il est possible que Plotin réfute ici la doctrine de Numénius. Ce dernier, si la citation qu'en donne Eusèbe est exacte, avait qualifié la première étape de la procession en ces termes :

> *Ensuite, à nouveau, sur la manière dont la seconde cause est sortie de la première, il* [Numénius] *s'exprime ainsi* : Tout ce qui, par un don, passe au donataire, provenant du donateur (par exemple des esclaves, des richesses, du métal ciselé ou monnayé), tous ces biens sont donc mortels et humains; divins, au contraire, sont ceux qui, transmis de là-haut ici-bas, ne sont pas partis de là-haut : arrivés ici, ils ont profité au donataire sans léser le donateur (...). C'est ainsi qu'on peut voir une lampe allumée à une autre lampe et porteuse d'une lumière dont elle n'a pas privé la source : sa mèche a seulement été allumée à ce feu : donnée et reçue, elle reste chez le donateur tout en appartenant, identique, au donataire. Fr. 14[1].

Lorsque l'Un est nommé Bien, sans doute l'argument plotinien devient-il encore plus clair : si le Bien est le bien auquel aspirent toutes choses, tout comme il est, en elles, la cause et l'origine de leur bonté, on ne peut pourtant lui attribuer une bonté dont on supposerait qu'il la confère à ce qui vient après lui. Comme l'affirme le traité 32, l'Un « est le Bien et non pas un bien, puisqu'il ne possède pas même le bien en lui-même »[2]. On doit comprendre que le Bien n'est tel que pour ce qui, après lui, le contemple, et qu'il n'y a de bien que pour celui qui reçoit de l'Un une puissance d'être. La donation de bonté depuis l'Un s'accorde alors à l'hypothèse de l'épuisement progressif de la procession, dans la mesure où ce qui est donné par le principe n'est pas sa propre puissance, mais la part de celle-ci que le principé parvient à saisir. C'est ici, de nouveau, la formule plotinienne de la participation qui se précise, à la manière d'une réception relative de puissance[3]. Une réception relative, car c'est bien le principé qui est la mesure

1. Le texte est celui que donne Eusèbe, *Préparation évangélique*, XI, 18, 538c1-d8, puis d11-539a1 (l'introduction en italiques est celle d'Eusèbe) ; trad. É. des Places, déjà citée.

2. 32 (V, 5), 13, 1-2.

3. J.-L. Chrétien l'explique ainsi : « Il n'y a de don que par la réception, et cette réception de soi par soi est un écart irréparable qui nous fait nous distinguer de lui » : « Le Bien donne ce qu'il n'a pas » (1980), dans *La Voix nue*, Paris, Minuit, 1990, p. 259-274, ici, p. 265. Plotin décrit en effet une réception de « soi par soi », puisque le principe ne donne rien qui lui soit propre, mais qu'il donne seulement « à l'autre que lui-même d'être lui-même », comme le

du don, et c'est une certaine aptitude à recevoir la puissance de ce qui le précède qui le définit, qui détermine l'existence spécifique qui est la sienne et la nature de ce qu'il produit lui-même à sa suite. La question de l'objet ou de la nature exacte du don n'est pas encore tranchée; si le principé est bien lui-même ce qu'il reçoit, s'il est bien à la mesure de ce qu'il reçoit, le contenu comme le mode de cette réception méritent une explication plus précise. Avant de la demander à Plotin, on doit d'abord prendre acte de l'importance que revêt à ses yeux cette définition du don de puissance comme « réception relative » de la puissance du principe. Elle est sans doute d'autant plus déterminante qu'elle éclaire enfin la formule encore vague selon laquelle une réalité est « la raison et l'acte » de son principe. En effet, si la donation d'existence est à la mesure de l'aptitude du principé à recevoir la puissance de son principe, c'est bien parce que cette aptitude prend la forme d'une contemplation et d'une production.

Le principé, qui est défini par cette activité, contemple un principe dont il ne parvient pas à saisir la puissance autrement qu'en produisant des représentations de cette puissance. Si la fin d'une réalité quelconque est bien de s'unir à son principe, cette union ne lui est pas donnée; ce qui est d'abord donné à chaque réalité, c'est une puissance qui la constitue mais dont elle ne peut d'emblée prendre la mesure autrement qu'en la recevant et la pensant partiellement, de façon compréhensive ou discursive[1]. Si Plotin dit de la

note encore J.-L. Chrétien, avant de conclure que le motif plotinien de la donation ne saurait être conçu sur le mode chrétien du don de soi de la divinité : le don plotinien n'est pas une diffusion de soi. J.-L. Chrétien veut voir dans cette « donation » plotinienne l'un des traits caractéristiques de ce qu'il nomme une « hénologie négative », dont l'envers, ou aussi bien le corrélat, serait la « générosité » de l'Un. La modification du schéma participatif médioplatonicien, tel qu'il est conçu par Numénius, rend toutefois compte avec davantage de précision de ce qui est en jeu ici : le caractère non-immédiat de cette « donation » et son contenu. Il convient en effet de noter que la formule plotinienne implique (temporellement) une succession, et que le texte ne dit pas du Bien qu'il « donne ce qu'il n'a pas », mais bien qu'il donne ce qu'il « n'avait pas » (ou ne « possédait pas », μὴ εἶχεν, qui n'a donc pas la même signification que l'expression μὴ ἔχειν, qu'on trouve par exemple en 32 (V, 5), 13, 2, où le présent désigne cette fois le seul niveau de l'Un). En l'occurrence, ce que le Bien donne à l'Intellect, c'est une puissance, celle de produire des Formes (38 (VI, 7), 15-16). Cette puissance est bien issue de l'Un (*id.*, ligne 15 : ἐξ ἐκείνου), et elle produit ce qui n'existait pas dans l'Un. C'est en y introduisant ces précisions que Plotin corrige le schéma médioplatonicien, en maintenant que toutes choses proviennent du Premier et qu'elles sont toutes produites *à partir de lui*, sans l'être toutefois *par lui*.

1. La puissance est toujours comprise par Plotin comme une puissance de produire, une puissance productrice (δύναμις κατὰ τὸ ποιεῖν / ποιοῦσα δύναμις); par exemple, 25 (II, 5), 1, 25; 33 (II, 9), 4, 16. J.-M. Narbonne, dans son commentaire à sa traduction du *Traité 25*, Paris, Cerf, 1998, éclaire les modifications que Plotin fait subir à la terminologie aristotéli-

contemplation qu'elle est une production, c'est précisément parce que la contemplation du principe exige du principé qui s'y livre qu'il puisse intelliger, sinon objectiver ce qu'il contemple. Qu'il s'agisse de la contemplation de l'Un par l'Intellect ou de la contemplation de ce dernier par l'Âme, celle-ci n'est d'abord possible qu'à la condition que la puissance reçue soit intelligible au principé qui la reçoit.

Il faut que le principé, comme Plotin le dit à propos de l'Âme, puisse comprendre ce qu'il reçoit, qu'il possède réellement ce qui lui est donné[1]. Et c'est bien pour y parvenir que le principé objective ce qu'il contemple, qu'il fait exister ce qu'il conçoit et tente de saisir ainsi son principe, à la mesure de ses propres moyens. Qu'il s'agisse de la compréhension intuitive de l'Intellect (la νόησις) ou de la pensée discursive de l'Âme (la διάνοια), c'est en produisant une Forme ou une raison (λόγος) que le principé pense son principe : l'Intellect pense l'Un en multipliant les formes intelligibles ; l'Âme pense chacune des formes intelligibles qui sont en l'Intellect en produisant les choses sensibles[2]. Et c'est finalement pour cette raison que Plotin ne confond que de manière générique les termes de contemplation et de production. La production diffère en effet spécifiquement de la contemplation, dans la mesure où elle n'en est qu'une forme affaiblie, que l'expédient : c'est bien à défaut de pouvoir saisir et comprendre telle quelle la puissance qui surabonde du principe que le principé produit.

Dans le traité 30 (III, 8), Plotin établit ainsi une gradation des activités du principé, selon qu'il contemple parfaitement le principe au point de s'unir à lui[3], ou bien qu'il ne le contemple qu'imparfaitement (en produisant des Formes à la mesure de sa compréhension), ou bien enfin qu'il tente

cienne de la puissance (voir p. 43, n. 20, qui renvoie au développement de 49 (V, 3), 15 où Plotin dira de l'Un qu'il est « puissance de toutes choses »).

1. Voir 30 (III, 8), 6.

2. Ce qui signifie très exactement que c'est afin de penser le « cheval intelligible » (la forme intelligible du cheval) que l'âme produit des chevaux sensibles ; et de la même façon, c'est parce qu'elle ne saisit que discursivement la multiplicité intelligible qu'est l'Intellect que l'Âme produit les choses sensibles les unes à part des autres (voir 2 (IV, 7), 13). L'Âme produit ainsi, au moyen de ses raisons (λόγοι), une multiplicité de choses d'espèces différentes (le *Phèdre* de Platon, dont Plotin se souvient, disait du corps que, à la différence de l'âme, il comptait plusieurs espèces ; πολυειδές, 271a6), alors que les choses produites par l'Intellect sont toutes de même espèce. Ce dernier constat paraît devoir impliquer, la question est difficile, que l'Âme soit au nombre des Formes engendrées par l'Intellect. Le traité 49 se mesure à cette difficulté et définit l'Âme (ce qui en elle n'est pas « descendu ») comme un acte intelligible (49 (V, 3), 9, et voir sur ce point les remarques de B. Ham à sa traduction du traité : Plotin, *Traité 49*, Paris, Cerf, 2000, notamment p. 170-182).

3. Ce qui abolit alors la contemplation : 9 (VI, 9), 11, 34-35.

de les produire sans y parvenir (Plotin dit alors qu'il « agit »)[1]. On peut ensuite distinguer des degrés de contemplation, qui correspondent chacun à un mode d'existence, mais aussi à une dégradation « iconique » de la contemplation : la contemplation qu'accomplit une réalité quelconque n'est toujours qu'une image affaiblie, vague, de la contemplation que réalise son principe. Que toutes choses contemplent les rend homogènes, mais la dégradation successive de leurs contemplations respectives les distingue, jusqu'à ce point où la contemplation n'est plus même possible : l'obscurité matérielle[2].

La procession n'est donc pas simplement une sorte de diffusion dynamique de puissance, comme on a le tort de parfois l'y réduire, mais elle est une réflexion successive. Qu'est-ce qui peut autoriser Plotin à soutenir que ces deux activités apparemment hétérogènes, la contemplation et la production, n'en font qu'une? Tout simplement que « produire, c'est faire advenir une Forme »[3]. Ce qui est produit, c'est de l'intelligibilité ; produire des Formes, c'est se donner les objets et les moyens de la puissance dont on est issu.

Lorsque Plotin évoque la manière dont l'Intellect contemple les Formes intelligibles, c'est pour rappeler que ces dernières sont effectivement semblables à l'Un qu'est le Bien, mais qu'elles ne sont ni le Bien, ni même dans le Bien. C'est en lui-même que l'Intellect contemple ces Formes, c'est à se contempler lui-même comme une certaine image multiple du Bien que l'Intellect existe comme tel. Nous citons de nouveau le chap. 15 du traité 38 (VI, 7) :

> Elles [les Formes] vinrent à lui [l'Intellect] non pas telles qu'elles étaient là-bas, mais comme il les a acquises. Certes, le Bien est principe, et c'est à partir de lui que ces Formes se trouvent dans l'Intellect. Mais c'est l'Intellect qui produit ces Formes sous l'influence du Bien. Car il n'est pas permis que l'Intellect, regardant vers le Bien, ne pense rien, ni non plus qu'il pense les choses qui sont déjà dans le Bien; sinon, en effet, l'Intellect ne pourrait pas les engendrer. Il a donc reçu du Bien une

1. Voir surtout 30 (III, 8), 3-7 (et la lecture qu'en propose l'étude citée de R. Arnou, p. 27 *sq.*).

2. On peut à bon droit qualifier la contemplation d'activité générique, qui se distingue en différentes espèces, selon que le principé contemple son principe tel qu'il est (auquel cas la contemplation est donc la véritable union), ou bien simplement de manière partielle (ce sont alors des degrés différents de contemplation et de production « de second ordre », dit 9 (VI, 9), 11, 21), ou bien encore n'y parvient pas (auquel cas il agit simplement, ou bien enfin, comme c'est le cas de la matière, n'a plus aucune activité).

3. 30 (III, 8), 7, 21-22 ; et la remarque de 49 (V, 3), 15, 32-35.

puissance d'engendrer et de se rassasier de ses propres rejetons, le Bien lui donnant ce qu'il ne possédait pas lui-même. Mais de l''un' qu'est le Bien, vient la multiplicité qu'il y a dans l'Intellect, car ce dernier était incapable de retenir la puissance qu'il essayait de recevoir; il la fragmenta, et fit une unité de cette multiplicité, de telle sorte qu'il puisse ainsi la supporter partie par partie. 38 (VI, 7), 15, 13-22.

Les différentes leçons de ce texte plusieurs fois cité composent donc la thèse suivante : la puissance de produire n'est pas transmise du principe au principé, car le second ne parvient pas à la supporter ou à la saisir, mais elle est donc reçue, dans la mesure du possible, et cela au moyen d'une production. Si l'Intellect « multiplie » la puissance qu'il reçoit du Bien, c'est parce qu'il ne parvient pas à la recevoir d'emblée tout entière. Et il en va de même pour l'Âme à l'égard de l'Intellect. Plotin soutient donc que le principé ne reçoit pas la puissance du principe comme une faveur qui lui conférerait à son tour une puissance d'engendrement identique, mais qu'il est au contraire contraint de produire pour concevoir ce qui lui est donné. La procession suppose, de la part du principé, une appropriation de la puissance de son principe, qui est indistinctement une transformation et un affaiblissement de cette puissance. C'est une aptitude ou une capacité (une δύναμις) que donne le principe, et il revient au principé de la déterminer, c'est-à-dire de se déterminer lui-même.

Participer, dans la mesure du possible

La procession plotinienne, et c'est la raison pour laquelle une représentation continue ou linéaire la manquera toujours, est un processus double, qui associe le don de puissance dont le principe est le sujet et la réception de cette puissance, dont le sujet est cette fois le principé[1]; d'un sujet à l'autre, du donateur au bénéficiaire, la nature même de cette puissance a changé. Si l'on représente en extension et chronologiquement ce processus, comme Plotin ne l'autorise que par défaut, la procession doit donc être figurée comme un mouvement en deux temps. D'abord, quelque chose procède ou surabonde depuis le principe, et ensuite seulement, à la

1. C'est là un motif d'embarras pour Plotin, qui entend à la fois défendre la continuité de la procession et accuser en même temps la différence qui existe entre les réalités successives; le traité 11 (V, 2), 2 présente cette difficulté, qui est examinée par J. Bussanich, *The One and its relation to Intellect*, Leyde, Brill, 1988.

faveur d'un retournement, ce qui a été produit devient une réalité, acquiert une existence (ὑπόστασις). C'est dire qu'une condition est exigée afin qu'un produit devienne autre chose qu'un produit, devienne une réalité véritable définie par l'acte qu'est la contemplation du principe. Cette condition, Plotin la nomme μίμησις, en expliquant que le produit d'un principe peut participer de son principe, recevoir quelque chose de sa puissance, à la condition qu'il parvienne à se rendre semblable à lui ; ce qui est engendré ne peut devenir « l'acte et la raison » de son géniteur qu'en l'imitant, autant que cela lui est possible [1]. Il s'agit là de la formule même de la procession plotinienne, c'est-à-dire aussi bien de la façon dont le platonicien Plotin se réapproprie l'hypothèse de la participation. Elle trouve sa première justification conséquente dans le sixième traité, *Sur la descente de l'âme dans les corps* :

> Si donc il est nécessaire qu'il n'y ait pas qu'une seule chose – car alors toutes choses resteraient cachées puisqu'elles n'ont pas de forme en l'Un, aucun être n'existerait, car l'Un resterait en lui-même, et il n'y aurait pas la pluralité de ces êtres nés de l'Un, de sorte que n'existerait pas après eux la procession des êtres qui ont reçu le rang d'âmes – de la même manière, il ne faut pas qu'existent seulement des âmes, sans que les objets qu'elles font naître ne deviennent visibles, s'il est vrai qu'en chacune existe par nature la capacité de produire ce qui est après elle et de se développer en allant, comme une semence, d'un principe indivisible vers un état final, qui est l'objet sensible. D'un côté, ce qui vient en premier demeure toujours à la place qui lui est propre [2], de l'autre, ce qui vient après lui est d'une certaine façon engendré par une puissance indicible qui est dans le principe supérieur et qui ne doit pas s'immobiliser, comme bornée par la jalousie, mais qui doit avancer toujours, jusqu'à ce que toutes choses atteignent l'ultime limite possible fixée par cette puissance immense qui envoie ce qui vient d'elle vers toutes choses et qui ne peut rien laisser qui ne participe à elle-même. Car il n'y a en vérité rien qui empêche n'importe quelle chose de prendre part à la nature du bien à la mesure de ce qu'elle est capable de recevoir. Soit donc la nature de la matière est éternelle, et il n'est pas possible qu'elle ne participe pas, puisqu'elle est, à ce qui pourvoit au bien de toutes choses selon ce que chacune est capable de recevoir. Soit sa naissance suit nécessairement des causes qui la

1. La participation est donc sous condition; Plotin emploie couramment deux expressions pour le souligner, selon que la participation (l'imitation) a lieu « autant que cela est possible », « autant que le principé en a la puissance » (καθ' ὅσον (δύναται)), ou bien « dans la mesure du possible », « de sa puissance » (εἰς δύναμιν) ; voir 33 (II, 9), 3, 3.

2. La formule est courante ; voir par exemple 11 (V, 2), 2, 1-2.

précèdent, et pas même dans ce cas il n'est nécessaire qu'elle soit séparée, comme si ce qui, par une sorte de grâce, lui donne l'existence s'arrêtait, par incapacité à aller jusqu'à elle. Ce qui est le plus beau dans le sensible est donc la manifestation des meilleures choses dans l'intelligible, de leur puissance et de leur bonté, et tout est solidaire pour toujours, les réalités intelligibles et les réalités sensibles, les unes existant par elles-mêmes, les autres recevant leur existence par participation aux premières, en imitant la nature intelligible dans la mesure où elles le peuvent. 6 (IV, 8), 6[1].

On trouve formulé ici l'un des axiomes de la procession plotinienne[2], selon lequel chaque chose reçoit donc ce qu'elle est capable de recevoir et autant qu'elle en est capable. Les qualifications les plus courantes de la procession, qu'il s'agisse de la diffusion lumineuse ou encore de l'engendrement, ne sont manifestement pas en mesure d'exprimer une telle réception. Ce que ces qualifications manquent, c'est l'hypothèse pourtant décisive que ce qui est engendré est ou devient ce qu'il est en vertu de son géniteur, certes, mais aussi de lui-même. Et plus précisément, de l'aptitude qu'il montre à contempler son géniteur, à devenir l'acte de son principe. Cet axiome a donc bien pour formule, récurrente dans les traités, qu'une réalité reçoit de son principe autant qu'elle est capable de recevoir, ou encore, et c'est une seule et même chose selon Plotin, autant qu'elle est capable d'y participer. En effet, la réception de la puissance, du don, définit très exactement la participation du principé au principe. Il est remarquable que le traité 6 (IV, 8) choisisse ainsi de ne pas distinguer les trois activités qu'il attribue au principé : recevoir ou prendre sa part (μεταλαμϐάνειν) de ce qui lui est fourni[3]; imiter, μιμεῖσθαι; et enfin

1. Trad. L. Lavaud. Sur ce chapitre difficile, dont on ne va retenir qu'un argument, on se rapportera aux notes du traducteur et à l'étude de D. O'Brien, « Plotinus and the Gnostics on the generation of matter », dans *Neoplatonism and early christian thought*, par H. J. Blumenthal et R. A. Markus, Londres, Variorum Publications, p. 108-123. Plotin soumet ici l'existence et la participation de la matière à une alternative; il la tranche assez clairement pour qu'on lui impute la thèse selon laquelle la matière est éternellement engendrée, tout comme elle est éternellement incapable de participer à ce qui la précède; c'est du reste la raison pour laquelle elle ne peut, au sens strict, exister.

2. Il s'agirait donc du sixième axiome. Pour mémoire, les deux premiers sont les axiomes médioplatoniciens selon lesquels les intelligibles ne sont pas en dehors de l'Intellect, puis que la fuite consiste en une assimilation au dieu. Les trois suivants posaient l'hétérogénéité de la cause et de ses effets, puis l'existence de deux actes pour toute réalité, et enfin que chaque réalité est cause d'elle-même. Que la procession soit à la mesure du principé s'accorde bien évidemment avec les trois précédents axiomes.

3. μεταλαμϐάνειν est associé à χορηγεῖν (fournir, dispenser); le traité 2 (IV, 7) fait un usage éclairant du second verbe, courant dans les traités, lorsqu'il explique comment les

participer, μετέχειν[1]. Il s'agit donc là d'une seule et même activité : le principé participe de son principe en recevant ce principe, en prenant sa part du principe, autant, encore une fois, qu'il le peut.

Une telle compréhension de la procession comme « réception relative » du principe par le principé a pour conséquence immédiate, dans le traité 6 (IV, 8) et par la suite, de libérer le principe de la responsabilité du comportement de ce qui procède de lui. Si l'on songe aux doctrines médioplatoniciennes et à la manière dont elles avaient cherché à élaborer leur procession sur le modèle d'une délégation successive de la puissance et de l'autorité divines, c'est pour comprendre que Plotin leur objecte désormais l'hypothèse d'une impunité[2] du principe : si la participation est à la mesure de la puissance du principé, le principe est en effet libéré de la responsabilité de l'impéritie éventuelle ou de l'échec de ce qu'il a engendré[3]. Si la puissance issue de l'Un s'estompe définitivement dans le dernier des produits de l'âme, la responsabilité de cet épuisement n'affecte en rien le caractère illimité de la première puissance. Comme le souligne le texte cité, « l'impossibilité » est désormais le fait de ce qui reçoit, non pas de ce qui

choses sensibles, les corps, reçoivent la vie dans la mesure où celle-ci leur est *fournie* par cette réalité incorporelle et proprement vivante qu'est l'âme : 2 (IV, 7), 3, 15-17.

1. Ce vocabulaire de la réception et de la part prise est emprunté à Platon. On le trouve notamment dans le *Phédon*, lorsque Socrate soutient que toute chose sensible participe (c'est-à-dire, littéralement – pour μετέχειν – « prend une part ») à la Forme intelligible. La question qu'il pose, sans y répondre, est celle de la modalité de la réception de la Forme par la chose sensible. Plotin entend manifestement répondre ici à la question platonicienne par excellence, celle de la participation (μέθεξις), en donnant au motif de la réception une valeur conceptuelle que Platon n'avait pas exploitée (sur la synonymie platonicienne de μετέχειν et de μεταλαμβάνειν, voir *Parménide*, 128e-129c). On peut sur ce point tirer profit de J. S. Lee, « The doctrine of reception according to the capacity of the recipient in *Ennead* VI 4-5 », *Dionysius*, 3, 1979, p. 79-97 (qui mentionne une série d'exemples pertinents dans les traités 22 et 23 (VI, 4 et 5)).

2. Si le terme n'était pas encore plus équivoque que celui d'« impunité », on dirait du principe qu'il est « irresponsable »; dans la *République*, Platon demandait que l'on reconnaisse ainsi que le dieu ne fût pas tenu pour la cause et le responsable des maux humains (II, 379c, puis X, 617e5, qui prononce la fameuse formule θεὸς ἀναίτιος; voir encore *Timée*, 42d). L'argument revient souvent sous la plume de Plotin (le traité 6 (IV, 8), 2, 27*sq.* en donne un bon exemple). Sur sa signification éthique, voir J. Laurent, *Les fondements de la nature selon Plotin. Procession et participation*, éd. citée, p. 218-227.

3. Que ce qui est reçu le soit à la mesure de la puissance de ce qui reçoit restera un axiome majeur pour toutes les doctrines néoplatoniciennes. Voir notamment l'usage qu'en fait Proclus, dans les *Éléments de théologie*, lorsqu'il admet à son tour que la participation est une forme de réception, dans les § 1-12, 81-82, ou encore 100-103 de l'édition d'E. R. Dodds.

donne[1]. Mais c'est dire également que la responsabilité de la procession incombe toujours au principé[2], et reconnaître que la procession, si elle ne peut être le résultat d'une simple projection iconique, relève bien d'un retour actif et mimétique du principé.

Plotin investit ainsi le principé d'une responsabilité et d'une efficacité dont les effets sont aussi bien cosmologiques qu'éthiques. Pour s'en tenir à ces deux exemples, on constatera que les choses sensibles contribuent à leur propre existence dans la mesure où elles imitent les réalités intelligibles, puis que la possibilité même d'une éthique repose selon Plotin sur l'obligation faite au principé de recevoir sa part du principe.

S'agissant du premier point, Plotin prend soin d'insister, on l'a vu, sur le fait qu'on ne peut se contenter d'envisager la participation à la manière d'une projection de l'intelligible dans le sensible. Le sensible est certes une production de l'intelligible, mais il est aussi et surtout sa propre œuvre, dans la mesure où il parvient à imiter ce dont il est issu. Dans le traité 38, alors qu'il évoque les « choses d'en haut » que sont les réalités véritables, Plotin rappelle que « ces choses ne regardent pas vers les choses d'ici-bas, mais que ce sont au contraire les choses d'ici-bas qui sont suspendues à elles et qui les imitent »[3]. Conçue du point de vue des choses sensibles, la participation se présente alors comme un processus mimétique à la faveur duquel la chose sensible, parce qu'elle a reçu une part de détermination intelligible (ainsi du corps *animé* que je suis), s'efforce d'accentuer la ressemblance qui l'apparente à l'intelligible. Si l'on ne reconnaissait pas au sensible cette participation active, on se trouverait dans l'obligation absurde de supposer que l'intelligible n'a engendré qu'imparfaitement le sensible, et qu'il se trouverait dans l'obligation de parfaire continûment son ouvrage. Une telle hypothèse reviendrait *in fine* à contester la perfection du principe premier et de la première puissance. Ainsi, lorsque Plotin affirme que le monde sensible est une image du monde intelligible[4], c'est pour dire à la fois qu'il en est un produit ressemblant (ce qui explique aussi bien son ordre et sa bonté), mais aussi un produit qui contribue lui-même à parfaire sa ressemblance : engendré comme une image, le principé se constitue

1. Entre autres nombreux textes, 30 (III, 8), 7, fait ce même constat : la faute ou l'empêchement sont toujours le fait de ce qui imite, et non de ce qui est imité.

2. À l'exception, de nouveau, du cas de figure d'un principé incapable de recevoir une part de son principe. C'est la situation à laquelle l'âme se retrouve confrontée, lorsqu'elle est contrainte de se porter au secours de ses produits.

3. 38 (VI, 7), 7, 20-21.

4. Entre de nombreux passages, voir 31 (V, 8), 7, 15 et 33 (II, 9), 4, 25-26.

comme une imitation[1]. Il parachève lui-même et dans la mesure du possible sa propre détermination.

S'agissant du second point, c'est-à-dire de la « responsabilité » du principé, on verra dans le chapitre suivant qu'il commande tout l'argument éthique plotinien. On peut toutefois déjà signaler que l'axiome mimétique a pour conséquence, notamment si l'on veut rendre l'homme responsable de ses actes, de faire reconnaître que les réalités intelligibles et divines dont nous recevons une part ne peuvent être les seules causes de nos actions. Pour le dire autrement et dans le contexte du débat éthique dont Plotin est le contemporain, nos actions ne sont pas les effets nécessaires et irrémédiables du comportement des réalités divines et célestes. Dès la première phrase de son double traité 47-48, *Sur la providence*, Plotin écrit : « Attribuer l'existence et l'ordre de ce tout [le monde sensible] à la spontanéité et au hasard est le fait déraisonnable d'un homme privé d'intellect comme de sensation »[2]. Cette déraison, elle est le fait des atomistes ou des épicuriens qui tiennent l'ordre du monde pour une conjonction hasardeuse d'atomes, conduit ceux qu'elle afflige à nier l'existence même d'une providence. Mais Plotin ne cherche pas à lui opposer l'hypothèse d'une nécessité, ou plutôt d'une détermination providentielle de type cosmologique ou astrale. Comme il le précise dans le même traité, à l'attention cette fois des gnostiques, il est vain de croire que les actions humaines soient sous le commandement nécessaire des dieux : ceux-ci « n'ont pas à négliger leur propre vie pour régler nos affaires particulières »[3]. Les hommes agissent par eux-mêmes et, responsables de ce fait, ils doivent chercher l'excellence dont ils sont capables en s'assimilant au tout dont ils sont une partie[4].

La participation globale du sensible à l'intelligible et l'amélioration éthique relèvent donc bien d'un seul et même processus mimétique, dont l'axiome est l'imitation dans la mesure du possible. Afin de l'établir et d'en examiner les conséquences, Plotin ne peut s'en remettre à celles de ses

1. Le traité 45 (III, 7), *Sur l'éternité et le temps*, en donne une excellente illustration (particulièrement au chapitre 11).

2. 47 (III, 2), 1, 1-2.

3. *Id.*, 9, 12-13 ; J. Laurent cite et commente cette phrase pour rendre compte de ce qu'il nomme à bon droit « l'optimisme plotinien » ; voir *L'Homme et le monde selon Plotin*, Fontenay aux roses, ENS éditions, 1999, p. 33-36.

4. Ce que développent, toujours dans le même traité, les chapitres 11 à 14. Ou déjà, dans le chapitre 3, le même axiome de la réception relative : « toutes choses en moi désirent le bien, mais chacune ne l'atteint que dans la mesure où elle en est capable (...). On ne peut demander des choses égales à des choses inégales » (lignes 32-33 et 39). C'est pourquoi le meilleur (le divin) ne peut produire le pire (des affaires humaines).

propres et courantes qualifications de la procession dont on voit, rétrospectivement, qu'elles manquent cet événement à ses yeux majeur qu'est l'ἐπιστροφή. Avant d'y venir, on doit toutefois souligner que l'interprétation plotinienne de la participation du sensible à l'intelligible, si elle ne trouve pas son équivalent doctrinal immédiat dans les dialogues platoniciens, n'en demeure pas moins forgée à partir d'un contenu platonicien, au prix d'un déplacement conséquent. C'est en effet une formule de Platon que la restriction « dans la mesure du possible ». Si ce dernier ne dit pas du sensible qu'il participe de l'intelligible « dans la mesure du possible », il emploie en revanche et abondamment cette formule pour qualifier l'ouvrage démiurgique qui consiste à produire ou à transformer un objet sensible en imitant un modèle intelligible ou divin. Quel que soit le contexte d'un tel ouvrage, qu'il soit cosmologique, politique ou éthique, Platon désigne toute production comme une intervention technique dont le propre est de donner une détermination à un matériau qui en est dépourvu, en procurant une forme. La connaissance de cette forme est donnée à l'artisan, qu'il s'agisse encore une fois du démiurge divin, du gouvernant ou du simple cordonnier, par la connaissance d'un modèle. Et c'est en imitant « autant que cela lui est possible » son modèle, que l'artisan réalise son ouvrage. Dans le contexte cosmologique du *Timée*, Platon explique ainsi que le démiurge fabrique le corps du monde en informant un matériau indéterminé qu'il ordonne, proportionne et forge autant qu'il est possible à ce matériau de l'être[1]. Le monde est un vivant sensible, fabriqué par le dieu à l'imitation du vivant intelligible :

> Or, quand le père qui l'avait engendré constata que ce monde, qui est une représentation (ἄγαλμα) des dieux éternels, avait reçu le mouvement et qu'il était vivant, il se réjouit et, comme il était charmé, l'idée lui vint de le rendre encore plus semblable à son modèle. Comme effectivement ce modèle se trouve être un vivant éternel, le dieu entreprit de faire que notre univers aussi devienne finalement tel, dans la mesure du possible[2].

L'imitation relative qui caractérise ainsi l'ouvrage du dieu n'est en rien la caractéristique exclusive de la production du monde. C'est en effet de la même manière que Platon conçoit l'imitation qui définit à ses yeux la tâche du gouvernant politique, lui qui doit prendre modèle sur les vivants divins pour donner, à leur imitation et toujours dans la mesure du possible, une

1. Les passages pertinents du *Timée*, où l'on retrouve la formule εἰς δύναμιν, κατὰ δύναμιν ou καθ' ὅσον δυνατόν, sont : 30a-b, 32b, 37d, 42e, 53b, 71d et 89d.

2. *Id.*, 37c6-d3, trad. par L. Brisson.

forme excellente aux mœurs humaines[1]. De sorte que la formule selon laquelle il faut imiter le modèle divin dans la mesure du possible désigne finalement toute production conduite à partir de ce modèle.

C'est bien la formule qu'emprunte Plotin, afin de lui attribuer toutefois un nouvel objet et d'échapper à deux sortes d'apories : celles qui sont relatives à la nature de la participation des choses sensibles aux formes intelligibles (puisque l'on peine à trouver, chez Platon lui-même, l'explication de ce que participer implique comme activité éventuelle de la part du sensible), et celles qui sont relatives à la manière dont le sensible est produit à l'imitation de l'intelligible (si l'on veut, chez Platon comme chez ses successeurs cette fois, échapper à ce qu'a d'inconvenant le paradigme artisanal qui présente le dieu comme un ouvrier limité). Car il y a bien deux manières, selon Plotin, de comprendre la formule platonicienne. Lorsqu'on dit du démiurge qu'il informe autant que possible le matériau, soit on restreint sa propre puissance et ses moyens (il informe autant que cela *lui* est possible), soit on estime que le matériau est par lui-même irréductible à une information parfaite (auquel cas, on comprend autant qu'il est possible *au matériau* de l'être). S'il est incontestable que Platon soutenait la seconde proposition, sa représentation démiurgique de la formation du monde est suffisamment ambiguë pour donner de l'autorité à la première proposition, comme le firent les médioplatoniciens[2]. L'économie de l'interprétation plotinienne est, en la matière, stupéfiante, puisque le seul déplacement de la formule mimétique lui permet à la fois de fonder une interprétation platonicienne de la participation, de donner congé aux apories inhérentes aux versions antérieures de cette hypothèse et d'établir sa propre doctrine de la procession sur la reconnaissance d'une activité relative du principé. Ce n'est donc pas le principe, le dieu ou le modèle, qui est le sujet de l'imitation, mais le principé. Quand du moins il parvient à se retourner.

1. À cet égard, le texte le plus suggestif est sans doute celui qu'on trouve en *République*, VI, 500b-501c.

2. On revient à terme sur les enjeux de cette critique plotinienne de la démiurgie du *Timée* de Platon ; on peut d'ores et déjà signaler qu'elle trouve son expression la plus claire dans le traité 31 (V, 8), *Sur la beauté intelligible*, notamment dans les chapitres 5 à 8, et qu'elle est l'occasion pour Plotin de prendre part à un débat dont on a vu qu'il avait eu une importance considérable chez ses prédécesseurs.

LA SIMULATION DU PRINCIPE

> — Veux-tu alors que maintenant nous examinions de quelle façon de tels hommes y seront produits, et comment on les mènera à la lumière, comme on dit bien que certains sont montés depuis l'Hadès jusqu'aux dieux ?
> — Bien sûr que je le veux, dit-il.
> — Faire cela, apparemment, ne consisterait pas à retourner une coquille, mais à retourner une âme d'un jour qui est nocturne au jour véritable ; c'est cela l'ascension vers ce qui est (τοῦ ὄντος ἐπάνοδον), dont nous disons qu'elle est la philosophie.
>
> Platon, *République*, VII, 521c1-7[1].

L'ἐπιστροφή désigne l'instant où le principé se retourne vers son principe afin de le contempler et, *ce faisant*, devient ce qu'il est. C'est afin de mieux rendre compte de cet événement que Plotin choisit souvent de faire se compléter les qualifications distinctes de la procession, en la désignant par exemple comme une illumination progressive et continue qui serait en même temps une production d'images distinctes, ou bien encore comme une production qui serait aussi un don. Mais il ne s'agira toujours que de combinaisons inachevées, dans la mesure où il faut bien reconnaître à l'image ou au produit d'être la cause et le sujet de l'ἐπιστροφή, et

1. Trad. P. Pachet (Paris, Gallimard, 1993), quelque peu modifiée. Ici comme en *République*, VII, 519b2-4, Platon emploie le terme de περιστροφή, et non pas celui, plotinien, d'ἐπιστροφή. La distinction terminologique a sans doute valeur doctrinale : Plotin ne fait pas de l'âme philosophe la seule cause « motrice » du retour du principé ; c'est la puissance du principe et le désir pour le principe qui sont pour lui la cause motrice d'un retour qui est immédiatement une ascension, une tension vers (ἐπί) le principe. S'agissant de Platon et de la manière dont il définit la dialectique comme sortie de l'âme hors du « bourbier barbare » où elle est prise, voir encore, dans le même livre VII, 533c-d. Lorsque Platon qualifie l'accession de l'âme à la Forme comme une ascension (que ce soit dans les récits du *Phèdre*, du *Banquet* ou de la *République*), c'est pour soutenir que l'intelligible est toujours perçu, pour la première fois, en autre chose que lui-même, dans la multiplicité sensible qu'on peut pour cette raison qualifier de « reflet ». À la condition de comprendre qu'elle doit alors jouer un rôle proprement spéculaire, en étant examinée de telle sorte qu'elle puisse permettre la réflexion de l'intelligible. Plotin le suit avec acribie sur ce point. Que le sensible soit une image ou une projection de l'intelligible est un fait qui ne mérite guère d'examen; en revanche, ce qu'il s'agit d'apprécier, c'est la disposition dans laquelle il faut tenir et orienter la chose sensible pour qu'elle puisse effectivement servir de miroir, en montrant ce qu'est et où se trouve l'archétype intelligible.

s'affranchir ainsi définitivement d'une compréhension exclusivement « iconique » de la procession plotinienne. Les interprètes qui tentent d'expliquer pourquoi, chez Plotin, la procession prend la forme d'un processus fini, d'un épuisement de la puissance première, choisissent souvent de le confondre avec la dégradation progressive des images successives. Chaque principe produisant une image de lui-même dont la réalité et la valeur sont moindres, on peut effectivement admettre que plus on avancera ou plutôt « descendra », plus ces images seront affaiblies, plus elles ne seront que de lointaines traces de leurs modèles. C'est effectivement ce qu'affirme Plotin, lorsqu'il rappelle qu'une image est, par définition, inférieure au modèle dont son existence dépend, ou lorsqu'il soutient encore que la matière est précisément l'indétermination absolue où s'estompe finalement toute image de l'intelligible [1]. Plotin reprendrait donc ici à son compte le passage fameux de la *République*, X, où Platon décrit l'éloignement successif des copies artisanales puis picturales d'un même modèle intelligible (le lit), en estimant comme son maître que l'image est d'emblée une dégradation. Dans l'étude déjà citée, P. Aubin fait ainsi remarquer que, « chez Plotin, la notion d'image est toujours liée à l'idée d'une dégradation et d'une irradiation » et que, « chez Plotin, l'image est toujours inférieure au modèle » [2]. Mais en se bornant à ce constat, qui est incomplet plutôt qu'il n'est faux, on s'interdit de comprendre que chacune des réalités véritables est autarcique, qu'elle est à elle-même sa propre cause. Qu'il s'agisse de l'Un, de l'Intellect ou même de l'Âme, chaque principe existe par soi. Si l'on se contente de considérer la μίμησις comme un cas de projection iconique, en supposant que le principé n'est qu'une image produite par son principe, on manque inéluctablement deux des axiomes plotiniens : celui des deux actes (le principé s'efforce d'accomplir l'acte de son principe) et celui, lié au premier, qui définit une réalité comme ce qui est par soi. Dès le deuxième traité, Plotin définit l'Âme en ces termes :

> Mais l'autre nature, celle qui a l'être par elle-même (παρ' αὑτῆς ἔχουσα τὸ εἶναι), c'est tout ce qui est réellement, et qui ne naît ni ne périt. Sinon, toutes les autres choses périraient et ne pourraient plus revenir à l'être après qu'aurait été détruit ce qui sauvegarde toutes choses, et surtout cet univers que l'âme met en ordre. Car l'âme est « principe du mouvement » [3] et c'est elle qui dirige le chœur des autres mouvements, qui se

1. Voir 12 (II, 4), 15 et 16.
2. Article cité, p. 353, puis 362.
3. Platon, *Phèdre*, 245c9.

meut d'elle-même et donne la vie au corps animé, mais qui a la vie par elle-même (παρ' ἑαυτῆς ἔχουσα) et ne peut jamais la perdre parce qu'elle l'a par elle-même. Il est impossible en effet que toutes choses aient reçu la vie du dehors, sans quoi on poursuivrait à l'infini. Il doit, au contraire, y avoir une nature qui soit primitivement vivante, et qui soit de toute nécessité « impérissable et immortelle »[1], puisqu'elle est aussi le principe de la vie de tous les autres êtres vivants. Oui, ici même, tout ce qui est divin et bienheureux doit s'établir, vivant par soi-même et existant par soi-même (ζῶν παρ' αὐτοῦ καὶ ὄν παρ' αὐτοῦ), existant primitivement et vivant primitivement, sans avoir part au changement qui affecte la réalité, sans devenir ni périr. Car d'où pourrait-il provenir et en allant vers quoi pourrait-il périr ? 2 (IV, 7), 9, 1-18[2].

L'insistante récurrence de la formule « par soi » (παρ' αὐτοῦ) dit assez combien Plotin cherche à établir, au risque d'un paradoxe, la part effective que prend l'Âme à sa propre existence. Bien entendu, la question se pose immédiatement de la convenance de cette hypothèse et de celle de la procession : comment une même réalité peut-elle à la fois être le produit d'une autre et cause de sa propre existence ? Les précédents chapitres ont fourni suffisamment d'éléments de réponse pour que l'on suppose, à l'existence de toute réalité, deux causes apparemment distinctes : le principe dont elle est issue par surabondance, puis elle-même en tant qu'elle imite son principe après s'être retournée vers lui. Seuls l'Un et la matière ne sont pas les effets de cette combinaison causale : le premier dans la mesure où il n'est l'effet que de lui-même, la seconde dans la mesure où elle ne parvient pas à être cause de quoi que ce soit, pas même de sa propre existence[3].

Dans une étude remarquable dont l'objet est cette causalité double, D. O'Brien a définitivement contesté que l'on puisse qualifier la procession plotinienne comme une « émanation », en montrant combien ce terme risquait d'occulter ce que les arguments plotiniens cherchent pourtant à établir : la mutuelle dépendance de l'ensemble des réalités successivement

1. Platon, *Phédon*, 95c1 (mais aussi 85b5-6 et 106e9-107a1).

2. Trad. L. Brisson et J.-F. Pradeau.

3. Comme Plotin l'indique dès le deuxième traité, la matière ne peut rien se donner à elle-même : 2 (IV, 7), 3, 14-19. Mais c'est en revanche une aptitude qui caractérise l'Intellect et l'Âme. Parmi de nombreux textes, voir 47 (III, 2), 3, où le monde évoque lui-même son autarcie ; 49 (V, 3), 16, qui expose l'autarcie de l'intelligible ; ou encore 46 (I, 4), 4, sur la capacité humaine de se suffire à soi-même. Dans tous les cas, l'autarcie est décrite comme l'aptitude du principé à se donner à lui-même ce dont il a besoin (et il a besoin de son principe ; ainsi, 9 (VI, 9), 6).

engendrées. C'est parce que Plotin entend à la fois distinguer ces réalités et les faire dépendre les unes des autres, qu'il conçoit cette étiologie inédite. Mais il y a plus que cette exigence générale. Selon Plotin, ce qui distingue comme telle une réalité, c'est une unité de nature et de détermination : l'exercice d'un acte unique est, on le sait, ce qui définit une réalité quelconque. Si l'axiome des deux actes permet d'expliquer comment un principe « agit » (dans) ce qu'il produit, il faut encore expliquer comment celui-ci acquiert à son tour une existence une, sans pour autant se trouver séparé de son géniteur. En d'autres termes, comme le souligne D. O'Brien, il s'agit d'expliquer comment l'identité individuelle d'un objet quelconque résulte toujours, quel que soit son degré d'éloignement par rapport au Premier, de sa participation à l'Un. D. O'Brien présente ainsi le double mécanisme constitutif en quoi consiste le retour du principé :

> Comment la même expression, παρ' αὐτοῦ, peut-elle à la fois désigner le fait que l'âme existe « par elle-même » et le fait qu'elle vient à l'existence « depuis » l'Un?
>
> Je me propose de répondre que, pour Plotin, il n'y a pas un acte unique de création ou de production. La production de l'Intellect et de la matière intelligible par l'Un, la production de l'âme par l'Intellect et la production du non-être comme matière par une âme partielle supposent chacune deux moments distincts.
>
> — L'Un produit quelque chose d'« autre » (ἄλλο), et c'est seulement parce que cet « autre » se retourne vers l'Un qu'il devient Intellect, « voyant » la matière intelligible, qui était auparavant dans l'obscurité et qui ne peut être « vue » par l'Intellect que lorsque ce qui est produit par l'Un s'est lui-même retourné vers l'Un.
>
> — L'âme ne devient âme que parce qu'elle se retourne vers l'Intellect.
>
> — Et la matière du monde sensible exige à son tour une double action, bien que dans son cas l'agent en soit le même (l'âme « partielle »).
>
> Philosophiquement, ce mécanisme peut paraître confus. Et du reste, comme bon nombre de théories plotiniennes, il ne persévérera pas longtemps sous sa forme originale avant d'être simplifié et systématisé par Porphyre, Proclus et d'autres. Mais du point de vue historique, il me semble possible de comprendre pourquoi Plotin a adopté cette étrange notion de production double.
>
> Plotin ne pouvait pas supposer qu'il existât des principes indépendants dispersés dans l'univers, dans la mesure où leur coexistence aurait alors été un effet fortuit, le fruit du hasard (ils auraient existé κατὰ συντυχίαν, ce que Plotin rejette inlassablement). Toutes choses doivent donc dépendre, directement ou indirectement, de l'Un. Mais si l'on veut maintenir que l'Un est distinct de l'Intellect d'Aristote ou d'Origène (le païen), alors sa simplicité parfaite ne peut être compromise par l'existence

en lui d'une connaissance de soi, ni non plus par une quelconque activité externe.

C'est donc l'Un qui « en un sens surabonde ». Mais il ne se produit rien d'autre. Ce qui surabonde devient Intellect, non pas du fait d'une (nouvelle) activité de la part de l'Un, mais par son propre mouvement de retour. Et il en va de même pour l'Intellect qui, s'il se connaît lui-même, ne « complète » pas lui-même le produit de sa propre surabondance; l'âme existe en tant qu'âme en se retournant vers sa source. C'est uniquement lorsque le principe producteur produit comme résultat de son propre mouvement (de son mouvement « vers lui-même ») qu'il peut s'occuper, du fait d'une seconde et subséquente activité, du produit auquel il a donné lieu[1].

L'examen de cette complication logique et étiologique introduit effectivement une compréhension aiguë de la participation plotinienne. Lorsqu'on rappelle que cette dernière n'est pas une émanation ou une diffusion continue, c'est donc pour insister sur la part active que prend chaque chose à sa propre existence. Mais Plotin ne s'en tient nullement au seul constat de cette auto-production; il n'est à ses yeux que le préalable de la confirmation, autrement plus significative, que l'Un est bien cause de toutes choses. Le constat de l'auto-production ou de l'autarcie de chaque réalité permet en effet de la définir en propre, selon l'activité unique qui est la sienne, et de la distinguer ce-faisant de son principe. Mais il permet aussi, du fait même de l'unicité ainsi attestée, de reconduire chaque réalité, indépendamment cette fois de son principe, à l'Un : ce qui définit en ce sens chaque chose, c'est l'aptitude ou la capacité (δύναμις) qu'elle montre à s'unifier, c'est-à-dire à s'approprier, dans la mesure qui est la sienne, la puissance issue de l'Un. Cette unification de soi est ce qui permet à une réalité de se déterminer comme telle, et c'est précisément ce qu'elle accomplit en se retournant vers son principe[2]. Si le retour consiste en une certaine imitation, on peut alors dire de l'imitation qu'elle est le moyen à la faveur duquel une réalité accomplit trois opérations conjointes et parfaitement indissociables : la constitution de soi par soi, la reconnaissance et l'assimilation, dans la mesure du possible, à son principe, et l'unification de soi[3].

1. En omettant les notes de l'auteur, ce sont les p. 53-54 de l'article cité que nous traduisons.

2. C'est de cette manière que Plotin répond finalement à l'une des questions du *Phédon* platonicien qui mettait Socrate dans l'embarras : « quant à savoir pourquoi une chose devient une, là encore je suis incapable de me faire une conviction » (97b3-4).

3. Et l'on peut encore ajouter que l'imitation contribue ainsi à l'élaboration d'une étiologie simplifiée. Si l'on peut dire en effet de la causalité plotinienne qu'elle est « double »,

Rassembler la variété de ces enjeux exige donc qu'on ne confonde pas le vocabulaire de l'image et celui de l'imitation. La μίμησις est cette activité par laquelle un sujet entreprend d'agir comme un autre, d'accomplir la même activité que lui. Plutôt que d'imitation, il conviendrait sans doute de rendre le terme grec par un équivalent plus exact, en l'occurrence celui de « simulation »[1]. Dans les traités, la μίμησις nomme donc l'activité du principé qui s'efforce de simuler l'activité de son principe; cette simulation a pour horizon d'excellence, pour τέλος, l'exercice même, à l'exclusion de toute autre activité, de l'acte du principe : la simulation se trouve en effet parfaite dès lors que le principé réussit à s'assimiler à son principe en accomplissant la même activité que lui[2]. C'est pourquoi le τέλος de la μίμησις est nommé assimilation (ὁμοίωσις[3]). En ce sens, il est manifeste que l'imitation ou la simulation ne désigne pas tant un état, celui d'image dégradée de ce qui est au-dessus de soi, que le processus par lequel une réalité entreprend de s'assimiler à son principe. Ce dont il s'agit ici, c'est de devenir soi-même, par son acte et en se purifiant, semblable à son principe. C'est, comme le dit une formule courante dans les traités, faire des choses semblables à celles de son principe, faire la même chose que lui : τὰ ὅμοια ποιεῖ[4].

On devrait donc prendre soin de distinguer toujours nettement, comme le fait Plotin, deux façons pour le principé d'être l'image de son principe ou plutôt, d'être *à la ressemblance* de celui-ci. En supposant notamment qu'il

ce n'est jamais que parce que deux réalités contribuent à produire de mêmes effets : le principe cause par profusion de puissance, le principé par réception et imitation de son principe.

1. Au sens, plus suggestif peut-être, où un acteur simule les actes et paroles d'un personnage qu'il incarne sur scène. C'est bien évidemment cette μίμησις dramatique qui occupe la critique platonicienne de la tragédie qu'on trouve dans la *République*. Mais encore faut-il signaler que Platon ne condamne pas en tant que telle la μίμησις; si la « simulation » tragique est condamnable, c'est parce qu'elle ne donne pas lieu à une « bonne simulation », c'est-à-dire à l'imitation nécessaire de modèles réellement divins. Cette bonne « imitation » fait l'objet de nombreux développements dans les dialogues platoniciens. On peut notamment se reporter à celui que lui consacre la fin du *Sophiste*, en 267a-268d : Platon y défend une mimétique savante, qui se présente comme une « enquête » sur le modèle intelligible. La connotation dépréciative, dans notre langue, du terme « simulation », rend malheureusement délicate son adoption.

2. Puisqu'une réalité est définie par l'acte (ἐνέργεια) qu'elle accomplit, c'est en accomplissant le même acte qu'une autre réalité peut s'identifier à elle (pour le principé, lorsqu'il n'est plus l'acte second, mais l'acte premier, réel, de son principe). Traitant de l'âme, le chapitre suivant y revient.

3. Comme l'indique notamment le début de 19 (I, 2), 2.

4. 11 (V, 2), 1, 14, cité, *supra*, p. 83. Sur cette expression, voir D. O'Brien, article cité, p. 50-51.

existe une manière passive d'être l'image du principe, lorsque le principé est considéré, du point de vue du principe, comme produit ressemblant à ce qui l'a produit, puis une manière qu'on dira active, lorsque ce produit, se retournant vers son principe, entreprend de s'assimiler à lui. Ce processus d'assimilation en quoi consiste la μίμησις définit la procession et le statut bivalent qu'y trouve le principé : objet produit par surabondance du principe, puis sujet d'une activité de transformation de soi, le principé change de nature à la faveur de l'imitation. C'est du reste finalement la raison pour laquelle le principé est nommé « image » lorsqu'il est produit à la ressemblance du principe, mais « imitation » dès lors qu'il accentue lui-même cette ressemblance. Ce que Plotin se donne ainsi les moyens de nommer, c'est une ressemblance qui n'est pas une réplication, qui relève bien d'une relation de cause à effet et qui distingue ces deux termes sans toutefois les séparer[1]. Le principé est une façon d'être de son principe, un mode second d'existence de ce dernier.

Dans le chapitre qui suit, prenant de nouveau l'Âme pour objet d'enquête (et en privilégiant cette fois l'âme individuelle humaine), on examinera les principales caractéristiques du processus mimétique en quoi consiste la procession.

1. Comme le répète souvent Plotin, la distinction des réalités véritables n'implique en rien leur séparation. Le traité 10 (V, 1) dit ainsi de l'Âme et de son père, l'Intellect, que « rien d'autre ne les sépare que leur différence », chap. 3, 21.

CHAPITRE IV

CONTEMPLER ET SE RENDRE SEMBLABLE

> Et nous avions dit que toutes les âmes sont toutes les choses, mais chacune est selon l'activité qui est en elle – parce que l'une s'unit en acte, une autre par la connaissance, ou une autre encore par le désir –, et c'est parce que différentes âmes regardent des choses différentes qu'elles sont et deviennent ce qu'elles regardent.
>
> 27 (IV, 3), 8, 13-16.

La recherche conduite dans le traité 19, *Sur les vertus*, recoupe les enjeux, les difficultés et une partie des objets de la discussion plus générale que Plotin consacre par ailleurs au rôle de la contemplation dans le schéma global de la procession. La chose va d'autant plus de soi que l'éthique, qui concerne d'abord l'âme humaine et la conduite qu'elle doit adopter, ne peut bien sûr être distinguée de l'enquête sur la nature de l'Âme, comme sur le rapport que celle-ci entretient avec son principe, l'Intellect. Une fois connus les axiomes majeurs qui gouvernent l'œuvre plotinienne, on comprend aisément que l'excellence psychique, la « vertu », ne puisse y être distinguée de la connaissance qu'a l'âme humaine de l'Intellect, et de la manière dont elle s'y rapporte, le désire et, éventuellement, s'y assimile. Si l'on s'en tient aux deux principales formes que prend le rapport de tout principé à son principe, ce sera bien pour retrouver, au cœur de l'argument éthique, l'hypothèse selon laquelle l'âme est l'acte second de l'Intellect, puis celle selon laquelle cette âme doit trouver sa perfection propre en s'assimilant, dans la mesure du possible, à l'Intellect. Le regard que porte sur son principe une réalité qui entreprend de lui devenir semblable est, on le sait, ce que Plotin nomme θεωρία, la contemplation. C'est en reprenant de nouveau la lecture du traité 30, *Sur la contemplation*, que l'on peut introduire à l'éthique plotinienne; ne serait-ce qu'afin de comprendre comment la purification (κάθαρσις) éthique de l'âme parvient à réunir les deux motifs déjà évoqués de la contemplation et de l'assimilation.

Plotin achève le traité 30 en expliquant comment l'Intellect se retourne vers le Bien, dont il est la trace; c'est un désir qui le meut:

> Car l'Intellect a besoin du Bien, mais le Bien n'a pas besoin de lui. C'est ainsi qu'en atteignant le Bien, l'Intellect prend la Forme du Bien (ἀγαθοειδὲς γίνεται[1]) et se trouve parfait par le Bien, car la Forme qui lui vient du Bien le conforme au Bien (ἀγαθοειδῆ ποιοῦτος). C'est une trace (ἴχνος) du Bien qui est vue sur lui, et c'est la raison pour laquelle il faut comprendre que le Bien est son archétype véritable, en considérant la trace de lui qui se trouve sur l'Intellect. Ainsi le Bien a donné à l'Intellect, qui essayait de le voir, cette trace de lui-même qui est sur l'Intellect. C'est pourquoi le désir est inhérent à l'Intellect, qui désire toujours et atteint toujours; mais le Bien ne désire rien – que pourrait-il désirer? –, et n'obtient rien car il n'a jamais rien désiré. C'est qu'il n'est pas l'Intellect; car il y a dans l'Intèllect un désir (ἔφεσις), une tendance à s'unir à la forme du Bien. 30 (III, 8), 11, 15-26.

Afin d'écarter définitivement l'hypothèse démiurgique selon laquelle l'Un aurait produit l'Intellect, Plotin choisit donc de désigner ce dernier comme étant lui-même la cause de sa propre existence. Si l'Un «produit» effectivement quelque chose, ce n'est pas l'Intellect mais une profusion encore indéterminée qui devient Intellect parce qu'elle désire son principe et qu'elle désire obtenir de lui son propre achèvement. Une telle détermination relative et réflexive du principé suppose de ce dernier qu'il se retourne vers son principe et le contemple, mais aussi qu'il en reçoive quelque chose, cette «trace» qui lui vient comme de surcroît. Ce dernier chapitre du traité 30 est tributaire des précédents qui avaient défini la contemplation à la fois comme une intellection et une production; l'hypothèse, qui trouve ici sa conclusion, appelle deux remarques.

En premier lieu, lorsque Plotin dit de la contemplation qu'elle est la forme d'activité la plus élevée, l'acte par excellence, il soutient une hypothèse dont le moins qu'on puisse dire est qu'elle est philosophiquement

1. Selon l'expression platonicienne qu'on trouve en *République*, VI, 509a3. Sur cette ressemblance ou «conformité» au Bien, voir 19 (I, 2), 4, 12, et la note *ad loc.* de J.-M. Flamand.

convenue. Aristote avait notamment pris soin de définir la contemplation comme la seule activité véritablement achevée ou réalisée, la seule à même d'atteindre son objet pour en jouir continûment. Le Stagirite ajoutait encore que la contemplation pouvait être tenue pour la plus digne de toutes les activités possibles, dans la mesure où elle a pour agent l'intellect (c'est-à-dire, pour Aristote comme pour la philosophie hellénique dans son ensemble, la faculté la plus haute et la plus apte) et pour objets les réalités belles et divines (c'est-à-dire les plus parfaits des objets). Enfin, parmi les activités, la contemplation devait être distinguée de toutes les autres activités au motif qu'elle seule atteignait (et permettait au philosophe « contemplatif » d'atteindre) à l'autosuffisance ; en effet, là où toutes les activités sollicitent, apportent ou donnent lieu à quelque chose hors d'elles-mêmes, la contemplation est la seule activité qui n'exige pas une sortie hors de soi, qui ne soit pas plus en attente d'un moyen que d'une circonstance particulière, et que l'on puisse aimer pour elle-même. Tout cela autorisait Aristote à conclure que la contemplation est l'activité la plus divine qui soit, celle qui apparente le sage au dieu : « Il ne faut donc pas suivre ceux qui nous conseillent de ne penser qu'aux choses humaines quand on est homme et aux choses mortelles quand on est mortel, mais il faut, dans la mesure du possible, s'immortaliser et tout faire pour vivre selon ce qu'il y a en nous de meilleur » [1]. Le comble de l'activité, c'est-à-dire aussi bien de la perfection que du bonheur, consiste ainsi à vivre selon l'intellect, à contempler. Si cette consécration de la contemplation comme *summum* de l'activité est bien l'un des lieux communs de la tradition philosophique à laquelle Plotin se rapporte, qu'elle soit platonicienne, aristotélicienne ou stoïcienne, il lui donne toutefois un visage particulier et pour le moins hétérodoxe, en choisissant d'associer à la contemplation ce dont la tradition avait précisément choisi de la distinguer : la production.

Ainsi et en second lieu, si l'on s'en tient de nouveau à l'*Éthique* d'Aristote, c'est pour rappeler qu'elle distingue nettement deux formes d'activité : la πρᾶξις, l'action, dont la contemplation est donc l'espèce ultime, et la ποίησις, la production [2]. Cette dernière est une activité transitive qui a sa fin en dehors d'elle-même, comme c'est le cas de la production artisanale qui donne son existence à un objet, alors que l'action, dit Aristote, a sa fin en elle-même, dans la mesure où celui qui l'accomplit est

1. *Éthique à Nicomaque* X, 7, 1177b32-34 pour cette remarque (trad. P. Pellegrin, Paris, Nathan, 1995 ; les chapitres 6 à 9 du livre X de l'*Éthique* sont consacrés à la θεωρία).

2. L'ouvrage de R. Arnou, ΠΡΑΞΙΣ *et* ΘΕΩΡΙΑ *chez Plotin*, édition citée, examine chacune de ces notions p. 15-50.

aussi l'objet et la fin de l'action[1]. Ce qui importe ici, du point de vue plotinien, c'est qu'Aristote, dans la discussion éthique consacrée aux différentes activités, privilégie l'action : c'est une action vertueuse, courageuse par exemple, qui nous rend vertueux, et non pas la production de tel ou tel objet. Afin de mieux justifier cette prééminence, Aristote explique que l'action suppose, chez celui qui l'accomplit, une intelligence et une visée de la fin ; bien agir, comme l'établit l'enquête éthique, suppose certes que l'on puisse déterminer la meilleure des fins dont nous sommes capables, mais aussi et surtout que nous agissions en conséquence, que nous vivions en vue de cette fin[2]. Que l'on sache quelle fin ultime poursuivre, quel souverain bien atteindre, n'est en rien indispensable à la fabrication artisanale d'une chaussure, dans la mesure où cette fabrication, comme c'est le cas de toute production, n'est toujours qu'une « fin relativement à quelque chose et fin pour quelqu'un »[3]. C'est pourquoi, en bref, on trouve chez Aristote une dévaluation éthique du produire par rapport à l'agir ; et c'est là précisément ce que Plotin conteste et choisit de renverser lorsqu'il désigne l'action comme une forme inférieure et dégradée d'activité, un succédané ou une esquisse de production. Mais un tel renversement ne vaut pourtant pas pour un renoncement brutal aux présupposés ou même aux leçons de l'éthique aristotélicienne. En effet, Plotin conserve avec rigueur l'un des principes majeurs qui gouvernent la définition aristotélicienne de l'action : il s'agit de l'hypothèse selon laquelle toute chose tend vers sa fin, qu'une réalité aspire par définition à une fin ultime qui est sa réalisation, son but. Ou encore, que toute chose qui est en mouvement tend nécessairement vers le terme (τέλος) de son mouvement et, partant, vers l'objet de sa tendance ou de son désir[4]. Plotin conserve cette leçon, et l'on a pu en effet montrer que toute activité supposait selon lui une intelligence téléologique, une compréhension de sa fin. Plotin peut ainsi soutenir à son

1. Sur ce point et dans la même *Éthique à Nicomaque*, voir les définitions du livre VI, 2-5.

2. Sur cette question et ses enjeux aristotéliciens, voir les remarques éclairantes de R. Brague, *Aristote et la question du monde*, Paris, PUF, 1988, p. 79-107.

3. *Éthique à Nicomaque*, VI, 2, 1139b2-3 (trad. J. Montenot et A. Petit, Paris, Hachette, 1998).

4. C'est le cas selon Aristote de tous les êtres, qui sont mus par ce principe de mouvement et cet objet de désir ultime qu'est le premier moteur immobile dont traitent principalement le livre Λ de la *Métaphysique* et le livre VIII de la *Physique* ; le premier moteur aristotélicien est l'un des modèles à partir desquels Plotin forge le deuxième principe, l'Intellect. Mais l'éminence téléologique qu'Aristote réserve au premier moteur est toutefois réservée par Plotin au Premier, à l'Un (comme le rappelle par exemple le deuxième chapitre du traité 51 (I, 8)).

tour l'hypothèse de l'existence nécessaire d'un premier principe, fin de toutes choses, objet ultime du désir de toutes choses et de ce fait, selon Plotin, *cause* de toutes choses. Il faut le souligner, car cette dernière conséquence n'est, elle, plus du tout aristotélicienne; chez Aristote, le premier moteur est certes la cause ultime et immobile du mouvement, mais il n'est pas la cause qui engendre toutes choses, pas plus qu'il n'appartient lui-même au domaine de la génération et de la corruption[1]. Or c'est une telle continuité étiologique et génétique que Plotin cherche à établir, en soutenant que l'Un est bien la cause de la génération de toutes choses, depuis son premier rejeton jusqu'au plus obscur du sensible[2]. Et c'est précisément parce qu'il entend démontrer la continuité processive qui rapporte la première aux dernières des réalités, tout en défendant l'éminente simplicité du Premier, que Plotin refuse d'attribuer à ce dernier une action, c'est-à-dire une forme de mouvement, un désir d'autre chose que soi, une recherche de perfection[3]. On retrouve ici l'une des difficultés les plus obstinées du système plotinien, qu'on peut désormais formuler ainsi: comment l'Un peut-il être cause de toutes choses sans pour autant agir? Si l'on songe à ce que l'on vient de rappeler de l'éthique aristotélicienne, c'est pour apercevoir comment Plotin a pu en tirer argument, en privilégiant cette activité con-templative qui, pour être une action chez Aristote, n'en est pas moins autarcique, immanente et parfaite. Encore fallait-il, pour Plotin, la débarrasser de ce qu'elle pouvait avoir de contradictoire ou de menaçant pour l'hypothèse de la perfection des réalités véritables: la contemplation ne devait plus être le terme d'une quête pratique, mais l'acte d'une puissance productrice et surabondante.

1. Sur cette nuance décisive, voir les remarques de D. O'Brien, «La matière chez Plotin: son origine, sa nature», *Phronesis*, 44, 1999, p. 47. S'agissant du texte aristotélicien, on peut se reporter avec profit à la récente traduction commentée de R. Lefebvre, *Aristote,* Métaphysique, Λ 7, Paris, Ellipses, 1999.

2. Il entend défendre, pour le dire autrement, la double hypothèse platonicienne selon laquelle le Bien a un rejeton et que c'est à travers ce dernier qu'il est possible de (re)connaître le père; *République*, VI, 506e.

3. C'est un point qu'examine C. Natali, «La critica di Plotino ai concetti di attualità e movimento in Aristotele», dans *Antiaristotelismo*, éd. par C. Natali et S. Maso, Amsterdam, Hakkert, 1999, p. 211-229.

La trace du principe

> Quand la nature inférieure prend quelque chose de la nature supérieure et qu'elle ne peut la saisir elle-même, elle n'en saisit qu'une trace.
>
> 28 (IV, 4), 18, 30-31.

Le couple conceptuel de la ποίησις et de la θεωρία permet de conduire une analyse exacte des différentes espèces d'activités que sont susceptibles d'accomplir les réalités véritables. Plotin l'emploie ainsi et avant tout afin de distinguer deux sortes d'activités : celles qui impliquent une sortie hors de soi de la part la réalité qui les accomplit (et l'on dévalorise alors ces activités comme étant des pratiques stériles et non théorétiques), et celles qui sont au contraire immanentes à l'agent (en ce sens qu'il en est lui-même la cause). Dans le traité 19 (I, 2) comme dans le traité 30 (III, 8), Plotin soutient qu'il faut inverser la terminologie et la hiérarchie aristotéliciennes, pour dévaluer cette fois l'action au motif qu'elle est un mouvement et un désir d'autre chose que soi. Plus précisément, elle est l'activité de l'âme qui est contrainte de se quitter elle-même pour se soucier d'autre chose que d'elle-même (du corps). Il s'agit donc d'une tendance non pas vers soi-même (πρὸς ἑαυτό), mais vers autre chose que soi (πρὸς ἄλλο). Bien sûr, toutes les pratiques courantes, toutes les activités relatives au soin du corps, relèvent de cette activité déplorable, que Plotin désigne le plus souvent comme un ensorcellement, un envoûtement (γοητεία) qui nous fait croire à tort que l'on peut trouver hors de soi l'objet de son désir. À la différence de cette sortie hors de soi, la production est définie comme l'aptitude à engendrer quelque chose sans sortir de soi ; elle est assimilée par Plotin à la surabondance.

Une fois cette distinction faite, Plotin doit expliquer pourquoi la production, à la différence d'une action, n'implique aucune sorte d'appauvrissement ou de diminution de puissance pour le sujet qui l'accomplit. Cette difficulté, on le sait, est celle, récurrente, qui surgit lorsqu'on demande comment l'Un parvient à engendrer l'Intellect sans sortir hors de soi, sans se mettre en mouvement. La solution plotinienne, comme on le signalait plus haut, consiste à dire que l'Un, au sens strict, n'engendre pas l'Intellect. La genèse de l'Intellect est le résultat d'un processus double : l'Un surabonde et c'est le produit de cette surabondance qui se constitue lui-même comme Intellect, en se retournant vers l'Un[1]. Et ce retour suppose que l'Intellect, y compris dans son indétermination première, soit bien quelque chose de l'Un. Sa « trace » (ἴχνος), dit le chapitre cité du traité 30.

Le terme ἴχνος a un usage platonicien : il est employé afin de désigner le chemin ou la piste d'une démonstration, qu'il faut emprunter afin d'atteindre telle conclusion ou telle définition; ceux qui dialoguent sont alors tenus d'en suivre la trace, de suivre à la trace les arguments adéquats[2]. Il l'est encore en un sens plus précis, afin de désigner la piste sur laquelle on s'engage afin de connaître la réalité intelligible. Ainsi les interlocuteurs de la *République* suivent-ils l'ἴχνος du juste, c'est-à-dire la piste qui doit les conduire à la définition de la Forme intelligible de la justice (II, 365c-d); ainsi à leur tour les législateurs du *Politique* s'efforcent-ils de suivre, dans la mesure du possible, les traces de la constitution droite qui doit servir de modèle à leur ouvrage (301e). L'ἴχνος nous reconduit ainsi au rapport d'imitation dont Plotin avait trouvé la formule chez Platon. Dans les dialogues de ce dernier, l'accès à l'intelligible est assujetti à la réussite d'un parcours, d'un chemin dont les raisonnements et les arguments (les λόγοι) sont les itinéraires[3]. L'enjeu de leur orientation devient décisif et, comme Plotin le soutient à son tour, le chemin de la connaissance rationnelle doit trouver à s'appuyer sur ces indices ou ces pistes (ἴχνη, donc) qui témoignent de la présence de l'intelligible. Lorsque Plotin affirme que les réalités sont la trace de leur principe, il les désigne ainsi de deux manières. Il dit d'une part, en prenant les termes d'εἶδος et d'ἴχνος pour synonymes, que chaque réalité porte l'empreinte ou le sceau de son principe, comme on le dirait d'une marque de fabrique qui indiquerait la provenance sinon la « traçabilité » du produit; et il conserve ensuite à ἴχνος sa signification platonicienne de piste directive, pour suggérer que l'orientation du principé, son aptitude à se retourner vers son principe, est inscrite en lui. C'est parce qu'il est la trace conforme de son principe que le principé sait où le rechercher : « l'être n'est que la trace de l'Un », dit le traité 32[4]. La chose

1. 11 (V, 2), 1, 8. Voir encore, sur ce point, le commentaire de P. Hadot au traité 38 (VI, 7) : *Traité 38*, Paris, Cerf, 1998, p. 261-278.

2. Voir, entre autres, les remarques de *République*, II, 365d2, ou de *Philèbe*, 44d8.

3. C'est la définition même du « chemin dialectique » que donne la *République*, VII, 533c-d. Ἴχνος a un usage véritablement cynégétique : le dialecticien est celui qui suit l'intelligible à la trace, qui le piste (comme Plotin le rappelle en 20 (I, 3), 1, 15).

4. 32 (V, 5), 5, 12; Plotin poursuit en expliquant que, pour l'être qu'est l'Intellect, être une trace de l'Un, c'est aussi bien « avoir une imitation de l'Un en s'écoulant de sa puissance »

n'est pas seulement vraie de l'Intellect, mais elle l'est tout autant de l'Âme dont Plotin dit souvent qu'elle est une trace de l'Intellect[1].

C'est donc là finalement la seule précision qu'on trouve dans les traités sur le compte de ce qui est donné par le principe, ou plutôt, selon Plotin, reçu par le principé[2]. Ce qui surabonde du principe est à la fois une puissance, puisque cette surabondance *peut* se retourner, et une disposition ou une orientation, dans la mesure où elle tourne son regard dans la direction du principe qu'elle reconnaît alors pour son bien. C'est sans doute la raison pour laquelle une analyse précise du « retour » du principé sur son principe devrait en distinguer les trois conditions ou les trois étapes, sinon les trois « moments » : la production surabondante de puissance issue du principe, la donation ou plutôt l'empreinte de la trace, et enfin la constitution du principé rendu ainsi capable de contempler son principe, c'est-à-dire d'engendrer[3]. Où l'on comprendrait que la trace n'est pas simplement l'indice de l'existence du principe, mais un legs effectif de puissance productrice[4]. Le seul usage platonicien qu'on pourrait dire substantiel ou peut-être substratif du terme « trace » se trouve dans le *Timée*, lorsque Platon dit des éléments

(μίμησιν ἔχοντα ἐκ τῆς δυνάμεως αὐτοῦ ῥυέντα; lignes 23-24). De la sorte, le motif de la trace associe, c'est un point remarquable, le thème de l'imitation et de la puissance.

1. Par exemple et parmi de nombreux autres passages, voir 1 (I, 6), 2, 9; 10 (V, 1), 7, 41-43; et 19 (I, 2), 2, 20. Outre l'étude de D. O'Brien dont nous citions une page plus haut, la difficile question du retour et de la constitution de l'Intellect est notamment examinée par J. Igal, « La génesis de la inteligencia en un pasaje de las *Enéadas* de Plotino (V I. 7.4-35) », article cité, et par M. Atkinson dans le commentaire qu'il donne à sa traduction du traité 10 (V, 1), *op. cit.*

2. Ce qu'affirme par exemple et très explicitement 48 (III, 3), 3, 33-34. Sur cette question voir l'étude déjà citée de J. S. Lee, « The doctrine of reception according to the capacity of the recipient in *Ennead* VI 4-5 ».

3. Ces trois étapes montrent comment Plotin lit, à son tour, les pages 50c-51b du *Timée* platonicien, et comment il interprète la distinction qu'elles introduisent entre le modèle intelligible, le « matériau » (χώρα) qui doit en recevoir des « imitations » et enfin le produit de cette information du matériau, qui est le monde. Pour qu'une trace de l'intelligible puisse s'imprimer sur le matériau, commente Plotin, il faut que ce dernier soit amorphe et dépourvu de Forme (comme l'affirme bien Platon, 50e-51a).

4. Comme le relève à juste titre G. Leroux dans « La trace et les signes, aspects de la sémiotique de Plotin », dans ΣΟΦΙΗΣ ΜΑΙΗΤΟΡΕΣ, *« Chercheurs de sagesse ». Hommage à Jean Pépin*, éd. par M.-O. Goulet, G. Madec et D. O'Brien, Paris, Institut d'Études Augustiniennes, 1992, p. 245-261. G. Leroux montre bien comment le concept de trace se distingue de celui d'image, pour suggérer que la fonction de la trace n'est pas simplement déictique mais véritablement constitutive : « les traces ne sont pas seulement des indices, mais elles sont l'image même de la puissance productrice » (p. 254). Mais il conclut à un hiatus entre les propositions plotiniennes sur la trace et ce qu'il appelle « la conceptualité logique de la théorie des formes » (p. 260); la leçon paraît incertaine, pour cette simple raison que Plotin paraît au contraire chercher à déterminer la Forme comme trace.

qu'ils possédaient, avant l'intervention du Démiurge, « des traces de leurs propriétés » (53b2 [1]). Cette fonction constitutive et déterminante de la trace est celle que se réapproprie Plotin, qui choisit de lire cette remarque du *Timée* comme une proposition relative à la Forme, c'est-à-dire à la trace que laisse de lui-même le principe dans le principé[2].

Cette double signification de la trace, à la fois empreinte et direction, définit alors et aussi bien son synonyme, la Forme. Si l'on se reporte de nouveau aux lignes citées du chapitre 11 du traité 30, c'est pour y lire que la trace est donnée à ce qui a surabondé pour l'aider à voir et à atteindre son principe. La trace est donnée après la surabondance, elle est un don de surcroît, un supplément de détermination : c'est en cela que consiste selon Plotin la Forme intelligible, l'εἶδος, qui est une puissance (δύναμις) de production et de compréhension. Ce que le principé reçoit de son principe, c'est une aptitude à se comprendre lui-même, à savoir ce qu'il est, c'est-à-dire à connaître sa provenance avant d'entreprendre l'imitation de son origine. C'est de cette manière, au moyen de la trace, que la théorie des deux actes s'accorde à celle de la ressemblance du principe et de son produit : si le principé est l'acte second de son principe, c'est dans la mesure où il est la trace (ressemblante) de ce que fait son principe. La possibilité de son retour mimétique est désormais justifiée.

L'examen de l'éthique plotinienne qu'on va conduire dans le chapitre suivant montrera comment cette réalité véritable qu'est l'Âme se constitue ainsi à l'imitation du principe dont elle est et reçoit une trace. C'est d'une certaine manière la formule selon laquelle le Bien « donne ce qu'il n'a pas » qui s'y trouvera encore éclairée par analogie. Si l'objet de ce don n'est pas en sa possession, il reste toutefois effectué : le Bien donne une puissance de contemplation et de production, c'est-à-dire une réalité, à ce qui surabonde de lui. Cette relation définit également la manière dont l'Âme reçoit de l'Intellect ce que ce dernier ne possède pas, mais qui est pourtant son bien à elle, l'excellence.

1. Ce qui n'est pas sans faire difficulté, comme on y reviendra, *infra*, p. 139.

2. Voir encore la manière dont 49 (V, 3), 7, 22-25 explique comment l'engendrement du principé par le principe est désigné comme une « puissance de produire une trace de lui-même en autre chose ».

PURIFICATION, ASSIMILATION ET CONTEMPLATION

La catégorie du bien a une importance déterminante dans les éthiques anciennes, qui lui attribuent un double rôle. Elle est d'abord ce qui nomme, dans le champ éthique, la cause finale des conduites : quel que soit le mode de vie qu'on privilégie, ce dernier est ordonné à l'atteinte ou à l'obtention d'une fin (un τέλος), qui est alors son bien. Elle qualifie ensuite, dans les pratiques humaines, les pratiques qui satisfont aux critères d'excellence, aux « valeurs » ; par exemple, si l'on promeut comme valeurs la tempérance et le courage, celui qui sera tempérant et courageux sera bon. Ainsi, bien conduire son existence, bien faire une chose quelconque, c'est satisfaire aux critères de l'excellence que les grecs nomment ἀρετή[1].

Qu'elle définisse l'excellence comme excellence dans la fonction propre (Platon) ou encore comme disposition acquise à bien agir (Aristote), toute réflexion philosophique ancienne sur les mœurs, toute éthique[2], embrasse le τέλος et l'ἀρετή, dans une même définition du bien[3]. Toutes les éthiques ne promeuvent certes pas le même mode de vie ou le même bien, ni ne prescrivent les mêmes critères d'excellence; l'excellent citoyen platonicien n'est pas le « prudent » aristotélicien, pas plus que ce dernier n'est le « sage » stoïcien ou la « bête » des cyniques. Mais les uns et les autres sont définis en des termes semblables, ce sont autant de réponses successives et distinctes à de mêmes questions qu'incarnent ces figures éthiques. Lorsque Plotin écrit un traité *Sur les vertus*, il s'inscrit à son tour dans cette tradition et prend part au débat dont l'objet est la meilleure manière de conduire son existence. Pour peu que Plotin entende se distinguer, là encore, de ses prédécesseurs, il lui faut donc définir la fin de la vie (le τέλος) et l'excellence qui la prépare ou la consacre. Pour peu encore, comme l'avait soutenu Platon, que cette excellence ne soit pas un don hérité ou naturel, Plotin doit en définir les modalités d'acquisition. C'est cette

1. Le terme ἀρετή est ici plus souvent rendu par « excellence » que par « vertu », qui ne traduit guère la connotation fonctionnelle du terme; être « vertueux », si l'on songe à ce qu'en dit la *République* de Platon, c'est accomplir excellemment une certaine fonction. Mais la typologie des « vertus » que propose le traité 19 (I, 2) conserve l'équivalent d'usage, qui est adopté par tous les traducteurs.

2. L'éthique est relative à l'ἦθος, le caractère, la manière habituelle dont la vie est conduite, les mœurs. Sur ce vocabulaire, on peut se reporter avec profit à l'étude lexicale de P. Demont, « Note sur les premiers emplois de *èthikos* (ἠθικός) chez Aristote. Le sentiment d'amitié et les transactions de gré à gré », *Ktema*, 23, 1998, p. 81-90.

3. Le bien conjoint les deux aspects du bien vivre en rapportant l'excellence (la bonne conduite) à la poursuite d'une fin (le bien ultime, le « souverain bien »).

recherche, bien plus sans doute que la définition même de l'excellence, qui donne son contenu à l'enquête éthique. La question de l'acquisition des « vertus », de la manière dont on devient excellent, peut en effet prendre plusieurs formes, selon qu'on demande comment cette excellence advient (par l'éducation ? Par le respect de certaines règles ? À la faveur de certains exercices ?), ou encore comment cette excellence nous affecte, quelle sorte de modifications psychiques ou pratiques elle entraîne (que se passe-t-il en nous – et où au juste en nous ? – lorsque nous devenons excellent ? En quoi précisément notre conduite se trouve-t-elle modifiée ?). Le traité 19 se mesure à ces questions pour en proposer un traitement si rigoureux que Porphyre, lorsqu'il édita les *Ennéades*, jugea utile de le placer au second rang des cinquante-quatre traités plotiniens, à la suite immédiate de celui qui demandait *Qu'est-ce que le vivant ?*[1] : connaissant ce dernier, c'est-à-dire sachant ce qu'est la vie d'un homme, on devait être en mesure de se prononcer sur l'excellence dont il est capable.

Plotin prend pour point de départ et prétexte de son traité une phrase de Platon dont on a vu qu'elle était la formule du τέλος médioplatonicien : « il faut s'assimiler au dieu » ; ou, plus exactement, puisque Plotin cite fidèlement deux phrases du *Théétète* : « Puisque, par nécessité, les maux existent ici et parcourent ce monde, et puisque l'âme veut fuir les maux, il faut fuir d'ici. Quelle est donc cette fuite ? Elle consiste, dit Platon, à s'assimiler au dieu »[2]. L'examen des conditions et de la nature de cette assimilation au dieu (ὁμοίωσις θεῷ) suppose donc que l'on examine les différentes formes de l'excellence, les différentes « vertus » ; ces dernières sont bien les moyens adéquats de l'assimilation ou, si l'on songe au schéma éthique le plus commun, elles sont bien le moyen d'atteindre la fin ultime. Tout l'intérêt du traité *Sur les vertus* tient toutefois à la manière dont Plotin ne cherche pas à éprouver une définition de la vertu ou à faire l'apologie de

1. 53 (V, 1). Le traité 19 (I, 2) est l'objet d'un commentaire minutieux et inédit de J.-M. Flamand, *Plotin, Traité* Des vertus. *Traduction et commentaire*, thèse de Doctorat de IIIe cycle, dir. P. Hadot, Université de Paris-IV/École Pratique des Hautes Études, novembre 1980. À ce commentaire, J.-M. Flamand a donc désormais ajouté une nouvelle traduction annotée du traité, dans le volume *Traités 7-21*, qui est reprise ici.

2. 19 (I, 2), 1, 1-4. Pour sa part, voici ce qu'écrivait Platon dans le *Théétète* : « Il est impossible que le mal disparaisse, Théodore ; car il y aura toujours nécessairement, un contraire du bien. Il est tout aussi impossible qu'il ait son siège parmi les dieux : c'est donc la nature mortelle et le lieu d'ici-bas que parcourt fatalement sa ronde. Cela montre quel effort s'impose : d'ici-bas vers là-haut, fuir au plus vite. La fuite, c'est de s'assimiler au dieu dans la mesure du possible. », 176a4-b2. On doit noter que la dernière restriction de Platon (« dans la mesure du possible ») est omise par Plotin ; et pourtant, ce dernier l'aurait à son tour concédée.

certaines vertus, mais entreprend de convoquer l'ensemble des définitions philosophiques de l'excellence, et de les conserver. Elles ne seront pas examinées pour être critiquées ou réfutées, mais elles seront toutes disposées hiérarchiquement comme les étapes successives d'un même itinéraire, d'une même et progressive purification éthique dont le terme doit être l'assimilation au dieu promise par Platon. Le traité 19 peut alors défendre une définition originale de la vertu : celle-ci ne doit pas être tenue pour une sorte de disposition ou d'état qu'il serait donné à l'homme de posséder, mais elle doit être considérée comme un processus transitoire, un devenir qui doit porter l'âme humaine au-delà même de l'excellence psychique : la vertu est une dépossession.

En choisissant de ne pas examiner les définitions de la vertu de ses prédécesseurs selon leur genre ou selon leur pertinence, mais selon qu'elles permettent une assimilation de plus en plus accrue au divin, Plotin introduit une gradation qui ne trouve pas d'équivalent dans le rapport que l'Intellect entretient avec l'Un. Alors que l'Intellect contemple éternellement son principe, l'assimilation qu'entreprend l'Âme progresse dans la durée. Les vertus, soutient Plotin, ne sont d'une certaine manière que les degrés ou les étapes successives de ce processus psychique, les moments successifs de son élévation, depuis le souci du corps individuel qui retient l'âme du vivant humain jusqu'à l'accès au principe. De ce point de vue, la gradation des vertus correspond exactement aux formes et aux degrés successifs de la contemplation : la vertu est l'expression éthique de la contemplation, la manifestation vitale de l'intelligence qu'a l'Âme de son principe[1]. Qu'il y ait des degrés de la vertu, une hiérarchie continue des vertus, s'accorde ainsi avec l'hypothèse selon laquelle l'Âme n'intellige que discursivement l'Intellect : là où ce dernier se *retournait* éternellement vers son principe, l'Âme doit *remonter* vers lui. Le progrès éthique dont certaines âmes sont susceptibles qualifie ainsi l'intelligence discursive comme une remontée (ἀνάϐασις), lorsque l'âme parvient à s'élever des vertus politiques aux

1. On devrait pouvoir dire, dans le même sens, que la gradation des « beautés » décrite dans le premier des traités plotiniens, *Sur le beau*, est l'expression « esthétique » de cette même contemplation : la perception de la beauté, la vertu et la contemplation sont les aspects distincts d'un même processus. C'est du reste ce qui fait du traité 20 (I, 3), *Sur la dialectique*, la véritable suite du traité 19 (I, 2), *Sur les vertus*. Voir la Notice de J.-M. Charrue à sa traduction de 20 (I, 3), et l'étude de G. Leroux, « Logique et dialectique chez Plotin : Ennéade 1.3 (20) », *Phoenix*, 28, 1974, p. 180-192.

vertus purificatrices[1]. S'agissant des premières, Plotin désigne comme « politique » un certain état des quatre vertus qu'on tient pour cardinales depuis Platon : la tempérance (σωφροσύνη), le courage (ἀνδρεία), la réflexion (φρόνησις) et la justice (δικαιοσύνη)[2]. Les vertus politiques ont pour particularité de désigner chacune une première forme de détermination de l'âme ; liée au corps qui lui est attribué, l'âme individuelle est attachée à un fragment relativement déterminé de matière. Mener une vie vertueuse exige d'abord que l'on accentue cette détermination, c'est-à-dire que l'on parvienne à imposer une mesure plus grande à la part d'indétermination matérielle que comporte nécessairement le corps. Si les vertus sont bien « des mesures dans la matière qu'est l'âme »[3], c'est parce qu'elles désignent l'aptitude de l'âme à limiter l'attention et le souci qu'elle a pour le corps. Aussi la tempérance nomme-t-elle l'aptitude de l'âme à ne pas satisfaire tous les désirs suscités par le corps. C'est bien l'âme qui est le sujet du désir, et c'est donc bien à elle qu'il faut imposer des limites, en éloignant d'elle ce qui est corporel et ce qui est indéterminé, qu'il s'agisse des désirs excessifs, de l'emportement (si l'on songe au courage) ou encore du souci pathologique de son propre intérêt (si l'on songe cette fois à la justice). Chacune des quatre vertus cardinales désigne ainsi la maîtrise qu'atteint l'âme lorsqu'elle réussit à distinguer ce qu'elle est elle-même (une réalité intelligible) de ce qui n'est pas elle et qui contrarie sa nature. Être vertueux en ce sens, c'est reconnaître que nous ne sommes pas matériels, et que nous ne sommes même pas ce corps qui est au mieux, pour nous, une circonstance[4]. C'est du reste pour cette raison que ces vertus politiques, si elles autorisent une vie commune mesurée et si elles permettent à l'âme de mesurer et de maîtriser ce qu'elle n'est pas, ne sont pas, à proprement parler, des vertus de l'âme. Elles ne sont que le préalable discriminatoire et négatif d'une excellence proprement psychique qui doit, elle,

1. Sur ces questions, on peut se reporter à l'étude de J. Trouillard, *La purification plotinienne*, Paris, PUF, 1955, p. 166-203.

2. Si l'on suit notamment l'exposé qu'en donne Platon dans la *République*, IV, 427e-444a.

3. Chapitre 2, 19. La comparaison peut sembler déconcertante, mais elle est fondée. À la condition de comprendre que la matière et l'indétermination ne sont pas simplement le lot de l'indétermination de la matière sensible. On y revient, *infra*, p. 132.

4. La nécessité de distinguer ainsi des degrés de vertu, en réservant un statut privilégié à la vertu contemplative et en la distinguant de celles des vertus qui ont surtout pour objet la maîtrise du corps, a pour précédent une remarque de la *République*, VII, 519a8-b3 (l'âme qui est mal éduquée doit être débarrassée « de ce qui l'apparente au devenir, comme on enlèverait des charges de plomb qui, venues se coller à sa nature à force de victuailles, de plaisirs et de convoitises de ce genre, tournent la vue de l'âme vers le bas »).

favoriser l'assimilation au dieu[1]. Il est manifeste qu'en mettant des limites à notre souci comme à notre usage du corps, nous reconnaissons notre parenté à l'intelligible et au divin, mais nous ne l'accomplissons pas encore. Une telle tâche revient à une autre forme de conduite, disjointe des obligations de la vie commune, que Plotin désigne de façon générale comme une purification. Mais les vertus purificatrices ne sont pourtant pas différentes des vertus politiques : ce sont encore une fois les quatre vertus cardinales qui sont nommées. Plotin ne multiplie pas les espèces de la vertu, mais il choisit bien d'en distinguer des niveaux, des degrés d'intensité. Lorsqu'elles sont définies comme des limites ou des mesures, les quatre vertus cardinales le sont dans les termes de l'éthique aristotélicienne, qui définit la vertu comme une (juste) mesure des passions, comme une « métriopathie »[2]. Mais cette maîtrise doit être dépassée par un affranchissement véritable des passions, par un état que les stoïciens, cette fois, nomment l'apathie (ἀπάθεια). Il s'agit là d'un degré supérieur de vertu, qui est le propre de l'âme parfaitement affranchie du souci du corps, au point de s'en « séparer » et de satisfaire ainsi l'exigence platonicienne du *Phédon*. L'âme se retrouve ainsi elle-même, « seule » dit Plotin, lorsqu'elle s'affranchit du corps pour ne plus exercer que la seule activité intellectuelle qui est, on s'en souvient, sa réalité.

L'âme exerce son activité spécifique lorsqu'elle ne se contente plus de maîtriser (avec tempérance, courage, réflexion et justice) ses passions, mais lorsqu'elle contemple les Formes intelligibles mêmes de la tempérance, du courage, de la réflexion et de la justice. Si l'idéal classique de la vie du sage peut être atteint, ce sera donc au prix de cette purification qui permet à l'âme humaine de ne se consacrer qu'à l'activité théorétique qui est le propre du dieu, c'est-à-dire de l'Intellect. Et pourtant, il ne s'agit pas encore d'une véritable assimilation. C'est de nouveau le propre des vertus purificatrices que de poursuivre et d'accentuer ce processus discrimina-

1. Comme le rappelle J.-M. Flamand dans sa Notice introductive au traité 19 (I, 2), Plotin rompt avec la tradition de la « métriopathie », c'est-à-dire avec la thèse philosophique classique selon laquelle c'est en imposant une « mesure » aux conduites qu'on les rend vertueuses. À la différence de ses prédécesseurs, Plotin défend au contraire une éthique qui privilégie une certaine forme d'excès et d'abandon.

2. C'est du moins ainsi qu'on comprenait et diffusait l'éthique d'Aristote. Le terme générique de « métriopathie », qui n'est pas aristotélicien, est plus tardif; par ailleurs et comme le signale de nouveau J.-M. Flamand (cette fois dans l'Introduction de sa thèse), il n'est pas employé par Plotin, mais le sera en revanche par Porphyre dans ses *Sentences*, qui commentent et offrent un développement original au traité *Sur les vertus* de Plotin (*Sentence* 32).

toire qui permet à l'âme de se retrancher et de s'unifier indépendamment du souci corporel, de ne plus se disperser. La purification conçue comme séparation, dans la mesure où elle permet à l'âme de privilégier, sinon de ne plus exercer que sa fonction intellective, est bien le moyen de cette unification à laquelle toute réalité aspire. En termes éthiques, cette unification se traduit par une expérience différente des vertus, qui ne sont plus additionnées comme autant de compétences distinctes, mais qui sont désormais réunies. L'unité de la vertu que défendait Platon trouve son expression adéquate, selon Plotin, dans la notion stoïcienne d'unité ou d'implication (ἀντακολουθία) des vertus, dont on ne peut plus supposer qu'à tort qu'elles sont distinctes les unes des autres [1]. À la pluralité des vertus que définissait l'éthique aristotélicienne doit donc succéder une unité complète de la vertu ; l'âme atteint cette excellence supérieure, lorsqu'elle accomplit un acte, la contemplation de l'intelligible, qui est excellent sous tous rapports. Le processus de purification en quoi consiste le devenir qu'est la vertu s'accomplit donc dans l'activité contemplative qui assimile l'âme à l'Intellect. Mais si le processus conduit à cette assimilation, il en est pourtant distinct et il n'en reste que le moyen.

Dans le cinquième chapitre du même traité, Plotin se demande où situer les limites de cette purification : jusqu'où, jusqu'à quel point l'âme peut-elle s'affranchir du corps et de ce qui n'est pas elle ? Si la purification est une séparation, un retranchement, à quel degré de séparation doit-on atteindre pour qu'une assimilation soit possible ?

> Mais jusqu'à quel point peut aller la purification ? Voilà ce qu'il faut dire. Car c'est ainsi qu'on verra clairement à qui nous devenons semblables et à quel dieu nous nous identifions. Et cela revient surtout à rechercher comment l'âme se sépare de l'irascibilité, du désir et de tout le reste, de la souffrance et de tout ce qui lui est apparenté, et jusqu'à quel point il est possible de se séparer du corps. Le fait est que, si elle se sépare du corps, l'âme sans doute se rassemble en elle-même pour ainsi dire dans les lieux qui lui sont propres, qu'elle est vraiment entièrement impassible et qu'elle ne retient parmi les plaisirs que ceux qui sont nécessaires, mais en les considérant seulement comme des sensations, des soins et des termes mis aux peines, afin de ne pas être troublée. 19 (I, 2), 5, 1-9 [2].

L'assimilation, qui est comprise au sens fort d'une identification, a donc pour condition une purification des puissances non rationnelles de

1. C'est l'objet du chapitre 7 du traité 19 (I, 2) que de l'établir (voir la note de J.-M. Flamand au chap. 7, ligne 1).

2. Trad. J.-M. Flamand.

l'âme[1]. Plotin paraît effectivement souscrire à l'idéal *apathique* stoïcien qui dénonce en toute affection, en toute passion un désordre[2]. Mais il ne cherche nullement à décrire les passions comme le résultat d'erreurs de jugement ou de représentations fausses; il emprunte plutôt une autre voie, qui consiste pour l'essentiel à adopter le point de vue fonctionnel selon lequel l'âme échappe aux passions lorsqu'elle ne fait qu'exercer sa fonction rationnelle. Autrement dit, il ne s'agit pas tant de supprimer les passions, mais, en termes à la fois dynamiques et spatiaux, de rassembler toutes les fonctions adventices de l'âme autour de sa fonction rationnelle. Plutôt qu'une éradication des troubles pathologiques, c'est davantage une nouvelle économie des puissances et des tendances psychiques qui est ici proposée. La purification ne saurait consister simplement en une maîtrise, ni même en une discrimination des passions; elle relève plutôt d'un travail de sélection et de modelage des passions, qui doivent être rapportées à soi, « au centre » dit Plotin, afin d'être modifiées selon que l'exige l'activité réelle de l'âme. En d'autres termes, il n'est pas question d'en finir avec tous les désirs et tous les plaisirs; certains ont une nécessité qui, pour n'être pas psychique, pourrait avoir des conséquences psychiques. Pourquoi, par exemple, cherche-t-on à satisfaire ces désirs que sont les besoins de boisson ou de nourriture, ou bien encore les désirs sexuels naturels, sinon parce qu'à ne pas satisfaire ces besoins corporels on produirait des souffrances qui, pour finir, nuiraient à l'âme? Il existe donc bien une économie des passions, dont l'objet est de fournir à l'âme, cette vie individuelle durant, les conditions les plus favorables à l'exercice de la fonction intellective[3].

1. Dans le vocabulaire platonicien dont se sert abondamment Plotin dans ces pages, c'est l'élément irascible et l'élément désirant de l'âme qui sont donc désignés.

2. Selon les stoïciens, la vertu doit être définie comme étant la droite raison, c'est-à-dire la disposition de l'âme à vivre d'accord et conséquemment avec la nature comme avec soi-même. Les passions doivent être toutes écartées dans la mesure où elles ne sont que des ébranlements pathologiques de l'âme et de la droite raison. Par exemple, puisque Plotin en traite ici, le plaisir (ἡδονή ou *voluptas*), est une espèce de passion, une décontraction de l'âme qui, à la différence de l'ardeur raisonnable qu'on nomme joie (χαρά ou *gaudium*), n'est rien d'autre qu'une perturbation pathologique. Pour prendre une exacte mesure de la façon dont Plotin inscrit sa réflexion dans le contexte du débat éthique ancien, voir l'ouvrage de J. M. Rist, *Eros and psyche. Studies in Plato, Plotinus, and Origen*, Toronto, University of Toronto Press, 1964. Quant à la théorie stoïcienne des passions, elle fait l'objet d'une synthèse précieuse de C. Gill, « Did Chrysippus understand Medea? », *Phronesis*, 28, 1983, p. 136-149.

3. De sa fonction intellective ou de son élément rationnel (le λογιστικόν), qu'il n'y a pas lieu de distinguer.

Plotin ne suppose pas, comme le faisaient les stoïciens, que les passions affectent directement l'élément intellectif de l'âme; il affirme plutôt qu'elles contrarient son exercice, qu'elles distraient l'âme, de telle sorte que la purification doit simplement permettre que l'élément intellectif ou rationnel ne soit pas dérangé ou troublé par l'exercice mitoyen ou avoisinant des autres puissances psychiques; les fonctions psychiques autres que rationnelles continuent de s'exercer, mais elles ne doivent le faire qu'*à leur niveau*. On comprend alors ce que peut signifier, la vie durant, la séparation de l'âme et du corps; elle désigne un exercice minimum des fonctions psychiques liées au corps, de façon à éviter les souffrances, en faveur du plein exercice d'une fonction intellective libérée du souci d'avoir à surveiller ou à maîtriser les fonctions subalternes. Plotin ne défend donc aucunement une éthique de la privation ou de l'abstention qui exigerait la disparition pure et simple des plaisirs ou du désir, mais il conçoit, à la manière platonicienne (celle, notamment, du *Philèbe*) une éthique de la discrimination et du mélange dont la tâche est d'associer des éléments et des fonctions distincts en les ordonnant les uns par rapport aux autres : seul importe le gouvernement paisible et spontané de la fonction intellective sur les autres fonctions psychiques, comme l'indique la suite du chapitre 5 du traité 19 :

> Et de surcroît, elle supprime les souffrances, et si cela n'est pas possible elle les supporte avec douceur et les amoindrit en n'y compatissant pas. L'irascibilité, elle la supprime autant que possible, et si cela se peut tout à fait; et sinon elle se refuse, en tout cas, à s'associer à un quelconque mouvement de colère, mais elle se dit que l'impulsion involontaire relève d'un autre être, et que cette impulsion involontaire est insignifiante et faible; la crainte, elle la supprime entièrement, car il n'y a rien qu'elle puisse craindre – mais dans ce cas aussi il peut se produire une impulsion involontaire – à ceci près que la crainte peut servir alors d'avertissement.
> — Et le désir ?
> — Ce ne sera, d'abord, le désir d'aucun objet vil, évidemment; et puis, le désir du manger et du boire, l'âme ne l'éprouvera que pour la détente du corps et non pour elle-même, tout comme celui des plaisirs de l'amour, mais si tel est le cas, il s'agira des plaisirs naturels, je pense; et elle n'éprouvera pas non plus de désir comportant l'impulsion involontaire, mais si tel est le cas, ce ne sera que dans la mesure où cette impulsion se produit avec l'imagination, qui, elle, est spontanée. 19 (I, 2), 5, 9-20[1].

1. Trad. J.-M. Flamand.

On doit être attentif ici à la multiplication des clauses de réserve qui tempèrent considérablement la rigueur de l'apathie dont les stoïciens se faisaient les champions. Si l'on en croit ces réserves et ces précautions, aucune passion n'est finalement supprimée par Plotin. L'exemple de la sexualité est particulièrement édifiant, puisque Plotin, lorsqu'il interdit la satisfaction des désirs amoureux irréfléchis, suggère toutefois que l'activité sexuelle n'a rien de condamnable, pourvu qu'elle soit réfléchie, mais encore et surtout qu'il est même possible de s'accommoder d'un désir érotique excessif ou irréfléchi au moyen de l'imagination[1].

La vertu résultera ainsi, plutôt que d'une contrainte ou d'une privation, d'un bon voisinage de puissances dont les fonctions, pour différentes qu'elles soient, atteignent chacune leur excellence lorsqu'elles sont ordonnées comme il convient.

Si la purification permet à l'âme de s'unifier totalement et excellemment, elle reste donc une condition de l'assimilation. Cette dernière consiste pour l'âme à s'unir au bien qui est sa fin, l'Intellect. On ne pourrait dire de la purification, c'est-à-dire de la vertu sous sa forme supérieure, qu'elle suffirait à l'assimilation que si le dieu possédait également des vertus[2]. Mais il n'en est rien. Comme le souligne Plotin, on ne trouve dans l'Intellect qui est le dieu auquel l'âme aspire aucune sorte de vertu. La chose n'est pas pour surprendre, dans la mesure où la vertu est un devenir progressif, une élévation vers son principe, ce que n'a pas à connaître l'Intellect qui lui, accède éternellement à son principe, l'Un. C'est pourquoi l'Intellect comprend les Formes (de la tempérance, du courage, etc.) qui, dans chaque âme et à l'imitation du principe, ne sont que des pensées et des vertus, c'est-à-dire autant de façons pour l'âme de contempler ces Formes et de tenter d'ordonner sa vie à la perfection qu'elle contemple. Sachant en quoi consiste pour Plotin la contemplation, on comprend que, lorsque celle-ci s'achève dans l'union au principe qui est sa fin, les vertus ne soient plus que le souvenir du chemin qui a conduit l'âme à cette assimilation. L'âme est alors et finalement dépossédée de tout ce qui

1. Cette satisfaction imaginaire des désirs sexuels irréfléchis est-elle celle qu'offrent les « rêves érotiques », comme le croyait Porphyre (*Sentence* 32, p. 34, l. 8 de l'éd. d'E. Lamberz) et comme le suppose J.-M. Flamand dans son commentaire, *thèse citée*, p. 145, ou bien Plotin fait-il allusion ici à une autre forme de satisfaction ? La question est posée.

2. Ce que soutiennent peu ou prou les stoïciens, en affirmant que les vertus du sage sont identiques à celles du dieu.

en elle n'est pas l'acte second de son principe, et elle s'unit à l'Intellect pour devenir comme lui ἀγαθοειδής, pour avoir la Forme du Bien.

L'IMITATION ET LES SONGES

La purification de l'âme qui prépare l'accomplissement éthique donne une idée très juste de l'importance que Plotin accorde à ces activités que sont la « simulation » imitative (μίμησις) et l'assimilation (ὁμοίωσις). Dès les deux premiers chapitres du traité 19, l'hypothèse processive d'ensemble selon laquelle le principé imite son principe dans la mesure du possible est ainsi appliquée à l'Âme qui, en dépit de la spécificité discursive et progressive de sa «remontée», se comporte à l'égard de son principe comme l'Intellect à l'égard de l'Un [1]. Les deux rapports, de ce point de vue, sont identiques : ce n'est pas l'Intellect qui fait exister l'Âme comme elle est (ou encore, dans le vocabulaire éthique, ce n'est pas le dieu qui donne à l'Âme des vertus qu'il posséderait lui-même, fût-ce sous une forme plus élevée), mais c'est l'Âme qui par elle-même se donne des vertus, atteint une certaine excellence, selon la manière dont elle se constitue en se rapportant à son principe. Lorsque Plotin insiste vivement sur l'absence de vertus en dieu, en l'Intellect, c'est pour définir ces dernières comme les degrés d'une excellence dont l'Âme seule est susceptible. La vertu n'est rien d'autre que la réalisation de l'Âme, la poursuite de son propre achèvement. Il va de soi que cet achèvement est doublement relatif : en premier lieu parce que l'Âme se parachève relativement à son principe, selon ce qu'elle reçoit et connaît de lui, et en second lieu dans la mesure où l'Âme ne peut y prétendre que relativement cette fois à sa propre puissance. Il faut alors dire d'elle ce que l'on peut dire de l'Intellect à l'égard de l'Un : elle est une réalité qui ressemble à son principe et entreprend de parfaire cette ressemblance. L'Âme ne naît donc pas à la manière d'une copie ou d'un double de l'Intellect; elle n'est pas un autre Intellect ou un Intellect diminué. Elle est autre chose que lui, une chose qui entreprend de lui ressembler parce

1. C'est là l'une des raisons qui permettent à Plotin d'affirmer qu'il existe bien une analogie entre l'intelligible et le sensible; J.-L. Chrétien examine cette question dans «L'Analogie selon Plotin», *Les Études philosophiques*, 1989, p. 305-318. Les enjeux plotiniens de la ressemblance du sensible et de l'intelligible sont judicieusement présentés par J. Fielder, « Plotinus' copy theory », *Apeiron*, 11, 2, 1977, p. 3, qui conteste que cette analogie doive être conçue sur un modèle aristotélicien.

qu'elle le désire[1]. C'est à cet effet que Plotin se propose de distinguer deux sortes d'assimilation :

> En premier lieu il faut donc considérer les vertus par lesquelles nous devenons, disons-nous, semblables (ὁμοιοῦσθαι) au dieu, afin de découvrir l'élément commun qui pour nous est la vertu, n'étant qu'une imitation (παρ' ἡμῖν μίμημα ὄν), mais qui là-bas n'est pas la vertu, étant pour ainsi dire l'archétype, non sans avoir montré que l'assimilation s'entend de deux façons (ἡ ὁμοίωσις διττή). L'une exige en effet que la même chose se trouve dans les termes qui sont tous devenus semblables dans des conditions égales, à partir du même modèle. Mais dans les cas où l'un des deux termes est devenu semblable à l'autre, qui est premier et qui n'est pas interchangeable avec celui-là et ne lui est pas dit semblable, alors il faut entendre l'assimilation d'une autre manière, qui exige non pas la même forme mais plutôt une forme différente dans les deux termes, s'il est vrai que l'assimilation s'est faite d'une autre manière. 19 (I, 2), 2, 1-10[2].

Si Plotin privilégie la seconde forme d'assimilation, c'est donc qu'elle permet de maintenir l'hétérogénéité de nature qui doit distinguer l'agent qui s'assimile de ce à quoi il s'assimile, le principé de son principe, tout en défendant leur ressemblance[3]. De la sorte, ce qui en l'Âme est vertu doit

1. Le rôle du désir et de l'amour dans l'économie plotinienne de la procession est examiné par J. M. Rist, *op. cit.*; il fait encore l'objet de remarques importantes dans l'étude citée de C. Gaudin, p. 269-274.

2. Trad. J.-M. Flamand, légèrement modifiée. Plotin suit dans ce chapitre une distinction platonicienne décisive, dont on trouve une première version dans l'*Hippias majeur*, 300c-303d, citée plus loin, et qui occupe encore la révision de l'hypothèse des Formes intelligibles telle que la conduit le *Parménide*, 132d *sq.* La participation doit expliquer comment des choses distinctes possèdent en commun une même qualité (comme c'est le cas par exemple de deux choses belles, qui participent toutes deux de la beauté, une jeune fille et une marmite dit Platon, sans être aucunement identiques l'une à l'autre), mais aussi et encore comment une chose possède une qualité en vertu du rapport qu'elle entretient avec une réalité qui, elle, en est dépourvue. L'existence de cette seconde forme d'assimilation (ou de « similitude ») est également présupposée par l'hypothèse de la participation, qui doit précisément expliquer comment la chose sensible est ce qu'elle est en vertu de sa participation à une Forme intelligible, l'une et l'autre étant parfaitement distinctes. Plotin reprend donc la difficulté à son compte.

3. Comme c'est cette fois la leçon de la fin du *Cratyle* platonicien (430a-435b). Lorsque Cratyle choisit de définir le nom comme « une sorte d'imitation de la chose » nommée (430a10-b1), il prend soin de distinguer une imitation droite, qui entretient une ressemblance réelle avec le modèle qu'elle désigne, d'une mauvaise imitation à laquelle cette ressemblance ferait au contraire défaut. C'est, précise-t-il encore, qu'il faut distinguer l'imitation de la simple image ou plutôt, de la simple reproduction du modèle (432a *sq.*). Imiter un objet ne consiste pas à en produire un double, mais bien plutôt à produire un second objet qui, dans son genre, entretienne avec le premier un rapport de ressemblance (ici, d'ὁμοιότης) tel qu'il

être semblable à quelque chose qui, en l'Intellect, n'est pas vertu mais Forme intelligible, excellence achevée. Et c'est bien à cet archétype intelligible que les âmes que nous sommes doivent s'assimiler. Si Plotin retient ce rapport de ressemblance qui n'est pas celui, horizontal, de l'homogénéité par possession de caractères communs, mais celui, vertical, d'une ressemblance obtenue par assimilation, c'est bien pour justifier sa propre réponse à la question platonicienne de la participation. Elle est désormais connue : le principé ne participe à son principe qu'à la condition qu'il entreprenne, par les moyens qui lui sont propres, de s'assimiler à son principe, c'est-à-dire de parfaire son existence en se transformant lui-même en autre chose que lui-même.

Le traité 26, *Sur l'impassibilité des incorporels*, revient dans des termes semblables aux conditions de la purification psychique :

> — Pourquoi faut-il chercher à rendre notre âme impassible au moyen de la philosophie si, dès l'origine, elle ne pâtit pas ?
> — Ce songe, pour ainsi dire, qui est introduit en l'âme dans cet élément qu'on appelle passionnel[1], produit à sa suite un état passionnel, un trouble ; et à ce trouble s'ajoute ce qui lui ressemble : la prévision d'un mal. C'est cela qu'on appelle passion, et c'est cela dont la raison estime qu'il faut entièrement se débarrasser, sans la laisser s'introduire en l'âme, car lorsqu'elle s'y trouve, l'âme est mal disposée, alors qu'elle est impassible lorsque la cause de la passion, ce qui est vu par l'âme, n'y est plus. C'est comme si quelqu'un qui voulait se débarrasser de ces représentations que l'on voit en rêve réveillait l'âme qui les rêve, en supposant qu'elle est la cause de ces passions et que, en quelque sorte, les visions venues de l'extérieur étaient des affections de l'âme[2].
> — Mais alors, en quoi peut bien consister la purification de l'âme si celle-ci n'a subi aucune souillure ? Et que veut dire pour elle être séparée du corps ?[3].

puisse adéquatement le désigner, le « faire (re)connaître » (435a2). La fonction active de l'imitation est ainsi proprement déictique et heuristique, elle n'est pas simplement représentative ou « iconique » : « la ressemblance est le moyen de faire voir » (435b1-2).

1. Il s'agit du παθητικόν. Dans son *Plotinus' psychology*, éd. citée, H. J. Blumenthal examine le détail des parties, éléments ou facultés de l'âme, p. 21-65 (ici, p. 49 *sq.*). B. Fleet, dans le commentaire qu'il donne à la traduction du traité 26, produit une analyse encore plus précise ; *Plotinus. Ennead III. 6, On the impassivity of the bodiless*, Oxford, Clarendon Press, 1995, p. 133-146 pour le chap. 5.

2. Pour le détail lexical (et notamment la distinction que fait Plotin entre les πάθη et les παθήματα, les « passions » et les « affections »), voir de nouveau les remarques *ad loc.* de B. Fleet. Ma traduction ne se distingue pas grandement de la sienne, à l'exception de la construction de l'incise (« quel que soit le caractère, *etc.* ») de la ligne 17.

3. Selon l'expression du *Phédon* de Platon, 67c5-6.

> — La purification consiste à laisser l'âme seule, à ne pas l'associer à autre chose, à ne pas lui faire regarder autre chose ni à lui laisser avoir des opinions qui ne seraient pas les siennes (quel que soit le caractère de ces opinions ou de ces passions, comme on l'a déjà dit). Et il ne faut pas la laisser regarder ces images ni la laisser produire les passions qui en résultent. Et n'est-ce pas une purification que d'aller des choses d'en bas vers les autres, celles d'en haut? Et encore une séparation, de la part de l'âme qui n'est plus dans le corps au point de lui appartenir? 26 (III, 6), 5, 1-21.

Cette page du traité 26 propose un résumé très exact de l'enquête éthique du traité 19. Lorsque Plotin rappelle ici que l'âme est impassible, c'est pour la définir de nouveau comme une réalité parfaitement incorporelle qui ne saurait finalement être que distraite, distraite d'elle-même, par les passions. Lisant ces remarques sur les troubles psychiques « étrangers » à l'âme incorporée, on pourrait toutefois avoir le sentiment que Plotin corrige partiellement le traité 19 (I, 2) pour finalement défendre une apathie plus stricte, sinon absolue, et surtout pour ne plus imputer l'existence de la passion à l'âme. Mais il n'en est rien et l'argument de ce chapitre propose bien plutôt une précision de l'hypothèse précédente qu'il ne se livre à une rétractation : non seulement les passions sont éprouvées par l'âme incorporée, mais elles sont de surcroît les produits de cette dernière, de sorte que c'est l'âme elle-même qu'il faut corriger ou apaiser si l'on veut s'affranchir du trouble passionnel. Les passions sont ces images, ces représentations que l'âme forge lorsqu'elle porte ses regards sur ces autres images d'elle-même que sont les corps[1]. Attachée au corps auquel elle donne vie, l'âme porte sur l'état de ce dernier un jugement, elle en conçoit une certaine image : c'est là ce qu'on appelle une affection (πάθημα). La « descente » de l'âme dans les corps, la façon dont elle s'y divise pour en prendre soin, ne représente pas autre chose que cette genèse de l'affection : si l'âme s'expose au risque de la « chute », c'est en manifestant à l'affection dont le corps est l'origine une attention trop soutenue, et c'est là cette fois ce que Plotin nomme passion (πάθος). La passion est alors la chute elle-même, le redoublement inconsidéré et proprement *pathologique* de l'attention au corps. Celui-ci obéit en tous points à ce que Plotin peut dire par ailleurs de la pensée, indistinctement contemplation d'un objet et production d'une

1. Encore une fois, cette proposition a pour antécédent la définition platonicienne qu'on trouve notamment dans le *Philèbe*, où Socrate définit la passion et la sensation comme les jugements que l'âme formule sur l'état du corps. À strictement parler, il n'y a pas de passion ni même de désir corporels ; voir notamment la démonstration de 34e-35c.

image de cet objet : il est nécessaire que l'âme qui porte ses regards sur le corps produise des images du corps (des affections, donc) ; il est en revanche possible, et fâcheux, qu'elle s'intéresse encore à ces images et qu'elle produise des images de ces images (des passions). Dans le second cas et par défaut d'orientation, l'âme qui se prend de passion pour les affections venues du corps se trouve dupe de ses songes et de ses productions, elle s'abandonne à l'ensorcellement de ses propres reflets : « les âmes humaines voient leurs images comme dans le miroir de Dionysos et parviennent à cet endroit en s'élançant d'en haut » [1]. Son destin est alors celui de Narcisse.

Le processus psychique pathologique consiste ainsi en une double production redoublée d'images. Il va de soi, affirme Plotin, que l'âme se représente l'état du corps, en produisant donc des images ou des représentations [2] ; mais il ne s'agit pas là encore de passions. Ces dernières sont des images redoublées des images affectives ; elles résultent de la manière dont l'âme (sa faculté passionnelle) se représente la possibilité de subvenir aux besoins du corps ou l'urgence de s'y employer. Et c'est bien en produisant cette sorte d'images que l'âme se fourvoie. À la fois parce qu'elle ne porte pas sur les affections venues du corps un jugement adéquat, en s'employant plutôt à diminuer leur présence qu'à les prendre en compte, et parce qu'elle s'expose au danger, alors, de ne plus tourner ses regards dans la direction de son principe. Si l'on songe à la manière dont Plotin disait du principé qu'il est une « trace formelle » de son principe, c'est donc pour constater que l'âme s'expose elle-même au risque d'une désorientation. L'origine de ce trouble, comme on vient de le signaler, est toutefois extérieure à l'âme : c'est du « dehors » (ἔξω) que viennent ces représentations à partir desquelles elle produit les images passionnelles de son mauvais rêve. La cause extérieure des troubles psychiques est corporelle, cela va de soi [3]. Tout comme il va de soi (et c'est en ce sens qu'on peut parler d'une chute ou même d'un mal « volontaire » de l'âme) que l'âme est responsable de l'intérêt qu'elle leur porte, et qu'il ne lui sera possible d'atteindre à une nécessaire *apathie* qu'à la condition de ne pas leur accorder son attention.

Une question demeure toutefois, qui est l'objet même de notre enquête : l'examen de la pathologie psychique révèle l'existence, en l'Âme, de deux modes de production à la fois semblables, puisque dans chaque cas l'âme

1. 27 (IV, 3), 12, 1-2 ; J. Pépin commente ce texte, dans « Plotin et le miroir de Dionysos (*Enn.* IV, 3 [27], 12, 1-2) », *Revue internationale de philosophie*, 24, 1970, p. 111-144.

2. Dans le passage cité, les φαντασίαι (qui sont des représentations qu'on peut qualifier d'imaginaires) et les εἴδωλα sont synonymes.

3. Comme l'établit notamment le traité 27 (IV, 3), 26.

produit des images afin de se représenter son principe ou bien son principé, mais dont les issues sont parfaitement contraires, puisque les images qui l'unifient et la parachèvent dans le premier cas la divisent et l'abîment dans le second.

Qu'il existe ainsi, au niveau de l'Âme, deux sortes de contemplation et de production susceptibles de se contrarier, ne relève toutefois pas simplement de la pathologie affective dont peuvent être victimes les âmes « descendues » des vivants individuels. On doit se souvenir de ce que, selon Plotin, la production et l'animation du monde sont une chose nécessaire, mais aussi et surtout une bonne chose : il fallait, conformément à la leçon platonicienne du *Timée*, que le monde sensible existât et qu'il soit le plus possible semblable au modèle intelligible à partir duquel l'Âme le produisait[1]. L'examen éthique des troubles psychiques liés à l'incorporation pose ainsi à nouveaux frais la question cosmologique du rapport de l'âme du monde et de ses productions, mais aussi et principalement celle de la fonction dévolue à la privation comme à l'indétermination dans la procession.

L'APOLOGIE DE L'INDÉTERMINATION

> L'Âme doit être elle-même comme la vue, et ce qui est vu par elle est l'Intellect. Avant de voir, elle est indéterminée, mais elle est naturellement disposée à penser : c'est pourquoi, relativement à l'Intellect, l'Âme est matière.
>
> 13 (III, 9), 5[2].

Si l'on s'en tient toujours à l'Âme, on peut remarquer que le détour à l'occasion duquel elle engendre (la matière puis les corps), s'il est effectivement l'occasion du risque majeur, du mal, est aussi bien une nécessité cosmologique qu'une condition *sine qua non* de sa propre constitution. L'Âme produit afin de contempler ; de sorte que la production du sensible

1. Pour le dire autrement, ce n'est jamais là que l'un des effets de la dualité qui affecte l'Âme, ou de ce que Plotin désigne comme sa nature « amphibie ».

2. Trad. J. Laurent et J.-F. Pradeau. Voir, pour la même comparaison, 5 (V, 9), 4, 11-12, puis 19 (I, 2), 2, 19, et 25 (II, 5), 3, 11-14. L'origine de cette comparaison est aristotélicienne (Aristote, *De l'âme*, III, 5). L'âme reçoit de l'Intellect sa forme comme la réalité qui lui est propre, et elle devient ce qu'elle est en se retournant vers lui.

est la condition de son retour vers l'Intellect, ou encore, que la rencontre avec l'indétermination et la négativité matérielles est la condition de son accès à l'Intellect. Pour déroutant que cela puisse sembler, il est en quelque sorte nécessaire à l'Âme d'en passer par son principé pour accéder à son propre principe. Ce détour n'est certes qu'une nécessité logique, ou plutôt étiologique, puisque l'Âme qui est éternelle n'est dans la durée que dans la mesure où elle anime les corps [1]. Mais il n'en demeure pas moins constitutif de la réalité psychique.

Comme Plotin l'écrit dans le traité 15, il n'y a plus de vie après l'Âme, plus de retour possible :

> — Cette nature [l'âme végétative] n'engendre-t-elle donc rien ?
> — Elle engendre quelque chose de complètement différent d'elle. Après elle, en effet, il n'y a plus de vie et ce qu'elle produit est dépourvu de vie.
> — Comment cela ?
> — De même que tout ce qui a été engendré avant cela a été engendré sans forme (ἀμόρφωτον ἐγεννᾶτο), mais a reçu une forme (εἰδοποιεῖτο) en se retournant vers ce qui l'a engendré, comme nourri par lui, tout à fait de la même façon, ici aussi, ce qui est engendré n'a plus la forme de l'âme; ce n'est plus quelque chose qui vit; c'est en effet, au contraire, une indétermination totale (ἀοριστίαν εἶναι παντελῆ). Car s'il y a de l'indétermination dans les premières réalités elles-mêmes, il n'en reste pas moins que c'est une indétermination qui se trouve dans une forme (ἀοριστία, ἀλλ' ἐν εἴδει). Ce n'est pas en effet quelque chose d'indéterminé en tous ses aspects, mais pour autant seulement qu'on le rapporte à son achèvement. Par contre, ce dont il s'agit maintenant est en tous ses aspects indéterminé. Néanmoins, cela devient un corps et – réceptacle (ὑποδοχή) de ce qui l'a engendré et de ce qui l'a nourri – parvient à son achèvement en recevant la figure (μορφήν) qui convient à sa puissance. 15 (III, 4), 1, 6-16 [2].

Si l'indétermination n'est plus seulement le lot du seuil littéralement inexistant de la procession qu'est la matière, c'est la perfection et l'activité des deux réalités véritables engendrées, l'Intellect et l'Âme, qui se trouvent d'emblée menacées. On accorderait en effet volontiers aux produits de

1. On pourrait dire de l'Âme qu'elle n'est dans le temps que pour autant qu'elle est dans les corps, et qu'elle demeure, en tant qu'Âme, au-delà du temps qui est son produit. Conformément, de nouveau, à la leçon platonicienne du *Timée*, l'Âme engendre ensemble le monde et le temps ; voir surtout 45 (III, 7).

2. Trad. M. Guyot. Plotin interprète ici le *Timée*, dans lequel Platon soutient en effet que la χώρα, qui reçoit quelque chose du paradigme intelligible et tient lieu de matériau à la fabrication des choses sensibles, est comme « le réceptacle et la nourrice du devenir », 49a6.

l'Âme de n'avoir qu'approximativement part à la détermination intelligible. C'est après tout ce qui explique que les choses sensibles, au sens strict, ne possèdent pas d'existence, et c'est encore ce qui expose l'Âme, contrainte de donner aux corps ce qu'ils ne sont pas en mesure de recevoir, à la chute. Comme l'a bien montré P. Hadot [1], cette chute est la conséquence d'une illusion narcissique, d'une erreur de jugement commise par les âmes qui négligent de parfaire la détermination des corps en ne parvenant pas à se rendre compte qu'elles sont elles-mêmes l'origine de l'information relative du sensible. Les corps ne parvenant plus, par eux-mêmes, à imiter leur principe, c'est l'Âme qui doit suppléer leur impuissance et leur apporter le surcroît de détermination qui leur fait défaut [2].

Ce supplément de détermination intelligible donné aux corps par l'Âme est bien la « trace » d'elle même que celle-ci donne à ses produits, conformément au schéma processif dont on a signalé la teneur. C'est à la condition de ce don supplémentaire que le monde sensible et les vivants en son sein participent à l'existence, c'est-à-dire à la pensée comme à la vie qui sont (en) l'Intellect ; et c'est à cette condition que le sensible participe à l'intelligible et entreprend de l'imiter. Que la participation s'effectue de la sorte, à la faveur d'un ajout, ne contrevient pas à la leçon platonicienne dont Plotin est un héritier là encore attentif. Dans l'*Hippias majeur*, Platon soutient en effet qu'une chose sensible quelconque, une belle chose par exemple, possède les qualités qui sont les siennes en vertu d'une certaine participation à la Forme de cette qualité, le beau lui-même en l'occurrence. À la question de savoir comment la Forme se donne ou s'ajoute à la chose sensible, Platon répond par l'hypothèse d'une génération ajoutée ou supplémentaire : le « beau lui-même » (αὐτὸ τὸ κάλον) est « ce qui rend

1. La chute est le résultat d'une erreur et d'une tentation « narcissiques » des âmes descendues. Celles-ci, se souciant des corps, voient dans ces derniers des reflets d'elles-mêmes (en l'occurrence, des reflets de l'information des corps par l'âme du monde). Admirant la beauté de ces reflets, l'âme descendue l'impute aux corps sans se rendre compte qu'elle en est elle-même la cause : au lieu de se reconnaître dans ses reflets, elle s'éprend des corps et s'abîme en eux. Voir P. Hadot, « Le mythe de Narcisse et son interprétation par Plotin » (1976), repris dans *Plotin, Porphyre. Études néoplatoniciennes*, éd. cit., p. 225-266.

2. Comme le soulignent, chacun à sa façon, les traités 12 (II, 4) et 19 (I, 2), la matière est incapable d'imiter par elle-même ce dont elle provient, elle est incapable d'assimilation et de participation (12 (II, 4), 13 et 14). Comme le dit encore 26 (III, 6), 7, 28, la matière accueille bien ce que Platon dans le *Timée* appelle des imitations (μιμήματα), mais ces dernières la traversent ou s'y réfléchissent sans qu'elle puisse rien produire par elle-même.

toute chose ordonnée et la fait apparaître belle, lorsque sa Forme s'ajoute à chaque chose » (προσγένηται ἐκεῖνο τὸ εἶδος)[1].

L'*Hippias majeur* ne poursuit certes pas davantage son enquête, de sorte que son lecteur n'y trouvera jamais l'explication de la manière dont la Forme se communique ou se confère à la chose; c'est au *Timée* qu'il convient de la demander. La détermination intelligible supplémentaire en quoi consiste cette génération « redoublée » pourra alors recevoir une définition adéquate au cours de l'ensemble de la procession, dont Plotin a pu établir qu'elle consistait en une détermination successive des produits par leur principe. Lorsqu'on atteint cet ultime produit de l'Âme qu'est la matière, la procession, ou plutôt la détermination processive, atteint son terme. Ce que rappelle à sa façon ce chapitre du traité 15, c'est que les figures dans les corps sont les images des raisons issues de l'Âme[2], qui étaient elles-mêmes les images des Formes dans l'Intellect, quand ces dernières étaient à leur tour des images de l'Un. Si chacune des réalités produit cette image d'elle-même qu'est son produit ou principé, on peut désormais ajouter que cette production est une détermination, donnée par le principe comme un supplément. Cela ne contrevient pas à l'axiome selon lequel chaque réalité est cause de sa propre existence, puisqu'il est désormais acquis que le principé se constitue lui-même dans la mesure où il reçoit ce don supplémentaire qu'est la détermination formelle; et cela confirme encore, s'il en était besoin, que la procession n'est pas une émanation continue, mais une succession de productions et de donations supplémentaires[3]. La difficulté perdure toutefois, en dépit de l'hypothèse de cette génération supplémentaire, du statut semble-t-il premier de l'indétermination. Chaque réalité est ce qu'elle est dans la mesure où elle parvient à quitter l'indétermination relative ou provisoire qui est la sienne, et ce lorsque son principe lui en donne le moyen: engendrée comme une

1. *Hippias majeur*, 289d6-8; voir encore 289d-e, puis 292c9-d2. Selon Platon, la réalité intelligible donne à la chose sensible son propre caractère spécifique, elle se donne à la chose (la forme intelligible du beau donne le caractère de la beauté à des choses qui sont belles parce qu'elles reçoivent cette détermination).

2. C'est pourquoi Plotin, dans le second traité, peut dire des raisons ou « formules rationnelles » issues de l'Âme (les λόγοι) qu'elles sont les « ajouts » (τὰ προσγενόμενα) qui proviennent de l'Âme (2 (IV, 7), 8[1], 31). Au contraire, les réalités intelligibles véritables, soustraites au devenir comme au temps, ont une réalité d'autant plus entière « qu'aucun non-être ne saurait jamais s'y ajouter » (τῷ μηδὲν ἂν μὴ ὂν αὐτῇ προσγενέσθαι, 45 (III, 7), 4, 40).

3. On peut rappeler avec le traité 30 (III, 8), 1 que chaque réalité véritable est, en un sens, « cause première », dans la mesure où elle parvient à « prendre », à se saisir de la puissance causale totale de l'Un.

profusion indéterminée (dépourvue de limite et de définition), elle se constitue lorsque son principe lui donne la détermination qui lui fait défaut. Dans le cas qu'on évoque, celui des produits de l'Âme, la détermination est donnée à la matière impuissante par l'Âme; mais, comme Plotin le souligne, l'indétermination relative qui précède la réception ou la donation de la Forme n'est en rien spécifique aux seuls produits de l'Âme, puisqu'elle affecte aussi bien la constitution des réalités engendrées « qui précèdent », c'est-à-dire l'Âme et l'Intellect eux-mêmes. L'hypothèse que chacune d'entre elles naît dans une certaine indétermination avant de recevoir de son principe la Forme qui la détermine est pour le moins déconcertante, car elle ne paraît guère convenir à la définition courante de la réalité véritable comme étant autarcique, éternelle et parfaitement actuelle. De quoi s'agit-il ? Que peut signifier, pour l'Âme ou l'Intellect, cette indétermination relative à la Forme (ἀοριστία ἐν εἴδει) ?

Plotin veut faire admettre que la matière, l'Âme et l'Intellect se trouvent dans l'état d'indétermination qui est celui du produit de toute réalité avant qu'elle ne reçoive de son principe la Forme qui lui permet de se déterminer. La proposition selon laquelle toutes les choses engendrées sont « privées de forme au moment de leur génération » ne vaut donc pas simplement pour la configuration ou la figure (μορφή) de la dernière chose engendrée, mais bel et bien pour la Forme (εἶδος) de chaque réalité. C'est dire que le principé, quel qu'il soit, naît informe. Et c'est pourquoi le principe doit lui donner cette trace de lui-même qu'est la Forme. Loin que d'être la situation de la seule matière du sensible, l'indétermination est l'état premier et semble-t-il nécessaire de toute réalité. Cette proposition proprement plotinienne est à bien des égards déroutante; elle n'a semble-t-il pour elle aucun antécédent médioplatonicien, et, surtout, elle paraît menacer la pertinence des critiques que Plotin adresse par ailleurs à deux des ressorts doctrinaux de ses prédécesseurs : la représentation démiurgique et chronologique de la fabrication du monde, mais aussi la compréhension aristotélicienne de la puissance des réalités. S'agissant de la première, l'hypothèse que le principé doit *d'abord* être indéterminé *avant* de recevoir une Forme semble être une concession inéluctable à l'intervention délibérée d'un artisan qui vient parfaire l'indétermination initiale du matériau qu'il travaille. S'agissant de la seconde, cette même hypothèse paraît finalement souscrire à la proposition d'Aristote selon laquelle toute réalité comporte, à tout le moins *en puissance*, une indétermination qu'elle devrait dissiper en s'actualisant. Que peut donc signifier la nécessité plotinienne de l'indétermination, si l'on doit encore refuser l'hypothèse d'un engendrement chronologique de toutes choses comme celle d'une puissance qui ne serait pas en acte ? Plotin n'ignore rien de cette question et des difficultés qu'elle suscite lorsqu'il choisit de faire de l'indétermination du principé la condition de son information, c'est-à-dire de l'acquisition de son existence ; il en assume au contraire d'autant plus volontiers les conséquences que cette hypothèse lui permet de résoudre la difficulté récurrente et principale de sa propre doctrine.

Si l'on cherche à accorder la nécessité de cet engendrement d'une indétermination à l'hypothèse selon laquelle c'est en se retournant vers son principe qu'une réalité se constitue, il faut alors admettre que la production d'une matière indéterminée est la condition même du retour (ἐπιστροφή) du produit vers son principe. Appliquée à l'Âme, dont on sait qu'elle acquiert l'existence en se retournant vers l'Intellect, l'hypothèse précise et complique la production dont l'Âme est l'agent. En effet, si l'Âme produit des images de son principe qui sont l'occasion et le moyen pour elle de se le représenter et de le contempler, il faut d'une manière ou d'une autre concéder désormais qu'elle ne contemple son principe et ne se constitue elle-même qu'en engendrant une indétermination absolue. Il faut, en d'autres termes, accorder que la production de l'indétermination matérielle est la condition du retour vers l'Intellect, que l'engendrement du non-être est la condition de l'acquisition de l'existence. Et cette leçon ne doit en aucun cas être limitée à l'Âme seule, mais il faut admettre enfin que la production et l'épreuve de l'indétermination, qu'on la nomme non-être ou matière [1], est la condition de l'acquisition de toute existence, qu'il s'agisse de l'Âme ou de l'Intellect. C'est ainsi que Plotin, relisant à son tour le *Timée*, entend résoudre les difficultés suscitées par la représentation démiurgique de la fabrication du monde.

On peut rappeler que la démiurgie platonicienne du *Timée* repose sur la distinction d'un modèle (éternel et proprement réel, il est intelligible), d'un artisan divin qui connaît ce modèle, d'un matériau que l'artisan entreprend d'informer d'après le modèle, et enfin du produit sensible de cette information, le monde. Si l'ouvrage du démiurge peut atteindre une certaine perfection, c'est dans la mesure où il peut ressembler au modèle d'après lequel il a été conçu, un modèle dont il est l'image ressemblante, l'εἰκών [2]. Platon paraît soucieux, dans le *Timée*, de défendre à la fois l'hétérogénéité de l'intelligible et du sensible, tout en maintenant leur ressemblance : c'est parce qu'il reçoit quelque chose de l'intelligible, parce qu'il y participe,

1. Là encore et pour plus de détails sur les « noms » ou « caractéristiques » de ce qui, *stricto sensu*, en est dépourvu, il convient de se reporter aux études citées de D. O'Brien. Que l'être de la matière soit le non-être est établi dans le traité 26 (III, 6), 6.

2. *Timée*, 29b1 ; voir encore 29c1, et l'emploi d'ἄγαλμα, en 37c7.

que le sensible possède les qualités qui sont les siennes. C'est l'explication démiurgique conjointe de cette hétérogénéité comme de cette participation qui est à l'origine des difficultés exégétiques les plus délicates. Dès lors qu'on regarde la naissance du monde à la manière d'une fabrication, on doit en effet pouvoir expliquer pourquoi et comment un artisan divin, c'est-à-dire parfait, travaillant d'après un modèle qui est la réalité même, là encore dans sa perfection, produit une œuvre qui, pour divine, belle et bonne qu'elle soit, comporte une part irrémédiable d'indétermination. La justification *ad hoc* de cette démiurgie est manifeste, et Plotin, comme tous les interprètes platoniciens, n'ignore pas qu'elle a précisément pour fonction de rendre compte de l'indétermination qui affecte le monde sensible. De sorte qu'il n'y a pas lieu de s'étonner qu'en dépit de la perfection du modèle comme de l'artisan, le produit n'atteigne qu'à une perfection relative. Il y a lieu en revanche de s'en inquiéter, dans la mesure où la justification de cette indétermination, on l'a vu, paraît porter atteinte à la puissance de l'artisan divin auquel Platon reconnaît pourtant le statut de cause première et intelligible du monde[1]. Les pages 47e-53c du *Timée* donnent de cette indétermination relative une explication achevée, pour définir le monde comme une « imitation » (μίμημα, 49a1) du paradigme intelligible. Platon ne se contente plus, en effet, de dire du monde qu'il est à la ressemblance du modèle, mais il le désigne comme le produit de l'imitation qu'en réalise le Démiurge : c'est à partir du moment où Timée considère l'existence du monde du point de vue de son fabricant qu'il peut préciser que le monde acquiert son statut d'image ressemblante, d'*icône*, parce qu'il est le produit d'une activité mimétique dont le Démiurge est l'agent. C'est ce dernier qui imite le modèle, qui ordonne un matériau de façon à le rendre semblable, à l'assimiler au modèle[2]. Cette imitation, qui a pour fin une assimilation, n'est rien de plus qu'une imitation. Le Démiurge parfait, à plusieurs reprises, une assimilation qui reste partielle, relative[3]. L'explication en est donc donnée lorsque Timée présente le matériau qu'informe le démiurge, ce « réceptacle » (ὑποδοχή) qui « reçoit » le modèle intelligible et où « apparaissent » les choses sensibles[4]. Elle est double, puisque Timée

1. Avec cette nuance importante que le dieu n'est pas la cause de l'existence du modèle (intelligible) qu'il emploie.

2. 30d2-4.

3. Ce sont ces améliorations, ou plutôt ces déterminations intelligibles successives qui donnent son plan au dialogue platonicien, au rythme des efforts successifs du Démiurge (qui parfait son ouvrage, y revient ; voir notamment 37c-d ou 39e).

4. Le réceptacle, qualifié de « territoire » (χώρα), est encore « ce qui reçoit » tous les corps (50b7, τῆς δεχομένης φύσεως, puis, parmi d'autres occurrences du même verbe, 50e1,

signale que le matériau possédait des caractéristiques *avant* que le Démiurge ne le travaille, puis encore que ce ne sont pas les modèles intelligibles qui entrent littéralement dans ce matériau, mais « des imitations de ces réalités éternelles » (τῶν ὄντων ἀεὶ μιμήματα, 50c4-5). Cette double réserve est sans doute le moyen dont Platon s'autorise pour justifier l'existence, dans le sensible, d'une certaine indétermination (elle est la conséquence de ce que la matériau résiste à son information rationnelle), c'est-à-dire aussi bien d'une détermination relative (puisque l'intelligible n'entre que médiatement dans le matériau). Et elle est bien l'objet de la réticence plotinienne après avoir été celui des discussions médioplatoniciennes.

L'objection principale que Plotin adresse à la démiurgie platonicienne, et plus encore à la manière dont les médioplatoniciens l'avaient comprise[1], porte sur l'hypothèse d'une existence *antérieure* à l'action divine. Non pas celle des Formes, puisque Plotin est fidèle à l'interprétation médioplatonicienne du *Timée* selon laquelle les formes intelligibles ne précèdent pas le Démiurge, puisqu'elles sont ses pensées, mais celle du « troisième genre », du « territoire » (la χώρα), qui préexiste à l'intervention du dieu artisan. Plus exactement encore, c'est l'hypothèse platonicienne d'une cause autre qu'intelligible, la « nécessité » (l'ἀνάγκη), que Plotin conteste.

C'est à l'occasion du développement qu'il consacre à l'état du matériau avant que le Démiurge ne l'informe et produise à partir de lui le monde, que le *Timée* introduit une cause différente et concurrente de la cause divine et rationnelle dont le Démiurge est l'agent :

> Aussi bien, ce que nous avons exposé concernait, à quelques brèves exceptions près, ce qui fut œuvré par l'intellect; mais il faut aussi, en parallèle, que notre discours mentionne ce qui vient à l'être sous l'effet de la nécessité. En effet, je l'affirme, la venue à l'être de notre monde résulta d'un mélange qui réunissait la nécessité et l'intellect. Mais, comme l'intellect dominait la nécessité, en la persuadant de réaliser dans les meilleures conditions possibles la plupart des choses qui sont soumises à la génération, c'est de cette manière et dans ces conditions que notre univers fut, dès le principe, constitué par le truchement d'une nécessité ainsi dominée par une sage persuasion. Dès lors, si l'on veut dire

δέχεσθαι). À ce « troisième genre » « qui se laisse très difficilement saisir » (51a8-b1) et qui s'ajoute donc au modèle et au produit sensible, Platon attribue un certain nombre de noms; j'examine le statut de ce genre et cette terminologie dans « Être quelque part, occuper une place. Τόπος et χώρα dans le *Timée* de Platon », *Les Études Philosophiques*, Juillet-Septembre 1995, p. 375-399.

1. Voir, *supra*, les notes aux pages 24-25.

> comment il a été réellement engendré dans ces conditions, il faut faire intervenir aussi l'espèce de la cause errante (τῆς πλανωμένης εἶδος αἰτίας), et dire quelle sorte de mouvements elle suscite par nature. Ainsi donc, il nous faut revenir sur nos pas et, après avoir pris sur le même sujet un point de départ différent qui soit approprié, derechef, exactement comme nous l'avons fait pour nos propos antérieurs, repartir, pour ce que nous allons dire, depuis le début. 47e3-48b3[1].

Si le récit cosmologique doit être repris en son début, c'est pour faire place à cette cause préexistante et toujours persistante, dont on doit comprendre qu'elle est la cause de ces mouvements autres que rationnels qui, dans le « réceptacle », gênent l'information intelligible des éléments[2]. De sorte que la fabrication du monde sera le résultat non pas de la simple mise en forme d'un matériau par un artisan, mais bien d'un conflit entre deux causes distinctes, la rationnelle et l'errante : c'est au prix, soutient Platon, de la persuasion de la nécessité par la raison que le monde fut forgé[3]. Et c'est parce que la cause rationnelle ou divine ne parvient pas à contraindre absolument la cause nécessaire que le monde n'est pas identique à son modèle intelligible. Du point de vue de Plotin, cette étiologie résolument duelle a pour conséquence une limitation de la puissance causale des principes intelligibles. Et elle est d'autant plus fâcheuse que Platon choisit de résoudre la contrariété conflictuelle des deux causes en soutenant que la raison persuade la nécessité, c'est-à-dire en fait usage et l'instrumentalise[4]; il ne se contente plus alors de reconnaître une cause concurrente à la cause rationnelle, mais il fait de la première l'auxiliaire indispensable de la seconde : la raison divine se sert de ce qu'elle persuade, elle en a besoin. C'est en examinant le fonctionnement physiologique de la vision que Timée avait déjà souligné combien ce mécanisme, qui repose sur une certaine convenance des causes physiques, ne peut être expliqué qu'à la condition d'être rapporté à la fonction des yeux qui est de voir, et de voir avant tout les mouvements intelligents des astres[5].

1. Trad. L. Brisson.

2. Nous simplifions l'argument du *Timée* qui, là encore, comporte des nuances difficiles. Mais elles n'affectent pas l'interprétation et la critique plotiniennes.

3. Cette persuasion occupe de nouveau le dernier développement du *Timée*, notamment 69d-e. La question est examinée par L. Brisson, *Le même et l'autre dans la structure ontologique du* Timée *de Platon*, éd. citée, p. 467-473.

4. On retrouve le même argument en 46c-e (cité p. suivante) et 68d-69a.

5. Ce que Plotin ne manquera pas de rappeler, au début du traité 38 qui s'ouvre sur la phrase du *Timée*, 45b3, où Timée affirme que les dieux donnèrent à l'âme humaine, pour premiers instruments corporels, les « yeux porteurs de lumière ».

> Or tout cela [le fonctionnement de l'organe visuel] fait partie des causes accessoires dont un dieu se sert comme d'auxiliaires pour atteindre dans la mesure du possible le résultat le meilleur. Mais le grand nombre croit qu'il s'agit là non de causes accessoires, mais des causes de toutes choses (...). Mais ces «causes» ne peuvent faire preuve d'aucune conduite rationnelle, d'aucune conduite intelligente en vue de quoi que ce soit. Car, de tous les êtres, le seul à qui il convient de posséder l'intellect, il faut le désigner comme l'âme, et cet être est invisible, tandis que le feu, l'eau, la terre et l'air sont tous par naissance des corps visibles. Or, celui qui est amoureux de la raison et du savoir doit nécessairement rechercher, comme premières, les causes qui ressortissent à ce qui par nature est raisonnable, et, comme secondes, toutes celles qui ressortissent à ce qui reçoit son mouvement d'autres êtres déjà en mouvement, et qui, en obéissant à la nécessité, transmet ce mouvement à d'autres. C'est bien ainsi qu'il nous faut procéder, nous aussi. Certes nous sommes obligés de parler des deux sortes de causes, tout en distinguant bien entre toutes celles qui douées d'intelligence produisent des choses belles et bonnes et toutes celles qui, privées de raison, produisent à tout coup leurs effets au hasard et sans ordre. 46c7-e6[1].

En termes étiologiques, les causes physiques ne peuvent prétendre au titre de causes qu'en étant reconduites aux causes rationnelles qui sont à la fois leur fin et le principe de leur efficience. À la manière du Socrate du *Phédon*[2], Timée introduit ainsi une distinction dont on voit très bien comment elle peut heurter la définition plotinienne de la procession, qui suppose au contraire une causalité unique et exclusivement intelligible. *A posteriori*, c'est aussi bien la réticence de Plotin à l'égard de la démiurgie platonicienne qui est ici éclairée. Comme on le fait souvent remarquer[3], cette démiurgie est l'une des rares leçons du texte platonicien auxquelles Plotin adresse une objection doctrinale explicite. Encore faut-il être particulièrement attentif au fait que cette objection ne porte pas tant sur la représentation anthropomorphe du divin que propose Platon, ni même encore simplement sur le fait que ce dernier attribue au dieu une activité réflexive, que sur la manière dont il paraît imposer au démiurge l'obligation du recours à des moyens autres que ceux de sa propre puissance intelligible.

1. Trad. L. Brisson.

2. En 97b-99d; la distinction des causes *stricto sensu* et des causes auxiliaires est encore évoquée dans le *Politique*, 281d-e et dans les *Lois*, X, 889a-890b.

3. Voir par exemple J. Moreau, *Plotin ou la gloire de la philosophie antique*, Paris, Vrin, 1970, p. 28-35, qui commente alors les critiques que Plotin adresse à la représentation démiurgique de la fabrication du monde dans son double traité *Sur la providence*, 47-48 (III, 2-3).

L'usage des causes auxiliaires ou concourantes contrevient alors au principe même de la procession selon lequel, quel que soit le niveau de réalité considéré, rien ne peut exister, rien ne peut par définition recevoir une existence, avant que d'être engendré par son principe. Plotin cherche donc à récuser l'efficace et même l'existence de ces causes auxiliaires platoniciennes, en soulignant toute la réserve avec laquelle Platon lui-même avait accordé le statut de causes à ces mécanismes physiques[1]. En d'autres termes, ce sont les causes auxiliaires et le conflit étiologique qu'induit l'existence de la nécessité qui sont la principale cible de la critique plotinienne[2]. Tout l'intérêt de cette critique tient à la façon dont elle s'autorise de certains arguments du *Timée* pour en négliger ou en contester d'autres, et plus précisément à la manière dont elle privilégie la proposition du *Timée* selon laquelle le matériau ou le « territoire » est dépourvu de forme, pour mieux refuser l'hypothèse d'un état ou d'une qualité quelconque de ce matériau avant l'intervention du démiurge. Et c'est à partir de cet argument abstrait du *Timée* que Plotin entreprendra d'accuser sans réserve l'indétermination du produit matériel de l'Âme[3].

1. Comme Socrate s'en plaint dans le *Phédon*, les causes auxiliaires ne peuvent pas même être tenues pour des causes : « Non, je vous assure, donner à de pareilles choses le nom de causes est vraiment trop absurde ! » (99a5, trad. M. Dixsaut). Il faut encore ajouter que Plotin refuse aussi bien et pour les mêmes raisons l'étiologie stoïcienne, qui faisait elle aussi place aux causes auxiliaires. C'est un point qu'éclairent les études de J. Mansfeld, « Providence and the destruction of the universe in early stoic thought », dans *Studies in hellenistic religions*, éd. par M. Vermaseren, Leyde, Brill, 1979, p. 129-188, et de J. Brunschwig, « La théorie stoïcienne du genre suprême et l'ontologie platonicienne », dans *Matter and metaphysics* (actes du IVe *Symposium Hellenisticum* éd. par J. Barnes et M. Mignucci), *Elenchos*, 14, 1988, p. 18-127.

2. Plotin n'a jamais recours au vocabulaire platonicien ou stoïcien de l'auxiliarité causale ; le *Lexicon plotinianum* ne répertorie qu'une unique occurrence de συναίτιος (en 52 (II, 3), 14, 14), qui n'implique aucune sorte d'allégeance au vocabulaire de l'étiologie platonicienne. Encore une fois, c'est à la réfutation de la démiurgie que propose le traité 31 (V, 8) qu'il faut se reporter. Plotin y soutient notamment que le raisonnement selon les causes auxiliaires (le syllogisme, en l'occurrence ; chapitre 7, 41 *sq.*) ne peut précisément être qu'un raisonnement, c'est-à-dire une réflexion *a posteriori* sur l'état des choses. Supposer des causes auxiliaires, c'est constater que les moyens sont adéquats à la fin ; mais ce raisonnement, fût-il pertinent, n'est jamais qu'un constat qui engage notre compréhension de la perfection des choses, en aucun cas leur mode d'être ou leur génération. L'erreur, en la matière, consiste à imaginer que les choses sont comme nous nous les expliquons au moyen de nos syllogismes, sans voir que toutes choses sont comme elles sont parce qu'elles proviennent toutes d'un même principe.

3. De telle façon que Plotin prive le « territoire » platonicien de ses caractéristiques, pour en faire un « non-être », ce qui n'était absolument pas le cas dans le *Timée* (en dépit de ce que soutiennent certains exégètes, et notamment J.-M. Narbonne, « Le non-être chez Plotin et dans la tradition grecque », *Revue de philosophie ancienne*, X, 1, 1992, p. 125).

Lorsque Plotin soutient que le principe produit à sa suite quelque chose d'indéterminé, il s'appuie donc sur les pages 47e-53c du *Timée* et plus particulièrement sur la description que celles-ci donnent du réceptacle « qui reçoit tous les corps », de cette mère ou de cette nourrice qui ne peut jouer son rôle « que si elle est absolument dépourvue des formes de toutes les espèces des choses qu'elle est susceptible de recevoir par ailleurs. En effet, si le réceptacle ressemblait à l'une des choses qui y entrent (...) [il] en prendrait mal la ressemblance, étant donné qu'il montrerait en même temps l'aspect qui est le sien. Voilà pourquoi il faut que soit dépourvue de toutes formes l'entité qui recevra en elle des choses de tout genre »[1]. Le réceptacle, ajoute encore Timée, ne peut recevoir l'empreinte du modèle intelligible qu'à la condition d'être « par nature dépourvu de toute forme » (51a3-4). Ce sont là les termes mêmes qu'emploie Plotin, notamment dans le traité 15 cité plus haut, afin de défendre l'indétermination et le caractère « informe » des produits de l'Âme. Mais Plotin ne peut tirer profit du *Timée* qu'à la condition de retirer au réceptacle la fonction nutritive ou la détermination relative que lui accordait Platon lorsqu'il faisait de ce dernier le matériau de l'ouvrage divin. Contre l'ambiguïté qui grève certaines propositions du *Timée*, il faut donc maintenir que le réceptacle est absolument dépourvu de forme et lui refuser la fonction nourricière que lui accorde maladroitement Platon. C'est la raison pour laquelle, dans le passage cité, Plotin prend soin de réserver à l'Âme le rôle de nourrice, et c'est encore pourquoi il interdit par ailleurs que l'on attribue au réceptacle des caractéristiques ou des mouvements qui résulteraient de l'action d'une autre cause. Si l'on tient, à bon droit, que Plotin désigne la matière comme le « réceptacle » de l'information intelligible issue de l'Âme, il faut définir cette matière comme le produit qui reste absolument dépourvu de détermination avant que son producteur, l'Âme elle-même et elle seule, ne la lui apporte. La définition de la matière comme réalité absolument dépourvue de qualité n'est pas propre à Plotin. Elle est pour partie dépendante de la définition stoïcienne de la matière comme principe absolument passif qui

1. 50d7-e6, trad. L. Brisson, légèrement modifiée. L. Brisson, qui s'en explique dans les n. 350, 356 et 360 de la p. 249 de sa traduction, refuse que l'on donne un sens « technique » au terme εἶδος dans ce passage. Il me paraît au contraire nécessaire de le faire : comme Plotin le comprend bien, ce sont les formes (intelligibles) des réalités intelligibles qui sont ici en cause. L'argument de Platon consiste à dire que la participation, *via* le troisième genre, n'est possible que si ce dernier ne comporte ni n'ajoute aucune détermination intelligible supplémentaire à celle qui est introduite en lui. Cela ne dissipe toutefois en rien la difficulté introduite ensuite par l'hypothèse selon laquelle les quatre éléments possédaient, dans le réceptacle et *avant* l'intervention du démiurge, « des traces de leurs propriétés » (53b2).

reçoit toutes ses déterminations du principe actif et rationnel qui lui est immanent (le λόγος), et elle est en tout point identique à celle que proposait déjà, lisant le *Timée*, le *Didaskalikós* du médioplatonicien Alcinoos :

> Sa propriété [celle de la matière] est de recevoir tout ce qui naît et de jouer le rôle d'une nourrice en le portant; elle prend toutes les formes, bien qu'elle-même, de par sa nature, soit sans figure, sans qualité et sans forme (ἄμορφον καὶ ἄποιον καὶ ἀνείδεον) : pétrie et modelée, elle reçoit les formes comme une empreinte, elle en prend les figures, mais elle ne possède en propre aucune figure, ni aucune qualité. En effet, rien ne serait bien préparé à la réception d'empreintes et de formes diverses, s'il n'était soi-même sans qualité et sans participation aux formes qu'il doit recevoir[1].

Cette définition de la matière « informe » (ou « *a*forme », ἀνείδεος) servait chez Alcinoos de justification à la proposition étiologique selon laquelle seul le premier dieu peut être tenu pour cause unique de toutes choses[2]. Il est manifeste que Plotin la reprend à son compte[3]. Mais il lui donne une ampleur bien plus considérable que ne le faisait Alcinoos, qui limitait cette définition à la matière du sensible, en affirmant désormais que chacune des réalités véritables engendre à sa façon une matière *a*forme et absolument indéterminée. Ce n'est donc pas simplement le dernier produit de la procession qui est dépourvu de Forme, mais c'est chaque réalité qui se trouve dans cet état d'indétermination, avant que son principe ne lui offre de recevoir la détermination qui est aussi bien la condition de son « retour ». Ou, plus exactement, l'indétermination est l'état dans lequel se trouve ce qui est engendré par un principe avant que de se retourner vers lui. Et c'est bien parce que cette indétermination caractérise le produit de chacune des réalités véritables qu'on peut lui attribuer, au moins à la faveur d'une comparaison, le nom de « matière ». Si ce terme générique convient à tous les principés, c'est parce que chacun d'entre eux est une indétermination qui désire contempler son principe et trouver en lui sa propre détermi-

1. Chapitre VIII, 162, 32-42, trad. citée. Alcinoos en vient finalement à définir la matière comme un « corps en puissance », ce que refusera Plotin.

2. Comme Alcinoos le précise, au chapitre X de son manuel.

3. Plotin dit ainsi de la matière qu'elle est « quelque chose d'*a*forme » (ἀνείδεόν τι), notamment en 25 (II, 5), 4, 12, ou en 51 (I, 8), 3, 12. L'adjectif paraît être d'usage récent dans le vocabulaire philosophique; ignoré de Platon, il l'est également des principaux représentants du médioplatonisme, à l'exception d'Alcinoos.

nation ; or désirer, dit le traité 50 (III, 5), c'est être, d'une certaine manière, « matériel »[1].

S'il convient de faire l'économie des causes auxiliaires, c'est donc bien pour maintenir que la détermination intelligible dont le principe est la cause suffisante et exclusive s'exerce sans aucune sorte d'adjuvant ou de contrariété : ce qui reçoit la trace de son principe ne doit rien être, ne doit être que la privation absolue de forme. Ainsi seulement Plotin pense-t-il pouvoir préserver l'hypothèse selon laquelle le principé reçoit (toute) son existence de son principe. Et c'est à quoi il parvient au prix d'un argument qui aurait cette fois déconcerté ses prédécesseurs médioplatoniciens : si la matière est dépourvue de Forme, l'Âme doit l'être plus encore.

> Mais comme on dit de la matière qu'elle doit être absolument sans qualités (ἄποιον[2]) si elle doit recevoir les empreintes de toutes choses, de la même manière, et plus encore, il faut que l'âme soit dépourvue de forme (ἀνείδεον), pour qu'il n'y ait aucun obstacle en elle qui l'empêche d'être remplie et illuminée par le premier. 9 (VI, 9), 7, 12-16[3].

Comme la lecture du traité *Sur les vertus* l'indiquait, l'accomplissement de l'âme n'est possible qu'à la condition qu'elle écarte d'elle tout ce qui n'est pas issu de son principe, qu'elle se dépossède de tout afin de ne plus tendre que vers son origine. Cette dépossession peut donc être conçue comme une indétermination croissante, un renoncement à toutes les qualités adjacentes ou factices, à toutes les déterminations, au profit de la seule imitation du principe. Que l'imitation consiste ainsi en un devenir indéterminé pourrait surprendre si Plotin ne soutenait pas par ailleurs que la

1. 50 (III, 5), 9, 56 : ὑλικός. Aux lignes 52-53, Plotin suggère que plus une réalité désire, plus elle est matérielle (aussi la mère d'Amour, Pénia absolument démunie, est-elle la matière elle-même, *id.*, l. 49). D'origine aristotélicienne, l'adjectif « matériel » (comme son usage métaphorique) est rarement employé par les prédécesseurs de Plotin, qui en font avant tout un synonyme de « corporel ». Selon M. Zambon, *op. cit.*, p. 98, l'usage générique du terme matière, qui permet d'appeler « “matière” toute réalité qui est en un état indéterminé par rapport à une autre dont elle reçoit sa détermination » ferait son apparition chez Plutarque. Les textes auxquels renvoie M. Zambon n'indiquent toutefois rien qui soit comparable à l'extension de l'usage plotinien (ni à ce qu'on trouvera ensuite chez Porphyre).

2. Ce que font déjà les stoïciens (et les médioplatoniciens à leur suite), qui définissent la matière comme un corps sans qualité. Cette définition, que Plotin évoque dès le traité 2 (IV, 7), 3, 9, est parfaitement courante dans la tradition médioplatonicienne (et dans la tradition stoïcienne contemporaine). On en trouve une analyse dans l'ouvrage déjà cité de G. Reydams-Schils, p. 167-205. Voir encore 12 (II, 4), 1, 14 et la note *ad loc.* de R. Dufour (qui rappelle que cette définition est rejetée par Plotin).

3. Trad. F. Fronterotta.

caractéristique première de la puissance issue de l'Un est précisément d'être indéterminée et illimitée; une fois la chose admise, il est nécessaire que le retour de toutes les réalités vers leur principe ultime prenne la forme d'un accueil immédiat ou progressif de cette puissance, d'une aptitude croissante à la recevoir et à la supporter dans son indétermination même, plutôt qu'à la façon d'une spécification croissante qui serait au contraire un appauvrissement. Si un principé imite son principe dans la mesure où il en a la puissance, c'est en ce sens très particulier qu'il se montre capable, en « faisant les mêmes choses » que son principe, d'accueillir l'excès dont il est issu, la surabondance qui est sa propre origine.

Lorsque Plotin, dans le traité 15, choisit de faire de l'indétermination la condition même de la réception de la Forme, il répond ainsi et finalement à l'une des difficultés majeures de la tradition platonicienne : si la participation est possible, elle ne l'est qu'à la condition que ce qui participe, à la différence de ce que peut laisser entendre le statut originel des éléments ou le rôle de la nécessité dans le *Timée*, soit absolument dépourvu de toute détermination avant de participer[1]. Si l'on veut donner un fondement à la proposition platonicienne selon laquelle l'intelligible ou le divin est la cause réelle de toutes choses, il faut que rien n'échappe à sa puissance et à l'information dont il est la cause ou l'agent[2]. C'est cette exigence qui commande la doctrine plotinienne; rapportée au schéma de la procession et à l'architecture de la réalité intelligible qu'elle produit, elle a pour conséquence que la cause première doit engendrer toutes choses et que toutes choses doivent donc être ses effets, la recevoir et participer à elle. Il doit en aller pour cette puissance comme pour celle dont Platon écrivait

1. Dans le chapitre 12 du traité 26 (III, 6), Plotin soutient que Platon avait cherché à définir la matière comme un substrat parfaitement indéterminé dont on ne peut supposer qu'il participe réellement à l'intelligible. C'était là sa « pensée », dit Plotin (ligne 1), comme pour mieux assurer le lecteur du *Timée* du caractère simplement maladroit de certaines des formules relatives à l'information « pré-démiurgique » du réceptacle.

2. Plotin entend s'en tenir à la leçon du *Phédon* selon laquelle les Formes sont bien les seules causes. C'est une exigence dont rend bien compte J. S. Lee dans « The doctrine of reception according to the capacity of the recipient in *Ennead* VI 4-5 », article cité, p. 81*sq.* Cette étude réfute l'hypothèse, imputée à D. J. O'Meara, selon laquelle la matière « recevrait » la Forme et, ce faisant, participerait de son propre fait ou de son propre mouvement à l'intelligible; au contraire, objecte J. S. Lee, il ne faut avec Plotin reconnaître de rôle causal qu'aux Formes pour maintenir une étiologie « moniste ». L'interprète en tire argument pour soutenir finalement que la « doctrine de la réception », c'est-à-dire le fait que le principé « reçoit le principe autant qu'il le peut », ne contrarie pas la thèse platonicienne selon laquelle seules les Formes ont un rôle causal dans la participation. Le jugement paraît fondé, à la condition toutefois qu'on rappelle que la puissance d'engendrement des dites Formes est bien reçue et exercée par le principé.

dans l'*Ion* qu'elle inspire divinement tous les poètes, lecteurs et auditeurs, c'est-à-dire les attire et les suspend par magnétisme et leur confère ainsi une puissance qu'aucun d'eux ne possède en propre :

> Comme je le disais tout à l'heure, cette aptitude à bien parler d'Homère n'est pas chez toi une technique, mais une puissance divine qui te met en branle, comme c'est le cas de la pierre qu'Euripide a appelée « magnétique » et qu'on appelle communément pierre d'Héraclée. Cette pierre en effet n'attire pas seulement les anneaux de fer eux-mêmes, mais elle leur donne encore la puissance qui les rend capables à leur tour de produire le même effet que la pierre et d'attirer d'autres anneaux; c'est ainsi qu'on voit parfois une longue chaîne d'anneaux de fer suspendus les uns aux autres (ἐξ ἀλλήλων ἤρτηται), alors que cette puissance en chacun d'eux est suspendue (ἀνήρτηται) en dernière instance à la pierre. De la même façon, c'est la Muse qui par elle-même rend certains hommes inspirés et qui, à travers ces hommes inspirés, forme une chaîne d'autres enthousiastes. Car ce n'est pas en vertu de la technique, mais bien en vertu de l'inspiration et de la possession que tous les poètes épiques, j'entends les bons poètes épiques, récitent tous ces beaux poèmes[1].

Mais il faut encore, selon Plotin, que cette procession ou ce rattachement dynamique s'interrompe, et que l'on explique comment d'une cause et d'une puissance sans limite naît un monde fini, qui s'épuise et s'abîme dans le non-être qu'est l'impuissance matérielle, l'indétermination sans recours. Si la participation prend avec Plotin la forme de ce retour (ἐπιστροφή) qu'est la réception mimétique et relative de puissance, c'est pour conjoindre les deux aspects de cette exigence. À cet égard, le traité 12 (II, 4), *Sur les deux matières*, est explicite, lorsqu'il affirme

1. 533d1-e7. Les passifs ἀνηρτῆσθαι et ἤρτηται que Platon emploie ici désignent à la fois le fait d'être suspendu ou accroché et celui de dépendre de ce à quoi l'on est attaché. Les biens humains, disent ainsi et par exemple les *Lois*, sont suspendus aux biens divins : ils en dépendent (I, 631b). Si l'usage de ces verbes n'est pas courant dans les dialogues platoniciens, il le devient dans les traités plotiniens qui trouvent ainsi une manière adéquate de désigner la dépendance et l'attachement du principé au principe dont il reçoit la puissance, et ce, bien sûr, depuis la « pierre » d'Héraclée qu'est l'Un (Plotin fait ce rapprochement et cite l'*Ion* en 49 (V, 3), 14, 9 *sq*). Plotin qualifie de la sorte la suspension et la dépendance de chaque réalité à son principe et, de façon plus générale, affirme que toutes choses, sans s'en rendre compte le plus souvent, sont suspendues à l'Un (23 (VI, 5), 10, 2), ou que « le Bien est ce dont dépendent toutes choses, l'objet de désir de tous les êtres dont il est le principe et ce dont ils ont besoin » (51 (I, 8), 2, 3-4, trad. par D. J. O'Meara, Paris, Cerf, 1999, qui renvoie dans son commentaire, en guise d'hypotexte, au livre Λ, 7, 1072b13-14, de la *Métaphysique* d'Aristote qui affirme que le ciel et la nature « se rattachent » au premier principe. La source platonicienne du *Ion* me paraît s'imposer davantage).

« qu'on ne doit pas toujours mépriser ce qui est indéterminé »[1]. Certes, ce qui a une existence véritable doit être défini et doit comporter une limite[2], mais cette détermination ne peut être tenue que pour la conséquence et l'effet même de l'indétermination première dont elle procède lorsqu'elle reçoit la puissance de la quitter.

On peut de la sorte imputer deux raisons à l'antériorité de l'indétermination. En premier lieu, comme on a pu le rappeler, elle tient au fait que la puissance issue de l'Un, qui est la cause de l'existence de l'Intellect comme de l'Âme, est une puissance illimitée, indéfinie et, pour cette raison, indéterminée. Comme Plotin le souligne à plusieurs reprises, le Premier est une puissance qui excède toute limite et toute détermination, de telle sorte qu'on ne peut que le qualifier négativement ou excessivement comme étant amorphe et *a*forme : et c'est précisément en étant « ἄμορφος καὶ ἀνείδεος », dit le traité 38, qu'il « produit de la Forme » (εἰδοποιεῖ)[3]. Autrement dit, la puissance issue de l'Un excède toute détermination, et la Forme ne fait toujours son apparition que dans le principé, à la mesure dont celui-ci conçoit et saisit la puissance dont il est issu. En second lieu, la détermination n'est jamais que l'effet d'une indétermination pour cette raison processive que le principe qui surabonde du fait de sa puissance ne se détermine qu'au « moment » où il reçoit cette « trace » de son principe qui lui permet de se reconnaître comme issu de lui et de le contempler. De ce point de vue, l'indétermination est la condition de la vision, de la contemplation du principe, et la détermination du principé n'est rien d'autre que la Forme de sa contemplation, la modalité de son imitation comme de son unification[4].

C'est le concept d'εἶδος qui, dans l'œuvre plotinienne, fonde l'étiologie simple de l'Un comme cause de toutes choses, en l'accordant à l'existence d'une multiplicité de choses : l'Un est une puissance productrice indéfinie

1. Chapitre 3, 1-2.

2. Comme le rappelle, parmi bien d'autres passages, 26 (III, 6), 6, 17 *sq.* De la même façon, il n'y a de connaissance, au sens strict, que d'un objet formellement déterminé, comme le soutient notamment 9 (VI, 9), 3, 1-9.

3. 38 (VI, 7), 17, 40-41 ; voir encore le chapitre 33 du même traité. Le traité 19 (II, 1), 2, donne par ailleurs un bon exemple des deux sortes d'indétermination entre lesquelles se tient la matière, qui aspire à un bien *a*forme et produit une matière *a*forme.

4. C'est ce que souligne le dernier chapitre du traité 23 (VI, 5), 12, *Sur la raison pour laquelle l'Être, un et identique, est partout tout entier*, où Plotin explique que c'est en renonçant à toute limite que l'on vient véritablement à l'existence, et que toutes choses atteignent l'unité de leur principe lorsqu'elles s'abandonnent elles-mêmes et accèdent ainsi à une unité dont la particularité est d'être illimitée ; 23 (VI, 5).

et indéterminée, qui a pour particularité de pouvoir se réfléchir elle-même, de différentes manières ou à différents degrés. Les Formes sont ces degrés intensifs et progressifs de réflexion : la puissance indéterminée qui est issue de l'Un prend différentes Formes ou reçoit différentes déterminations selon qu'elle parvient ou non à réfléchir son origine. Lorsqu'elle n'y parvient aucunement, cette indétermination profuse reste éternellement indéterminée : elle reste (plutôt qu'elle n'est) matière; lorsqu'elle y parvient partiellement et discursivement, elle est Âme; lorsqu'elle y parvient enfin intuitivement et compréhensivement, elle est Intellect. Ainsi Plotin peut-il dire de toutes choses qu'elles sont issues de l'Un, et les regarder comme autant de déterminations intelligibles possibles d'une indétermination première qui n'est rien d'autre que la surabondante puissance du Premier :

> Alors, la matière est elle-même une sorte de Forme limite, tout comme l'univers dans son ensemble est Forme et tout comme toutes choses le sont en lui. Car leur paradigme est une Forme. La production a lieu dans le silence, car ce qui produit est tout entier réalité et Forme (οὐσία καὶ εἶδος). 31 (V, 8), 7, 22-25.

Loin désormais du recours maladroit à la démiurgie, Plotin engage le platonisme à investir la Forme de ce dont les ambiguïtés du *Timée* avaient menacé de la priver : sa puissance d'engendrement. Si l'on fait l'économie du Démiurge comme de cette contrariété étiologique qu'est la nécessité, on peut rendre à la Forme son efficacité causale propre, en lui restituant la puissance du principe dont elle est l'acte. L'εἶδος n'est alors plus cette caractéristique ou cette qualité qu'un artisan divin imprime à un matériau, mais l'acte même du principe dans le principé. Lorsque Plotin distingue nettement la Forme de la figure (μορφή) que possède telle ou telle réalité sensible[1], c'est pour mieux définir la Forme comme cet acte (ἐνέργεια) qui définit une réalité en la rapportant dynamiquement à son principe. Et c'est au moyen d'une telle définition de la Forme qu'il peut encore soutenir que l'ensemble des réalités procèdent de l'Un à mesure que sa puissance se diffuse et se réfléchit. Car la Forme est cet acte de pensée par lequel la puissance de l'Un se conçoit elle-même, réfléchit son origine et tente de prendre sa mesure; elle est ainsi l'acte qui définit et constitue toute réalité comme une réflexion déterminée de la puissance dont elle est issue et dont

1. L'εἶδος est parfaitement ἄμορφον ; C. D'Ancona Costa consacre à ce point important de doctrine une partie de son étude « "Αμορφον καὶ ἀνείδεον ». Causalité des formes et causalité de l'Un chez Plotin », *Revue de philosophie ancienne*, X, 1, 1992, p. 99 *sq.*

elle est une trace, c'est-à-dire dont elle possède une part et dont elle est une image. Cette définition de la Forme, assimilée à la puissance active du principe dans ce qu'il produit, vient résoudre les apories platoniciennes liées à l'éventuelle séparation de la Forme et des choses sensibles qui y participent. À ces apories, dont le *Parménide* platonicien avait lui-même fait état avant qu'Aristote n'en tire argument pour condamner l'absurdité de l'hypothèse platonicienne des Formes « séparées », Plotin entend se dérober en faisant de chaque Forme une certaine détermination de la puissance issue du Premier[1] : la Forme n'est pas une réalité séparée de ce qui participe à elle, elle est une certaine puissance qui donne une existence, c'est-à-dire une détermination réflexive, à un acte contemplatif.

Lorsque Plotin dit du principé qu'il est une imitation de son principe, il soutient à la fois qu'il en est une trace, qu'il en a reçu une image ou une représentation, et enfin qu'il en a reçu une puissance de l'imiter. Ce sont là les trois modalités plotiniennes de la procession ou, aussi bien, de la participation. Si cette participation trouve sa meilleure qualification en l'espèce de la μίμησις, c'est parce qu'elle attribue à la puissance (δύναμις) une aptitude à se réfléchir elle-même, à se penser, c'est-à-dire aussi bien à se multiplier[2] : toutes les choses qui existent sont autant de pensées de l'Un, qui s'efforcent d'imiter leur cause et leur objet, c'est-à-dire à la fois de le concevoir et de s'unifier elles-mêmes. La raison pour laquelle la procession de la puissance première et le retour mimétique peuvent être conjoints repose en dernière instance sur la caractéristique même de cette puissance : illimitée et surabondante, celle-ci se réfléchit de façon multiple, et la multiplicité de ces réflexions donne son existence à la multiplicité de toutes choses[3]. À quoi il faut ajouter que la puissance, qui est productrice par réflexion, est aussi productrice de ressemblance. En effet, parce que cette puissance ne réfléchit toujours qu'elle-même, elle ne produit jamais que du

1. Chaque réalité intelligible, chaque Forme, écrit Plotin dans le traité 5, est « une puissance particulière (δύναμις ἰδία) », 5 (V, 9), 6, 9. C'est un point que C. D'Ancona Costa met bien en évidence, art. cit., p. 101 (en proposant toutefois de la participation platonicienne une lecture dont les conclusions me paraissent incertaines, surtout lorsqu'il s'agit de soutenir que Platon aurait défendu l'hypothèse des formes « séparées »). Dans une étude synoptique importante, M. F. Wagner traite de cette question sous l'aspect de l'un et du multiple, en montrant comment la multiplicité n'est pas, selon Plotin, le contraire de l'unité, mais bien plutôt l'une de ses formes : « Plotinus' world », *Dionysius*, 6, 1982, p. 13-42.

2. Dans la mesure où c'est bien la pensée qui introduit de la multiplicité, qui la fait exister, comme Plotin le souligne notamment en 49 (V, 3), 11.

3. Le traité 32 (V, 5), 5, 19-29, associe ainsi la δύναμις à la μίμησις.

semblable[1]. Non pas à la manière dont un géniteur engendre un rejeton qui lui ressemble, mais comme une aptitude ou un talent peuvent être acquis, par imitation, lorsqu'un individu tente de faire la même chose qu'un autre. Ainsi les réalités successives que distingue la procession plotinienne ne se ressemblent pas comme des images ou des copies ressemblent à leurs modèles, mais bien comme les différentes facettes ou les différentes manifestations d'une même puissance, possédée par des réalités distinctes.

1. Tout comme le feu, finalement, produit de la chaleur; cette définition de la puissance comme productrice d'ὁμοίωσις est notamment mentionnée en 27 (IV, 3), 10, 35.

CONCLUSION

RÉFLEXION ET PROJECTION

Selon Plotin, l'existence d'une réalité quelconque consiste en l'accomplissement mimétique d'un acte, celui du principe tel que son principé le contemple et le conçoit. La réception mimétique et relative de l'existence n'est possible qu'à la condition que le produit du principe soit une pure indétermination, susceptible de n'être déterminée par rien d'autre que par cette *réflexion* du principe qui est constitutive de sa propre réalité. La thèse plotinienne, dont la simplicité étiologique est extraordinaire, pose, en même temps qu'une cause unique et éternellement illimitée, une indétermination également éternelle et irréductible, qui est la condition de la réflexion du principe, ou plutôt de la multiplicité des réflexions successives et possibles du principe premier. L'Intellect et l'Âme sont ainsi deux réflexions distinctes de l'Un, l'une meilleure que l'autre, issues toutes deux d'une même indétermination première. Si les traités rendent compte de ces formes successives de réflexion en termes de ressemblance, d'image et d'imitation, si elles définissent la réalité véritable comme une indétermination qui se retourne vers sa source en l'imitant, c'est parce que Plotin a choisi de faire de la pensée, c'est-à-dire aussi bien de l'existence, un processus spéculaire dont la condition de possibilité est l'épreuve d'une altérité à la fois absolue et parfaitement assumée [1]. Surabonder et procéder, c'est pour la puissance issue de l'Un, projeter sa propre lumière sur un fond, un miroir sans qualité. La philosophie plotinienne fait jouer à la matière ce

1. En ce sens que la matière informe, nécessaire à toute production, « sera en tout point telle que le producteur le veut » : 12 (II, 4), 8, 20.

rôle de réceptacle, celui d'une obscurité éternelle à partir de laquelle toutes les déterminations et toutes les pensées, c'est-à-dire aussi bien toutes les existences, ont lieu. Elle est le réceptacle qui ne reçoit rien d'autre qu'une image de ce qui la précède[1]. C'est pour cette raison que le concept de matière ne désigne que partiellement et sans doute inadéquatement la seule matière sensible qu'informent les raisons (λόγοι) de l'Âme. Si Plotin prend soin d'insister, dans son traité *Sur les deux matières* (12 (II, 4)), sur l'existence d'une matière «intelligible», c'est précisément parce que l'existence d'une matière sensible, qui reçoit perpétuellement son information de la partie descendue de l'âme du monde, n'est finalement que l'un des aspects, sensible en l'occurrence, de l'indétermination éternelle qu'engendre l'Un en l'espèce de la «matière intelligible»[2]. Cette dernière est le réceptacle éternel et éternellement *a*forme de la puissance issue de l'Un.

Dans le traité 12, Plotin affirme qu'il faut toujours poser «une matière sous les Formes de là-bas et les réalités incorporelles»[3]. Cela n'a de sens que si l'on admet avec lui que la matière nomme le réceptacle obscur où se projettent les images issues de l'Un, un réceptacle qui n'est donc pas simplement celui où l'Âme projette ses raisons ou ses «formules rationnelles», mais bien celui où se reflète toute la puissance de l'Un et dont procède l'ensemble des réalités véritables aussi bien que leurs derniers reflets sensibles. C'est ainsi que l'ensemble des Formes, la totalité des contemplations possibles du Premier, viennent se réfléchir sur une seule et

1. Plotin emploie abondamment la métaphore du miroir ou celle des ombres, pour suggérer que la lumière ou les images issues de l'Un ne peuvent être vues que sur le fond, le miroir ou le mur – l'écran dirions nous – où elle se projette. Ainsi de l'extrait cité du traité 10, *supra* p. 60-62, lorsque Plotin évoque l'image (ἄγαλμα) de la statue projetée sur les murs du sanctuaire. Et ainsi encore de la définition de la matière du sensible comme un miroir, en 26 (III, 6), 7, 16-29.

2. L'expression est empruntée à la *Métaphysique* d'Aristote, qui lui réservait une tout autre signification (voir notamment Z, 10, 1036a; tous les textes aristotéliciens pertinents sont relevés par R. Dufour, dans sa note à 12 (II, 4), 1, 15). Plutôt que de comprendre qu'il y aurait effectivement «deux matières» distinctes, l'une «située» dans le monde intelligible quand l'autre ne le serait que dans le sensible, il me semble qu'on pourrait prêter à Plotin l'hypothèse selon laquelle le terme de ὕλη nomme une seule et même négativité, une seule et même indétermination dont les deux manifestations principales ne sont pas semblables : éternellement déterminée dans l'intelligible par la constitution des réalités véritables, l'indétermination ne l'est jamais que partiellement dans le sensible, où la matière persiste, pour ainsi dire, dans son inexistence. Mais les deux matières restent bien les deux espèces d'un même genre, comme l'indique la comparaison des deux «illimités» qu'on trouve en 12 (II, 4), 15.

3. 12 (II, 4), 1, 16-17.

même obscurité. Non pas « en » elle, non pas « dans » la matière, mais « sur » elle[1].

De sorte que la matière n'est pas un matériau, mais simplement un miroir, celui qu'engendre la cause de toutes choses pour se voir et voir ce qu'il fait. Son rôle décisif est à la mesure de cette fonction spéculaire, qui lui permet de donner lieu à la contemplation dans sa multiplicité active, et d'engendrer chaque chose comme une forme ou une expérience possible du désir de l'unité. Ce n'est donc pas à partir de la matière que quelque chose est constitué, mais c'est à l'occasion d'une réflexion sur elle que la cause véritable peut se connaître et produire. C'est pour cette raison que Plotin donne au terme de ὕλη une signification générique ou fonctionnelle, et non pas physique, pour lui faire désigner l'ensemble des états d'indétermination dans lesquels se trouvent les actes des principes avant qu'un retour vers leur source ne leur permette de recevoir une détermination. La matière désigne de la sorte la condition comme le début de la contemplation ; si cette dernière embrasse bien la totalité des actes qui, issus en dernière instance de l'Un, désirent connaître leur commune et unique origine, la matière devrait pouvoir être regardée comme la totalité des miroirs qui permettent la réflexion de ces actes contemplatifs. Elle est bien, écrit Plotin, l'obscurité où la réalité véritable se voit, comme « en de multiples miroirs » (ἐν πολλοῖς κατόπτροις[2]).

Cette obscurité ne se dit certes en propre, dans les traités, que de la matière qu'engendre la puissance végétative de l'âme. Mais elle se dit relativement de l'état dans lequel se trouve le principé avant qu'il n'accomplisse son retour. C'est la raison du curieux renversement dont s'autorise le traité 12 (II, 4) lorsqu'il soutient que la matière intelligible est en quelque sorte l'image de la matière sensible[3], pour cette raison que le caractère indéterminé et illimité de la matière intelligible est à la fois relatif ou, si l'on veut, « provisoire », quand celui de la matière sensible est irréversible, et que jamais cette dernière ne produira ni, ce qui revient au même, ne se retournera, ne pensera, n'imitera son principe et n'acquerra d'existence. Mais la parenté des deux matières dit cependant leur appartenance à un

1. Comme le souligne par exemple 5 (V, 9), 2, 13-14.

2. 53 (I, 1), 8, 18. C'est la raison pour laquelle les Formes vues sur la matière ne peuvent être que « des images dans des images », ou des mensonges, comme l'affirme 26 (III, 6), 7 (24, puis 40-41). Dans leurs études respectives et déjà citées, J. Pépin (« Plotin et le miroir de Dionysos ») et F. M. Schroeder (« Representation and reflexion in Plotinus ») évoquent ces textes ; on se reportera de nouveau à P. Hadot, « Le mythe de Narcisse et son interprétation par Plotin », article cité.

3. 12 (II, 4), 15, 21-27.

même genre, celui du substrat indéterminé et relatif. C'est ce que le chap. 13 du traité 12 (II, 4) avait décrit en ces termes :

> Par suite, le caractère propre de la matière est de ne pas être autre chose que ce que précisément elle est. Et ce caractère propre ne représente pas une addition, mais consiste plutôt dans une manière d'être par rapport aux autres choses (μᾶλλον ἐν σχέσει τῇ πρὸς τὰ ἄλλα), étant donné que la matière est autre chose qu'elles. En outre, les autres choses ne sont pas seulement autres, mais elles sont aussi quelque chose de particulier en tant qu'elles ont une forme, alors que de la matière il est seulement permis de dire qu'elle est "autre". Mais peut-être faut-il dire qu'elle est "autres", de façon à éviter que tu définisses la matière sous le mode de l'unité en utilisant le terme "autre", et pour faire que son indétermination soit indiquée par l'usage du terme "autres". 12 (II, 4), 13, 27-32[1].

C'est parce que la matière engendrée par l'âme végétative n'a d'existence que relative à ce qui se reflète sur elle qu'elle peut nommer, à tout le moins par comparaison ou approximativement, le genre qui embrasse l'indétermination dans laquelle se trouve tout principé relativement à son principe, avant que de pouvoir recevoir une part de sa puissance et accomplir ainsi l'acte second de son principe.

On peut redire, à terme, l'importance décisive que revêt l'axiome des deux actes dans la doctrine plotinienne de la participation et de l'imitation. L'une des conséquences de cet axiome est que le principé, c'est du reste pourquoi il ne peut jamais être dit séparé de son principe, est toujours d'emblée défini comme le principe *se regardant lui-même*, ou plutôt, comme *quelque chose du principe* se retournant sur lui-même[2]. Le chapitre 7 du traité 10, lorsqu'il montre comment l'Intellect est semblable à l'Un, en appelle aux deux motifs de l'image et de l'assimilation :

> — Nous disons que l'Intellect est un reflet de l'Un (εἰκόνα ἐκείνου). En fait, il faut s'exprimer plus clairement. Tout d'abord, il faut dire que ce qui a été engendré doit être en quelque manière l'Un, qu'il doit garder beaucoup de choses de lui et lui ressembler (εἶναι ὁμοιότητα πρὸς αὐτό) comme la lumière ressemble au soleil.
>
> — Mais lui, il n'est pas intellect. Comment donc engendre-t-il l'Intellect ?

1. Trad. R. Dufour. Comme le note R. Dufour, Plotin emploie ici un vocabulaire stoïcien pour dire de la « manière d'être » de la matière qu'elle n'est finalement qu'un relatif (πρός τι).
2. Parmi d'autres textes déjà cités, 11 (V, 2), 1, 10, ou 38 (VI, 7), 37, 21.

— Parce que, en se tournant vers l'Un, l'Intellect voit : et cette vision, c'est l'Intellect[1]. 10 (V, 1), 7, 1-7[2].

Ici, Plotin suggère une nouvelle fois que la ressemblance « iconique » de l'Un et de l'Intellect ne suffit aucunement à rendre compte de l'existence comme de la nature du second. C'est donc, comme le redit avec insistance le premier chapitre du traité 11, qu'il faut distinguer ce qui est produit par le principe de ce qui se constitue soi-même comme une réalité distincte, du fait du retournement, en contemplant et en imitant son principe. Une telle distinction reconduit finalement les traités plotiniens à l'une des leçons du récit platonicien du *Timée* qui, pour expliquer à la fois la ressemblance et la distinction des choses sensibles et des Formes, avait estimé nécessaire de poser entre elles un matériau indéterminé, la χώρα. Hostile au recours à un modèle démiurgique, pour ce qu'il suppose à la fois de volonté et d'intention du producteur, mais aussi de rapport direct de ce dernier avec un matériau, Plotin n'aura pourtant pas fait le choix d'abstraire ou d'exclure cette négativité de la procession de toutes choses depuis l'Un. Plutôt que d'admettre une impossible négativité concurrente de la causalité du Premier, il définit la première comme le produit de la seconde. Dans les termes platoniciens du *Timée*, on l'a dit, l'intervention plotinienne consiste à supprimer la « nécessité » et à faire de la χώρα elle-même un produit de l'Âme, c'est-à-dire aussi bien de l'Un. En termes plotiniens cette fois, il nous a donc semblé que ce bouleversement étiologique trouvait son expression adéquate dans la distinction faite entre le principé comme image du principe et le principé comme sujet d'une simulation du principe. C'est ce que décrit, à propos de l'Âme, la fin du chapitre 8 du traité 49 : « à travers elle, qui en est une image (εἰκόνος), on peut voir d'une certaine manière cet Intellect, grâce à la similitude plus exacte qu'elle a avec lui (τὸ ἀκριβέστερον ὡμοιωμένης), dans la mesure où une partie de l'âme a la capacité de s'assimiler à l'Intellect (εἰς ὁμοιότητα νῷ δύναται) »[3]. Si le retour du principé vers son principe demeure possible, au point que le premier puisse accéder au second et s'y assimiler, c'est bien en vertu de leur ressemblance, qui est le moyen dynamique de cet accès. La chose est tout aussi vraie de l'accès à l'Un : on peut, « pour ainsi dire, le toucher et

1. Où nous comprenons donc de nouveau (à la suite de D. O'Brien, article cité, p. 50, note 37) que ce n'est pas l'Un qui se retourne vers lui-même, mais bien son produit, son rejeton, l'Intellect. Il en va ainsi comme au chap. 6, l. 18 du même traité, qui présentait une semblable ambiguïté textuelle (voir, *supra*, la n. 3, p. 60-61).

2. Trad. F. Fronterotta.

3. 49 (V, 3), 8, 54-55 ; cette partie de l'âme est son propre intellect.

l'étreindre en vertu de la ressemblance qu'on a avec lui, c'est-à-dire de la puissance que chacun possède et qui est du même genre que celle qui vient de lui »[1].

Le retour constitutif du principé, sur fond d'indétermination absolue, est, pour finir, ce qui distingue l'image de l'imitation, l'εἴδωλον de la μίμησις; le mouvement qui conduit un principé de l'une à l'autre est la définition même que Plotin donne de la contemplation comme puissance d'assimilation. Plotin ne soutenait pas de la sorte que la pensée ne pourrait jamais embrasser cet illimité qui excède toute détermination : il affirmait plutôt et en philosophe que l'illimité était la condition de cette puissance qu'est la pensée.

1. 9 (VI, 9), 4, 27-29, trad. F. Fronterotta ; voir encore 30 (III, 8), 10.

ANNEXES

ORDRE ET TITRES DES TRAITÉS PLOTINIENS

Les titres des traités

Les titres des cinquante-quatre traités plotiniens sont donnés d'après Porphyre, *La Vie de Plotin*, 4-6. Les intertitres qui séparent les différentes « périodes » biographiques suivent également les indications de Porphyre. Né en Égypte en 205, Plotin vit et enseigne à Rome à partir de 244. Il meurt en 277, en Campanie.

Avant l'arrivée de Porphyre à Rome, de 246 à 263

1 (I, 6) *Sur le beau*
2 (IV, 7) *Sur l'immortalité de l'âme*
3 (III, 1) *Sur le destin*
4 (IV, 1) *Sur la réalité de l'âme I*
5 (V, 9) *Sur l'Intellect, les idées et ce qui est.*
6 (IV, 8) *Sur la descente de l'âme dans les corps*
7 (V, 4) *Comment vient du Premier ce qui est après le Premier, et sur l'Un*
8 (IV, 9) *Si toutes les âmes n'en sont qu'une*
9 (VI, 9) *Sur le Bien ou l'Un*
10 (V, 1) *Sur les trois hypostases qui ont rang de Principes*
11 (V, 2) *Sur la génération et le rang des choses qui sont après le Premier*
12 (II, 4) *Sur les deux matières*
13 (III, 9) *Considérations diverses*

14 (II, 2) *Sur le mouvement circulaire*

15 (III, 4) *Sur le démon qui nous a reçus en partage*

16 (I, 9) *Sur le suicide raisonnable*

17 (II, 6) *Sur la qualité*

18 (V, 7) *S'il y a des idées même des êtres individuels*

19 (I, 2) *Sur les vertus*

20 (I, 3) *Sur la dialectique*

21 (IV, 2) *Comment l'on dit que l'âme est intermédiaire entre la réalité indivisible et la réalité divisible* (*Sur la réalité de l'âme II*)

Durant le séjour de Porphyre à Rome, de 263 à 268

22-23 (VI, 4-5) *Sur la raison pour laquelle l'Être, un et identique, est partout tout entier*

24 (V, 6) *Sur le fait que l'au-delà de l'Être ne pense pas; qui est le pensant de premier rang et qui celui de second rang*

25 (II, 5) *Sur le sens de "en puissance" et "en acte"*

26 (III, 6) *Sur l'impassibilité des incorporels*

27 (IV, 3) *Sur les difficultés relatives à l'âme I*

28 (IV, 4) *Sur les difficultés relatives à l'âme II*

29 (IV, 5) *Sur les difficultés relatives à l'âme III*

30 (III, 8) *Sur la contemplation*

31 (V, 8) *Sur la beauté intelligible*

32 (V, 5) *Sur l'intellect et que les intelligibles ne sont pas hors de l'intellect, et sur le Bien*

33 (II, 9) *Contre les gnostiques*

34 (VI, 6) *Sur les nombres*

35 (II, 8) *Comment se fait-il que les objets vus de loin paraissent petits ?*

36 (I, 5) *Si le bonheur est dans l'étendue du temps*

37 (II, 7) *Sur le mélange total*

38 (VI, 7) *Comment la multiplicité des idées s'est établie et sur le bien*

39 (VI, 8) *Sur le volontaire*

40 (II, 1) *Sur le monde*

41 (IV, 6) *Sur la sensation et la mémoire*

42 (VI, 1) *Sur les genres de l'être I*

43 (VI, 2) *Sur les genres de l'être II*

44 (VI, 3) *Sur les genres de l'être III*

45 (III, 7) *Sur l'éternité et le temps*

À Rome, après le départ de Porphyre, en 268 et 269

46 (I, 4) *Sur le bonheur*

47 (III, 2) *Sur la providence I*

48 (III, 3) *Sur la providence II*

49 (V, 3) *Sur les hypostases qui ont la faculté de connaître et ce qui est au-delà*

50 (III, 5) *Sur l'amour*

Durant la retraite en Campanie, en 269 et 270

51 (I, 8) *Quels sont les maux ?*

52 (II, 3) *Si les astres agissent*

53 (I, 1) *Qu'est-ce que le vivant ?*

54 (I, 7) *Sur le souverain bien et les autres biens*

LA DOUBLE NUMÉROTATION DES TRAITÉS

Les deux tableaux ci-dessous donnent la correspondance des deux numérotations établies par Porphyre : selon l'ordre chronologique de rédaction des traités, ou selon l'ordre qu'ils occupent dans les *Ennéades*.

Ordre chronologique de rédaction	Ordre de l'édition par Porphyre
1	I, 6
2	IV, 7
3	III, 1
4	IV, 2
5	V, 9
6	IV, 8
7	V, 4
8	IV, 9
9	VI, 9
10	V, 1
11	V, 2
12	II, 4
13	III, 9
14	II, 2
15	III, 4
16	I, 9
17	II, 6
18	V, 7
19	I, 2
20	I, 3
21	IV, 1
22	VI, 4
23	VI, 5
24	V, 6
25	II, 5
26	III, 6
27	IV, 3
28	IV, 4

29	IV, 5
30	III, 8
31	V, 8
32	V, 5
33	II, 9
34	VI, 6
35	II, 8
36	I, 5
37	II, 7
38	VI, 7
39	VI, 8
40	II, 1
41	IV, 6
42	VI, 1
43	VI, 2
44	VI, 3
45	III, 7
46	I, 4
47	III, 2
48	III, 3
49	V, 3
50	III, 5
51	I, 8
52	II, 3
53	I, 1
54	I, 7

Ordre de l'édition par Porphyre	Ordre chronologique de rédaction
I, 1	53
I, 2	19
I, 3	20
I, 4	46
I, 5	36
I, 6	1
I, 7	54
I, 8	51
I, 9	16
II, 1	40
II, 2	14
II, 3	52
II, 4	12
II, 5	25
II, 6	17
II, 7	37
II, 8	35
II, 9	33
III, 1	3
III, 2	47
III, 3	48

III, 4	15
III, 5	50
III, 6	26
III, 7	45
III, 8	30
III, 9	13
IV, 1	21
IV, 2	4
IV, 3	27
IV, 4	28
IV, 5	29
IV, 6	41
IV, 7	2
IV, 8	6
IV, 9	8
V, 1	10
V, 2	11
V, 3	49
V, 4	7
V, 5	32
V, 6	24
V, 7	18
V, 8	31
V, 9	5
VI, 1	42
VI, 2	43
VI, 3	44
VI, 4	22
VI, 5	23
VI, 6	34
VI, 7	38
VI, 8	39
VI, 9	9

BIBLIOGRAPHIE

La Bibliographie qui suit ne reprend que les titres des ouvrages, des traductions et des études cités dans les pages qui précèdent. Afin de la compléter, on dispose aujourd'hui d'une somme bibliographique plotinienne indispensable : R. Dufour, *Plotinus. A Bibliography : 1950-2000*, Leyde, Brill, 2002.

A. Les *Ennéades*, éditions et traductions

1. *L'édition de référence des Ennéades* :

Plotini Opera (1951-1973 pour l'*editio maior*, Paris et Bruxelles, Museum Lessianum, 3 volumes), édition par P. Henry et H.-R. Schwyzer, Oxford, Clarendon Press, 3 volumes, 1964-1982, pour la seconde édition (*editio minor*) ici traduite.

2. *Les traductions :*

2.1. *Traductions des Ennéades* :

Plotinus, traduction anglaise (en regard du texte Henry-Schwyzer) par A. H. Armstrong, Cambridge (Massachusetts), Harvard University Press, 7 volumes, 1966-1988.

Plotino, Enéadas, traduction espagnole (du texte Henry-Schwyzer) par J. Igal, Madrid, Gredos, 3 volumes, 1982-1998.

2.2. *Traduction complète des traités, dans l'ordre « chronologique »* :

PLOTIN, *Traités*, traductions sous la direction de L. Brisson et J.-F. Pradeau, Paris, GF-Flammarion. Cette traduction complète doit, à terme, compter neuf volumes. Deux d'entre eux sont parus. C'est au traducteur dont le nom figure ci-dessous que sont empruntées les traductions citées des traités 1 à 21.

Dans le premier volume, Plotin, *Traités 1-6* (2002) :
1 (I, 6), traduction et présentation par J. Laurent.
2 (IV, 7), traduction et présentation par L. Brisson et J.-F. Pradeau.
3 (III, 1), traduction par A. Petit, présentation par L. Brisson et J. Laurent.
4 (IV, 2), traduction et présentation par L. Brisson et J.-F. Pradeau.
5 (V, 9), traduction et présentation par F. Fronterotta.
6 (IV, 8), traduction et présentation par L. Lavaud.

Dans le deuxième volume, Plotin, *Traités 7-21* (2003) :
7 (V, 4), traduction et présentation par J.-F. Pradeau
8 (IV, 9), traduction et présentation par L. Brisson et J.-F. Pradeau
9 (VI, 9), traduction et présentation par F. Fronterotta.
10 (V, 1), traduction et présentation par F. Fronterotta.
11 (V, 2), traduction et présentation par F. Fronterotta.
12 (II, 4), traduction et présentation par R. Dufour.
13 (III, 9), traduction et présentation par J. Laurent et J.-F. Pradeau.
14 (II, 2), traduction et présentation par R. Dufour.
15 (III, 4), traduction et présentation par M. Guyot.
16 (I, 9), traduction et présentation par F. Fronterotta.
17 (II, 6), traduction et présentation par L. Lavaud.
18 (V, 7), traduction par L. Brisson et A. Petit, présentation par L. Brisson et J. Laurent.
19 (I, 2), traduction et présentation par J.-M. Flamand.
20 (I, 3), traduction et présentation par J.-M. Charrue.
21 (IV, 1), traduction et présentation par J.-F. Pradeau.

2.3. *Traductions de traités séparés (dans l'ordre « chronologique »)* :

9 (VI, 9), traduit par P. Hadot, Paris, Cerf, 1994 (réimpression Paris, Livre de Poche, 1999).

10 (V, 1), traduction anglaise par M. Atkinson, Oxford, Oxford University Press, 1985².

12 (II, 4), traduit par J.-M. Narbonne, Paris, Vrin, 1993.

19 (I, 2), traduit par J.-M. Flamand, dans *Plotin, Traité* Des vertus, *traduction et commentaire*, thèse de Doctorat de IIIᵉ cycle, dir. P. Hadot, Université de Paris-IV-École Pratique des Hautes Études, novembre 1980.

25 (II, 5), traduit par J.-M. Narbonne, Paris, Cerf, 1998.

26 (III, 6), traduction anglaise par B. Fleet, Oxford, Clarendon Press, 1995.

38 (VI, 7), traduit par P. Hadot, Paris, Cerf, 1988 (réimp., Paris, Livre de Poche, 1999).

39 (VI, 8), traduit par G. Leroux, Paris, Vrin, 1990.

49 (V, 3), traduit par B. Ham, Paris, Cerf, 2000.

51 (I, 8), traduit par D. J. O'Meara, Paris, Cerf, 1999.

B. ŒUVRES ANCIENNES CITÉES (DANS L'ORDRE CHRONOLOGIQUE)

PLATON, *Cratyle*, traduction par C. Dalimier, Paris, GF-Flammarion, 1998.

– *Ion*, traduction par J.-F. Pradeau, Paris, Ellipses, 2001.

– (et Pseudo-Platon), *Lettres*, traduction par L. Brisson, Paris, GF-Flammarion, 1997[3].

– *Phédon*, traduction par M. Dixsaut, Paris, GF-Flammarion, 1991.

– *République*, traduction par P. Pachet, Paris, Gallimard, 1993.

– *Timée*, traduction par L. Brisson, Paris, GF-Flammarion, 2001[5].

ARISTOTE, *Éthique à Nicomaque*, livre X, traduction par P. Pellegrin, Paris, Nathan, 1995.

– *Éthique à Nicomaque*, livre VI, traduction par J. Montenot et A. Petit, Paris, Hachette, 1998.

– *Métaphysique*, livre Λ, chapitre 7, traduction par R. Lefebvre, Paris, Ellipses, 1999.

PHILON D'ALEXANDRIE, *De opificio mundi*, édition et traduction par R. Arnaldez, Paris, Cerf, 1961.

PLUTARQUE, *De animae procreatione in Timaeo*, édition et traduction anglaise par H. F. Cherniss, Cambridge et Londres, Harvard University Press, 1976, p. 131-345.

ATTICUS, *Fragments*, édition et traduction par É. des Places, Paris, Les Belles Lettres, 1977.

ALCINOOS, *Enseignement des doctrines de Platon*, édition par J. Whittaker et traduction par P. Louis, Paris, Les Belles Lettres, 1990.

NUMÉNIUS, *Fragments*, édition et traduction par É. des Places, Paris, Les Belles Lettres, 1973.

Oracles chaldaïques, (avec un choix de commentaires anciens), édition et traduction par É. des Places, Paris, Les Belles Lettres, 1989[2].

LONGIN, *Fragments*, édition et traduction par L. Brisson et M. Patillon, Paris, Les Belles Lettres, 2001, p. 1-234.

PORPHYRE, *Vie de Plotin*, édition et traduction collective sous la dir. de J. Pépin, Paris, Vrin, 2 volumes, 1982 et 1992.

PORPHYRE, (*Sentences*) *Sententiae ad intelligibilia ducentes*, édition par E. Lamberz, Leipzig, Teubner, 1975.

JAMBLIQUE, *Vie de Pythagore*, traduction et commentaire par L. Brisson et A. Ph. Segonds, Paris, Les Belles Lettres, 1996.

PROCLUS, (*Éléments de théologie*) *The Elements of theology*, édition et traduction anglaise par E. R. Dodds, Oxford, Clarendon Press, 1933.

PROCLUS, *Commentaire sur le* Timée, traduction par A.-J. Festugière (éd. E. Diehl, Leipzig, Teubner, 1903-1906), Paris, Vrin, 5 volumes, 1966-1968.

BOÈCE, *Traités théologiques*, traduction (au regard du texte latin) par A. Tisserand, Paris, GF-Flammarion, 2000.

C. ÉTUDES PLOTINIENNES

ANTON, J. P., « Some logical aspects of the concept of hypostasis in Plotinus », *Review of Metaphysics*, 31, 1977, p. 258-271.

ARMSTRONG, A. H., *L'architecture de l'univers intelligible dans la philosophie de Plotin. Une étude analytique et historique* (1940), traduit de l'anglais par J. Ayoub et D. Letocha, Ottawa, Presses Universitaires d'Ottawa, 1984.

ARNOU, R., ΠΡΑΞΙΣ *et* ΘΕΩΡΙΑ *chez Plotin* (1921), Rome, Università Gregoriana, 1972[2].

AUBENQUE, P., « Plotin et le dépassement de l'ontologie grecque classique », dans *Le Néoplatonisme*, Paris, éd. du CNRS, 1971, p. 101-109.

AUBIN, P., « L'"image" dans l'œuvre de Plotin », *Recherches de science religieuse*, 41, 1953, p. 348-379.

– *Le problème de la « conversion ». Étude sur un thème commun à l'hellénisme et au christianisme des trois premiers siècles*, Paris, Beauchesne, 1963.

BLUMENTHAL, H. J., notice « Plotin » du *Savoir Grec*, éd. par J. Brunschwig et G. Lloyd, Paris, Flammarion, 1996, p. 756-767.

– *Plotinus' Psychology. His doctrines of the embodied soul*, La Haye, Nijhoff, 1971.

BRISSON, L., « *Logos* et *logoi* chez Plotin. Leur nature et leur rôle », *Cahiers Philosophiques de Strasbourg*, 8, 1999, p. 87-108.

BRUNNER, F., « Le premier traité de la cinquième *Ennéade*, "Des trois hypostases principielles" », *Revue de Théologie et de Philosophie*, 23, 1973, p. 135-172 (reproduit en volume collectif, *Études néoplatoniciennes*, Neuchâtel, 1973).

BUSSANICH, J., *The One and its relation to Intellect. A commentary on selected texts*, Leyde, Brill, 1988.

– « Plotinus's metaphysics of the One », dans *The Cambridge Companion to Plotinus*, éd. par L. P. Gerson, Cambridge, Cambridge University Press, 1996, p. 38-65.

CHARRUE, J.-M., *Plotin lecteur de Platon*, Paris, Les Belles Lettres, 1987[2].

CHRÉTIEN, J.-L., « Le Bien donne ce qu'il n'a pas » (1980), repris dans *La Voix nue*, Paris, Minuit, 1990, p. 259-274.

– « L'analogie selon Plotin », *Les Études philosophiques*, 1989, p. 305-318.

CILENTO, V., *Paideia antignostica. Ricostruzione d'un unico scritto da Enneadi III 8, V 8, V 5, II 9*, Florence, Le Monnier, 1971 (reproduction du texte grec de Henry-Schwyzer et commentaire).

D'ANCONA COSTA, C., « "Ἄμορφον καὶ ἀνείδεον». Causalité des formes et causalité de l'Un chez Plotin », *Revue de philosophie ancienne*, X, 1, 1992, p. 69-113.

DECK, J. N., *Nature, contemplation and the One. A study in the philosophy of Plotinus* (1967), Burdett, Larson (réimpression pour la P. Brunton Philosophic Foundation), 1991.

DODDS, E. R., « The *Parmenides* of Plato and the origin of the neoplatonic One », *Classical Quarterly*, 22, 1928, p. 129-142.

DODDS, E. R., « Numenius and Ammonius », dans *Les sources de Plotin* (collectif), Entretiens sur l'Antiquité classique, V, Vandœuvres-Genève, Fondation Hardt, 1960, p. 1-32.

DÖRRIE, H., « Ὑπόστασις. Wort- und Bedeutungsgeschichte » (1955), repris dans les *Platonica Minora*, Munich, Fink, 1976, p. 12-96.

FATTAL, M., *Logos et image chez Plotin*, Paris, L'Harmattan, 1998.

FIELDER, J., « Plotinus' copy theory », *Apeiron*, 11, 2, 1977, p. 1-11.

FERWERDA, R., *La signification des images et des métaphores dans la pensée de Plotin*, Amsterdam, Groningen Wolters, 1965.

GAUDIN, C., « La production des êtres chez Plotin et la question de l'économie des principes », *Revue des sciences religieuses*, 68, 1994, p. 267-288.

GRAESER, A., *Plotinus and the Stoics. A preliminary study*, Leyde, Brill, 1972.

HADOT, P., « *Epistrophè* et *metanoia* dans l'histoire de la philosophie », dans les *Actes du XIe congrès international de Philosophie, Bruxelles, 20-26 août 1953*, Louvain et Amsterdam, Nauwelaerts, 1953, t. XII, t. III, p. 31-36.

– « Être, Vie, Pensée chez Plotin et avant Plotin » (1960), repris dans *Plotin, Porphyre. Études néoplatoniciennes*, Paris, Les Belles Lettres, 1999, p. 127-181.

– *Plotin ou la simplicité du regard* (1963), Paris, Gallimard, 1997[2].

– « Conversio » (1971), repris dans *Plotin, Porphyre. Études néoplatoniciennes*, Paris, Les Belles Lettres, 1999, p. 37-42.

– « Existentia » (1972), repris dans *Plotin, Porphyre. Études néoplatoniciennes*, éd. citée, p. 57-61.

– « Le mythe de Narcisse et son interprétation par Plotin » (1976), repris dans *Plotin, Porphyre. Études néoplatoniciennes*, éd. cit., p. 225-266.

– « Bilan et perspectives sur les *Oracles chaldaïques* » (1978), repris dans *Plotin, Porphyre. Études néoplatoniciennes*, éd. cit., p. 89-114.

– « La conception plotinienne de l'identité entre l'intellect et son objet. Plotin et le *De anima* d'Aristote » (1996), repris dans *Plotin, Porphyre. Études néoplatoniciennes*, éd. cit., p. 267-278.

IGAL, J., « La génesis de la inteligencia en un pasaje de las *Enéadas* de Plotino (V I. 7.4-35) », *Emerita*, 1971, 39, p. 129-157.

KOCH, I., *Image et dissemblance. Étude sur la notion d'image chez Plotin et saint Augustin*, thèse de Doctorat, dir. A. Charles-Saget, Université de Paris-X, 3 volumes, janvier 1998.

LAURENT, J., *Les Fondements de la nature selon Plotin. Procession et participation*, Paris, Vrin, 1992.

– *L'Homme et le monde selon Plotin*, Fontenay aux roses, ENS éditions, 1999.

LEE, J. S., « The doctrine of reception according to the capacity of the recipient in *Ennead* VI 4-5 », *Dionysius*, 3, 1979, p. 79-97.

– « Omnipresence and eidetic causation in Plotinus », dans *The structure of being. A neoplatonic approach*, éd. par R. B. Harris, Albany, State of New York University Press, 1982, p. 90-103.

LEROUX, G., « Logique et dialectique chez Plotin : *Ennéade* 1.3 (20) », *Phoenix*, 28, 1974, p. 180-192.

– « La trace et les signes, aspects de la sémiotique de Plotin », dans ΣΟΦΙΗΣ ΜΑΙΗΤΟΡΕΣ, « *Chercheurs de sagesse* ». *Hommage à Jean Pépin*, éd. par M.-O. Goulet, G. Madec et D. O'Brien, Paris, Institut d'Études Augustiniennes, 1992, p. 245-261.

MEIJER, P. A., *Plotinus on the Good or the One (*Enneads *VI, 9). An analytical commentary*, Amsterdam, Gieben, 1992.

MOREAU, J., *Plotin ou la gloire de la philosophie antique*, Paris, Vrin, 1970.

NARBONNE, J.-M., « Le non-être chez Plotin et dans la tradition grecque », *Revue de philosophie ancienne*, X, 1, 1992, p. 115-133.

– *La Métaphysique de Plotin*, Paris, Vrin, 1994 ; 2e éd. augmentée de Hénôsis *et* Ereignis. *Remarques sur une interprétation heidegerrienne de l'Un plotinien*, 2001.

– « L'*ou ti* de Plotin », *Cahiers Philosophiques de Strasbourg*, 8, 1999, p. 23-51.

NATALI, C., « La critica di Plotino ai concetti di attualità e movimento in Aristotele », dans *Antiaristotelismo*, éd. par C. Natali et S. Maso, Amsterdam, Hakkert, 1999, p. 211-229.

O'BRIEN, D., « Plotinus and the Gnostics on the generation of matter », dans *Neoplatonism and early christian thought. Essays in honour of A. H. Armstrong*, éd. par H. J. Blumenthal et R. A. Markus, Londres, Variorum Publications, p. 108-123.

– « The origin of matter and the origin of evil in Plotinus' criticism of the Gnostics », dans *Herméneutique et histoire de l'être, Mélanges en hommage à Pierre Aubenque*, éd. par R. Brague et J.-F. Courtine, Paris, PUF, 1990, p. 181-202.

– *Plotinus on the origin of matter. An exercise in the interpretation of the* Enneads, Naples, Bibliopolis, 1991.

– *Théodicée plotinienne, théodicée gnostique*, Leyde, Brill, 1993.

– « Plotinus on matter », dans *Greek and medieval studies in honor of L. Sweeney, S.J.*, éd. par W. J. Carroll et J. J. Furlong, New York, P. Lang, 1994, p. 59-72.

– « Plotinus and the secret of Ammonius », *Hermathena*, 157, 1994, p. 117-153.

– « Immortal and necessary being in Plato and in Plotinus », dans *The Perennial tradition of Neoplatonism,* éd. par J. J. Cleary, Louvain, Leuven University Press, 1997, p. 39-103.

– « La matière chez Plotin : son origine, sa nature », *Phronesis*, 44, 1999, p. 45-71.

O'MEARA, D. J., *Structures hiérarchiques dans la pensée de Plotin*, Leyde, Brill, 1975.

– « Gnosticism and the making of the world in Plotinus », dans *The Rediscovery of Gnosticism*, éd. par B. Layton, I, Leyde, Brill, 1980, p. 365-378.

– « The problem of the omnipresence in Plotinus' *Ennead* VI 4-5 : a reply », *Dionysius*, 4, 1980, p. 61-74.

– *Une introduction aux* Ennéades (1992), traduction par A. Callet-Molin, Paris-Fribourg, Cerf-Éditions universitaires de Fribourg, 1992.

PÉPIN, J., « Plotin et le miroir de Dionysos (*Enn.* IV, 3 [27], 12, 1-2) », *Revue internationale de philosophie*, 24, 1970, p. 111-144.

RIST, J. M., *Eros and psyche. Studies in Plato, Plotinus, and Origen*, Toronto, University of Toronto Press, 1964.

SCHROEDER, F. M., « The platonic Parmenides and imitation in Plotinus », *Dionysius*, 2, 1978, p. 51-73.

– « Representation and reflexion in Plotinus », *Dionysius*, 4, 1980, p. 37-59.

SCHWYZER, H.-R., *Ammonios Sakkas, der Lehrer Plotins*, Opladen, Rheinisch-Westfälische Akademie der Wissenschaften (Vorträge G 260), 1983.

TROUILLARD, J. *La purification plotinienne*, Paris, PUF, 1955.

WAGNER, M. F., « Plotinus' world », *Dionysius*, 6, 1982, p. 13-42.

WALLIS, R. T., *Neo-Platonism*, Londres, Duckworth, 1972.

WITT, R. E., « The plotinian *logos* and its stoic basis », *Classical Quarterly*, 25, 1931, p. 103-111.

D. LEXIQUE ET BIBLIOGRAPHIE

Lexicon plotinianum, par J. H. Sleeman et G. Pollet, Leyde et Louvain, Brill et Leuven University Press, 1980.

BLUMENTHAL, H. J., « Plotinus in the light of twenty years' scholarship, 1951-1971 », *Aufstieg und Niedergang der Römischen Welt*, éd. par W. Haase et H. Temporini, partie II, volume 36.1, Berlin et New York, de Gruyter, 1987, p. 528-570 (p. 571-623 du même volume, la notice est poursuivie par K. Corrigan et P. O'Cleirigh, pour les années 1971-1986). Ces études, parce qu'elles sont accompagnées d'analyses critiques, peuvent encore compléter très utilement la Bibliographie de R. Dufour citée plus haut. On ajoutera enfin que le même volume de l'*ANRW* contient, sous la plume de L. Deitz, une « Bibliographie du platonisme impérial antérieur à Plotin », p. 124-182.

E. ÉTUDES DE PHILOSOPHIE ANCIENNE

BALTES, M. et H. DÖRRIE, *Der Platonismus in der Antike*, Stuttgart-Bad Cannstatt, Frommann-Holzboog, 5 tomes parus en 6 volumes, 1987-2002.

BALTES, M., « Zur Philosophie des Platonikers Attikos » (1983), repris dans ΔΙΑΝΟΗΜΑΤΑ. *Kleine Schriften zu Platon und zum Platonismus*, Stuttgart et Leipzig, Teubner, 1999, p. 81-111.

– « Is the idea of the good in Plato's *Republic* beyond being ? » (1997), repris dans ΔΙΑΝΟΗΜΑΤΑ. *Kleine Schriften zu Platon und zum Platonismus*, Stuttgart et Leipzig, Teubner, 1999, p. 351-371.

BRAGUE, R., *Aristote et la question du monde*, Paris, PUF, 1988.

BRISSON, L., *Le même et l'autre dans la structure ontologique du* Timée *de Platon*, Paris, Klincksieck, 1974, puis Sankt Augustin, Academia Verlag, 1998³.

– « Diogène Laërce, « Vies et doctrines des philosophes illustres », Livre III : structure et contenu », *Aufstieg und Niedergang der Römischen Welt*, II, 36, 5, Berlin-New York, de Gruyter, 1992, p. 3619-3760, avec un index paginé 1*-25*.

– « Le Platonisme », dans *Philosophie grecque*, sous la dir. de M. Canto, Paris, PUF, 1997, p. 595-671.

BRUNSCHWIG, J., « La théorie stoïcienne du genre suprême et l'ontologie platonicienne », dans *Matter and metaphysics* (actes du IVe *Symposium Hellenisticum* éd. par J. Barnes et M. Mignucci), *Elenchos*, 14, 1988, p. 18-127.

COURTINE, J.-F., « Note complémentaire pour l'histoire du vocabulaire de l'être », dans *Concepts et catégories dans la pensée antique*, éd. par P. Aubenque, Paris, Vrin, 1980, p. 33-87.

DEMONT, P., « Note sur les premiers emplois de *èthikos* (ἠθικός) chez Aristote. Le sentiment d'amitié et les transactions de gré à gré », *Ktema*, 23, 1998, p. 81-90.

DILLON, J., *The middle platonists*, Londres, Duckworth, 1977, 1996².

DONINI, P., *Le scuole, l'anima, l'impero : la filosofia antica da Antioco a Plotino*, Turin, Rosenberg & Sellier, 1982.

DUNN, M., « Iamblichus, Thrasyllus and the reading order of the platonic dialogues », dans *The significance of neoplatonism*, éd. par R. B. Harris, Norfolk, Old Dominion University Press, 1976, p. 59-95.

FESTUGIÈRE, A.-J., *La Révélation d'Hermès Trismégiste*, tome II : *Le Dieu cosmique* (1950²), Paris, Les Belles Lettres, 1981 (réimpression).

– « L'ordre de lecture des dialogues de Platon aux Ve-VIe siècles », (1969), repris dans les *Études de philosophie grecque*, Paris, Vrin, 1971, p. 535-550.

FREDE, M., « Numénius », *Aufstieg und Niedergang der Römischen Welt*, éd. par W. Haase et H. Temporini, partie II, volume 36.2, Berlin et New York, de Gruyter, 1987, p. 1034-1075.

GILL, C., « Did Chrysippus understand Medea ? », *Phronesis*, 28, 1983, p. 136-149.

LÉVY, C., *Les philosophies hellénistiques*, Paris, Livre de Poche, 1997.

LISI, F., « Los très niveles de la divinidad en Numenio de Apamea », *Cuadernos de Filosofía* (Buenos Aires), 26-27, 1979, p. 111-130.

MANSFELD, J., « Providence and the destruction of the universe in early stoic thought », dans *Studies in hellenistic religions*, éd. par M. Vermaseren, Leyde, Brill, 1979, p. 129-188.

MERKI, H., Ὁμοίωσις θεῷ. *Von der Platonischen Angleichung an Gott zur Gottähnlichkeit bei Gregor von Nyssa*, Fribourg, Schweiz, 1952.

MORESCHINI, C., « Attico : une figura singolare del medioplatonismo », *Aufstieg und Niedergang der Römischen Welt*, éd. par W. Haase et H. Temporini, partie II, volume 36.1, Berlin et New York, de Gruyter, 1987, p. 477-491.

NARBONNE, J.-M., *Hénologie, ontologie et* Ereignis *(Plotin-Proclus- Heidegger)*, Paris, Les Belles Lettres, 2001.

PRADEAU, J.-F., « Être quelque part, occuper une place. Τόπος et χώρα dans le *Timée* de Platon », *Les Études Philosophiques*, 1995, p. 375-399.

REYDAMS-SCHILS, G., *Demiurge and providence. Stoic and Platonist readings of Plato's* Timaeus, Turnhout, Brepols, 1999.

RUNIA, D. T., *Philo of Alexandria and the* Timaeus *of Plato*, Leyde, Brill, 1986.

– *Philo and the Church Fathers* (recueil d'études), Leyde, Brill, 1995.

RUNIA, D. T., « A brief history of the term κόσμος νοητός from Plato to Plotinus », dans *Tradition of Platonism. Essays in honour of John Dillon*, éd. par J. J. Cleary, Aldershot, Ashgate, 1999, p. 151-171.

ZAMBON, M., *Porphyre et le moyen-platonisme*, Paris, Vrin, 2002.

INDEX

INDEX DES PASSAGES CITÉS

L'Index donne les références des textes cités, commentés ou paraphrasés, dans l'ordre alphabétique des noms d'auteurs. Les renvois complémentaires qui peuvent figurer dans les notes n'y figurent pas tous. L'Index tient encore lieu d'Index des noms d'auteurs anciens.

INDEX DES NOMS

INDEX DES TERMES PLOTINIENS

TABLE DES MATIÈRES

ACHEVÉ D'IMPRIMER
EN SEPTEMBRE 2003
PAR L'IMPRIMERIE
DE LA MANUTENTION
A MAYENNE
FRANCE
N° 237-03

Dépôt légal : 3e trimestre 2003